《北京市水污染防治条例》
条文解读

潘　涛　孙长虹　主编

中国环境科学出版社·北京

图书在版编目（CIP）数据

《北京市水污染防治条例》条文解读/潘涛，孙长虹主编．—北京：中国环境科学出版社，2011.3
ISBN 978-7-5111-0506-6

Ⅰ．①北… Ⅱ．①潘…②孙… Ⅲ．①水污染—污染防治—条例—法律解释 Ⅳ．①D927.102.665

中国版本图书馆 CIP 数据核字（2011）第 028619 号

责任编辑 黄晓燕
责任校对 扣志红
封面设计 中通世奥

出版发行 中国环境科学出版社
（100062 北京东城区广渠门内大街 16 号）
网　　址：http://www.cesp.com.cn
联系电话：010-67112765（总编室）
发行热线：010-67125803，010-67113405（传真）
印　　刷 北京市联华印刷厂
经　　销 各地新华书店
版　　次 2011 年 3 月第 1 版
印　　次 2011 年 3 月第 1 次印刷
开　　本 880×1230 1/32
印　　张 10.75
字　　数 280 千字
定　　价 33.00 元

前 言

我国的水污染问题由来已久，呈现流域性、复合性、长期性的特点。进入 21 世纪以来，尽管国家空前加大了水污染防治的力度，但是水环境污染的总体状况仍然不容乐观。根据 2009 年《中国环境状况公报》，全国地表水污染依然较重，湖泊水库富营养化问题较为突出，七大水系总体为轻度污染，其中北京市所在的海河流域为重度污染。为了进一步加强和规范全国的水污染防治工作，第十届全国人民代表大会常务委员会第三十二次会议修订通过了新的《中华人民共和国水污染防治法》，自 2008 年 6 月 1 日起施行。

北京是我国的首都，是全国的政治、文化中心，也是世界著名古都和现代国际城市。《北京城市总体规划（2004—2020 年）》将北京城市定位于国家首都、国际城市、历史名城和宜居城市，并且北京市提出了建设人文北京、科技北京、绿色北京，以及建设中国特色和有国际影响力世界城市的战略目标，这从客观上要求包括水环境在内的城市环境质量达到较高水准。

“十一五”以来，北京市以承办 2008 年奥运会为契机，大力加强了水污染防治和水环境治理工作，收到了较好的效果，水环境质量逐年提升，局部水生态明显改善，重点污染物化学需氧量减排超额完成国家任务，水污染防治工作在投资力度、监管能力、技术水平等方面均处于全国的前列。然而，由于水资源短缺所带来的河流径流量严重不足、水环境容量极度有限，以及经济快速发展、人口大量增长、城市持续膨胀所造成的水污染物排放量远远超过环境容量，使得北京市水环境污染和水生态破坏的总体趋势还没有得到根本扭转，水污染防治工作依然任重道远。

在减排和治理力度已经相当大的情况下，“十二五”时期北京市无论是重点水污染物的进一步减排，还是水环境质量的进一步提升都面临着前所未有的困难和压力，突破水环境质量改善瓶颈和深度挖掘水污染物减排潜力成为十分严峻的挑战。在这样的背景下，立足于在北京市贯彻落实新修订的水污染防治法，完善水污染防治的法制建设，同时针对北京市的实际情况解决水环境规划、治理和监管中一些深层次的矛盾，制定出台《北京市水污染防治条例》成为促进北京市水污染防治工作的必然要求。

2009 年初，北京市人大常委会、北京市政府将《北京市水污染防治条例》列入了立法工作计划。经过两年艰苦细致和卓有成效的工作，条例于 2010 年 11 月 19 日由北京市第十三届人民代表大会常务委员会第二十一次会议通过，自 2011 年 3 月 1 日起施行，现行的《北京市实施〈中华人民共和国水污染防治法〉办法》同时废止。

新制定的《北京市水污染防治条例》共 7 章 95 条，从深入贯彻落实科学发展观的战略高度出发，在全面总结北京市水污染防治实践经验的基础上，立足于最大程度地解决北京市面临的主要水环境问题，以改善水环境质量和修复水生态为目标，坚持水污染物削减和生态用水保障并重，着力强化了水污染防治的措施和力度。条例建立了流域管理与目标责任制；细化了重点水污染物总量控制制度，创设了区域和流域相结合的限批规定；进一步完善了饮用水水源保护管理制度，加强了地下水保护措施；强力推进污水再生利用，保障生态环境用水；加强工业水污染防治，确立了全防全控体系；继续深化城镇水污染防治，规定了污泥处理处置和综合利用的相关要求；突出了农业和农村水污染防治，推进城乡统筹治理污染；加大对违法行为的处罚力度，增强了对违法行为的震慑力。这一系列制度、措施的建立健全，对保障首都饮用水安全、强化水污染物排放量削减、推动污水资源化进程、实现水环境质量提升和水生态改善、促进首都经济社会全面协调可持续发展具有十分重要的意义。

北京市环境保护科学研究院作为《北京市水污染防治条例》立法的技术支持单位，参与了调研、条文起草、征求意见、审议的立法全过程，为了配合条例的宣传工作，组织编写了本书。参加本书编写的人员主要有潘涛、孙长虹、安同艳、王永刚、史芫芫、叶俊涛、刘桂中、范清、陈大地、李国光等。本书从内容上分为三篇：第一篇“立法说明”简要介绍了《北京市水污染防治条例》立法的背景、过程、思路，以及条例的主要内容和亮点，以帮助读者系统地了解这部地方法规；第二篇“条文解读”依照《北京市水污染防治条例》的章节顺序，对条例进行逐条解读，阐明每一条的主旨、含义、背景、相关事项、参考规定等，以协助读者正确理解条文；第三篇“附录”列举了与《北京市水污染防治条例》相关的部分法律、法规和标准，以方便读者对照使用。

编者衷心希望本书的出版能够让读者更深入、全面地领会《北京市水污染防治条例》的有关内容，对从事、关注北京市水污染防治和水环境管理工作的各界人士有所裨益。需要特别说明的是，由于水污染防治工作的专业性、技术性、政策性均较强，编写本书的初衷只是协助读者认识、理解条例内容，并不构成对条例的正式解释，也不能作为监管和执法的依据。此外，由于时间、水平所限，书中难免还有疏漏和不当之处，敬请读者不吝赐教。

编　者

2011 年 2 月

目　录

第一篇　立法说明

第二篇　条文解读

第三篇　附　录

第一篇　立法说明

《北京市实施〈中华人民共和国水污染防治法〉办法》自 2002 年施行以来，对北京市控制水污染物排放总量、改善水环境质量、促进经济社会可持续发展等方面发挥了积极作用。但是，随着经济的发展和社会的进步，近几年来北京市的水污染防治形势已经发生了较大变化，实施办法与当前要求相比已经不相适应。一方面，自 2008 年 6 月 1 日起，新修订的《中华人民共和国水污染防治法》开始实施，进一步完善了水环境管理制度，强化了水污染防治措施，为保证与新修订的水污染防治法的一致性，亟须修订完善北京市的实施办法；另一方面，随着北京市经济的快速发展和人口的持续增长，水资源短缺造成工农业和生活用水量不足以及污染物排放量远大于环境容量，已成为北京市水环境质量改善取得突破性进展的主要瓶颈。此外，流域水环境管理制度不健全，饮用水水源与地下水保护有待进一步加强，农村和农业水污染问题突出，这些问题的解决客观上也要求北京市采取更严格的水污染防治措施。

为解决北京市水污染防治的关键问题、难点问题，大幅提升水污染防治水平，全面改善水环境质量，北京市于 2009 年开始制定《北京市水污染防治条例》。条例经 2010 年 11 月 19 日北京市第十三届人民代表大会常务委员会第二十一次会议审议通过，于 2011 年 3 月 1 日开始施行。《北京市水污染防治条例》进一步细化和完善了北京市关于水污染防治的法律制度，较原《北京市实施〈中华人民共和国水污染防治法〉办法》针对性更强，更符合北京市的实际情况，在水污染防治措施上更加严格和完善，为北京市进一步推进水污染防治工作、严格控制水污染物排放总量、持续改善水环境质量提供了坚实的法律保障。

第一章　立法背景

第一节　北京市水污染防治状况

一、水资源利用现状

（一）水资源现状

北京市是水资源严重短缺的城市，多年平均水资源量 37.39 亿 m^3，平均降水量 585 mm，人均水资源占有量不足 300 m^3，为全国人均的 1/8，世界人均的 1/30，不到国际公认缺水下限 1 000m^3 的 1/3。1999—2007 年，全市遭遇连续 9 年的干旱，年平均降雨量只有 455 mm 左右，相当于多年平均降雨量的 78%，降雨形成的年均水资源量仅为 26 亿 m^3 左右，比多年平均值少 30.5%。2008 年降水量 638 mm，为平水偏丰年，但受多年干旱影响，形成的水资源量仅 34.21 亿 m^3，仍未达到多年平均水资源量。2009 年，全市平均降水量 448 mm，比多年平均值少 23%，为枯水年。全市地表水资源量为 6.76 亿 m^3，地下水资源量为 15.08 亿 m^3，水资源总量为 21.84 亿 m^3，比多年平均值少 42%。

2009 年全市 18 座大中型水库可利用来水量为 3.49 亿 m^3，比 2008 年的 7.55 亿 m^3 少 4.06 亿 m^3。年末蓄水总量为 13.54 亿 m^3，比 2008 年的 14.86 亿 m^3 少 1.32 亿 m^3。两大水库中，密云水库可利用来水量为 1.77 亿 m^3（包括接收白河堡水库补水 0.68 亿 m^3），比多年平均 9.91 亿 m^3 少 82%。官厅水库 2009 年可利用来水量为 0.22 亿 m^3，比多年平均 9.41 亿 m^3 少 98%。密云水库年末蓄水量为 10.39 亿 m^3，比 2008 年末少 0.91 亿 m^3；官厅水库年末蓄水量为 1.19 亿 m^3，比

2008 年末少 0.44 亿 m³。

与此同时，本市地下水资源超采严重。2009 年全市地下水资源量仅 15.08 亿 m³，地下水平均埋深为 24.07m，与 2008 年末比较，地下水位下降 1.15 m，地下水储量减少 5.9 亿 m³；与 1980 年末比较，地下水位下降 16.83 m，储量减少 86.2 亿 m³；与 1960 年比较，地下水位下降 20.88 m，储量减少 106.9 亿 m³。（数据来源于《北京市水资源公报》）。

（二）水资源开发利用现状

近些年来，由于经济的快速发展和人口的持续增长，北京市水资源长期面临紧张局面。水资源及其开发利用情况见表 1。

表 1　北京市水资源及其开发利用情况（2001—2009 年）

项　目		2001	2002	2003	2004	2005	2006	2007	2008	2009
全年水资源总量/亿 m³		19.2	16.1	18.4	21.4	23.2	24.5	23.8	34.2	21.8
地表水资源量/亿 m³		7.8	5.3	6.1	8.2	7.6	6.0	7.6	12.8	6.76
地下水资源量/亿 m³		15.7	14.7	14.8	16.5	18.5	18.5	16.2	21.4	15.08
人均水资源量/m³		139.7	114.7	127.8	145.1	153.1	157.1	148.1	205.5	124.2
全年用水总量/亿 m³		38.9	34.6	35.8	34.6	34.5	34.3	34.8	35.1	35.5
按来源分/亿 m³	地表水	11.7	10.4	8.3	5.7	7.0	6.4	5.7	6.2	4.6
	南水北调水	—	—	—	—	—	—	—	—	2.6
	地下水	27.2	24.2	25.4	26.8	24.9	24.3	24.2	22.9	21.8
	再生水	—	—	2.1	2.0	2.6	3.6	5.0	6.0	6.5
按用途分/亿 m³	农业用水	17.4	15.5	13.8	13.5	13.2	12.8	12.4	12.0	12.0
	工业用水	9.2	7.5	8.4	7.7	6.8	6.2	5.8	5.2	5.2
	生活用水	12.0	10.8	13.0	12.8	13.4	13.7	13.9	14.7	14.7
	环境用水	0.3	0.8	0.6	0.6	1.1	1.6	2.7	3.2	3.6
人均年生活用水量/m³		88.0	76.9	90.3	87.0	88.4	87.8	86.4	88.3	83.8
万元 GDP 水耗/m³		104.92	79.95	71.26	57.01	50.10	43.58	37.20	33.66	29.2

根据 2001—2009 年用水结构分析，总体上本市工业、农业用水量逐年下降，生活和环境用水量呈逐年上升趋势。一是工业用水

所占比重较小，且呈现逐年减少趋势。近些年来北京市由于采取了产业结构调整、加大节水力度等措施，2009 年工业用水量由 2001 年的 9.2 亿 m^3 减少到 5.2 亿 m^3，占全年用水量的比例由 23.65%降至 15%。二是生活用水呈现逐年上升趋势。由于城市人口迅速膨胀，以及城市化水平和生活水平的不断提高，2001—2009 年生活用水量由 12.0 亿 m^3 增加到 14.7 亿 m^3。三是农业用水量虽有下降，但所占比重仍然较大。2009 年农业用水量由 2001 年的 17.4 亿 m^3 降到 12 亿 m^3，但仍占全年用水总量的 34%。四是生态环境用水逐年增加，由 2001 年的 0.3 亿 m^3 增加到 2009 年的 3.6 亿 m^3，但与生态需水量相比还有很大差距。

（三）再生水利用现状

“十一五”时期，北京市大力推进再生水利用，截至 2009 年北京市已建成 13 座公共再生水厂，再生水利用量由 2003 年的 2 亿 m^3 增加到 2009 年的 6.5 亿 m^3。目前，北京市再生水主要用途按用水量大小依次为：农业灌溉、景观用水、工业冷却水、市政杂用。以 2008 年为例，全年再生水利用量 6 亿 m^3，其中，农业再生水用量约 2.8 亿 m^3，重点用于通州、大兴再生水灌区；景观用再生水量约 1.8 亿 m^3，主要是向奥运湖、圆明园、小月河、南护城河等城市河湖补水；工业再生水用量约 1.2 亿 m^3，用户主要是热电厂等大企业；园林绿化、市政杂用利用再生水约 0.2 亿 m^3。

二、水环境质量状况

（一）地表水环境质量状况及变化趋势

北京市境内分布有蓟运河、潮白河、北运河、永定河、大清河五大水系，共有大小河流 100 余条、各类水库 84 座、湖泊 30 余个。

根据《2009 年北京市环境状况公报》显示，2009 年全年共监测有水河流 82 条段，长 1 995.6 km，达标河段长度百分比仅为 55.0%。其中：Ⅱ类、Ⅲ类水质河长占监测总长度的 55.8%；Ⅳ类、

Ⅴ类水质河长占监测总长度的 3.0%；劣Ⅴ类水质河长占监测总长度的 41.2%。主要污染指标为化学需氧量、生化需氧量和氨氮，污染类型属有机污染型。五大水系中，潮白河水系水质最好，达标河段长度百分比为 94.8%；永定河水系达标长度百分比为 73.8%；蓟运河水系、大清河水系和北运河水系水质总体较差，达标长度百分比分别为 50.2%、22.9%和 17.5%。

2009 年共监测有水湖泊 22 个，水面面积 720 万 m^2，达标湖泊水面面积百分比为 80.1%，与上年基本持平。其中：Ⅱ类、Ⅲ类水质湖泊共有 11 个，占监测湖泊水面面积的 72.1%；Ⅳ类、Ⅴ类水质湖泊 7 个，占监测水面面积的 15.3%；劣Ⅴ类水质湖泊 4 个，占监测水面面积的 12.6%。主要污染指标为生化需氧量。重点湖泊中团城湖水质为Ⅱ类，昆明湖水质为Ⅲ类，“六海”水质为Ⅲ～Ⅳ类。营养级别属于中营养到轻度富营养。

2009 年共监测有水水库 16 座，平均总蓄水量为 14.6 亿 m^3，达标库容百分比为 89.6%，比上年提高 0.9 个百分点。其中：Ⅱ类、Ⅲ类水质水库 15 座，占监测总库容的 89.9%；Ⅳ类水质水库 1 座，占监测总库容的 10.1%。主要污染指标为高锰酸盐指数。密云水库和怀柔水库水质符合饮用水源水质标准。官厅水库水质仍为Ⅳ类，不符合“十一五”规划水质要求。

2001—2009 年全市地表水环境质量呈现逐年好转态势，但整体水环境状况仍不容乐观。从五大水系看，除潮白河水系水质较好、基本达到国家地表水环境质量标准以外，其他水系均遭受不同程度的污染。具体见表 2。

表 2　五大水系河流水质达标河段长度百分比变化状况　单位：%

年份	永定河系	潮白河系	北运河系	大清河系	蓟运河系	全市
2001 年	31.9	85.9	16.9	61.6	15.9	39.8
2002 年	31.9	73.1	19.7	27.3	41.1	36.4
2003 年	54.1	91.8	17.0	21.7	51.2	42.2
2004 年	21.8	100	10.0	38.8	51.2	45.2

年份	永定河系	潮白河系	北运河系	大清河系	蓟运河系	全市
2005 年	21.4	100	15.1	24.9	51.2	45.3
2006 年	30.1	90.1	17.1	33.8	51.2	47.0
2007 年	31.4	95.0	20.5	21.6	50.2	51.0
2008 年	73.8	94.4	17.6	22.9	41.7	54.9
2009 年	73.8	94.8	17.5	22.9	50.2	55.0

（二）地下水环境质量现状及变化趋势

根据《北京市水资源公报（2009）》，全市 181 眼浅井中符合Ⅲ类水质标准的监测井 96 眼，符合Ⅳ类的 44 眼，符合Ⅴ类的 41 眼。其中，符合Ⅲ类水质标准的监测井主要分布在平原区北部、中部地区。怀柔、平谷和密云各井点监测值均符合Ⅲ类水质标准，水质状况较好；其他各区（县）Ⅳ、Ⅴ类浅层地下水均有分布。全市符合Ⅲ类水质标准的面积为 3 308 km^2，占整个平原区面积的 52%；符合Ⅳ～Ⅴ类水质标准的面积为 3 030 km^2，占整个平原区面积的 48%。主要超标指标为总硬度、氨氮、硝酸盐氮。98 眼深井中符合Ⅲ类水质标准的 76 眼，Ⅳ类的 19 眼，Ⅴ类的 3 眼。深层水的水质以Ⅲ类水为主，Ⅳ～Ⅴ类水主要分布在通州的东部和中部、顺义的西南、昌平的东南以及朝阳的东北部地区，大兴、平谷也有零星分布。符合Ⅲ类水质标准的面积为 2 872 km^2，占评价区面积的 84%；符合Ⅳ～Ⅴ类水质标准的面积为 563 km^2，占评价区面积的 16%。主要超标指标为氨氮和氟化物。25 眼基岩井水质较好，均符合Ⅲ类水质标准。

2003—2009 年北京市地下水水质变化状况见表 3。从表中数据可以看出，地下水水质总体稳定，但有小幅恶化。尤其是浅层地下水中，Ⅲ类水质区域面积比例逐年递减，Ⅳ～Ⅴ类水质面积比例不断增加。

表 3　北京市地下水水质变化状况

类别		Ⅲ类		Ⅳ～Ⅴ类	
		监测井占比/%	面积占比/%	监测井占比/%	面积占比/%
2003 年		55.0	—	45.0	—
2004 年		50.0	—	50.0	—
2005 年		52.7	—	47.3	—
2006 年	浅层	50.6	63.2	49.4	36.8
	深层	—	85.6	—	14.4
	基岩	100	100	—	—
2007 年	浅层	52.0	61.0	48.0	39.0
	深层	—	82.0	—	18.0
	基岩	100	100	—	—
2008 年	浅层	49.2	57.0	50.8	43.0
	深层	73.5	80.0	26.5	20.0
	基岩	100	100	—	—
2009 年	浅层	53.0	52.0	47.0	48.0
	深层	77.6	84.0	22.4	16.0
	基岩	100	100	—	—

三、北京市水污染防治现状

近年来，全市以水环境质量改善为核心，以水污染物总量减排为重要抓手，全面推进水污染防治及污水资源化工作，进一步加强饮用水水源保护，积极开展河道整治和生态修复，城市水环境质量取得明显改善。

（一）饮用水水源保护不断强化

本市多年来将饮用水水源保护作为水污染防治工作的重中之重。目前已经取缔了饮用水水源一级保护区内的工业排污口，二级保护区严禁新、扩建建设项目，排污单位基本做到达标排放。不断加强山区水土流失治理，建设清洁小流域，建成黑土洼湿地，开展了官厅水库塌岸治理和官厅山峡渗滤坝建设。进一步规范加油站管理，基本摸清了平原区地下水污染现状，城市地下水源防护区内无管网平房区的污水支户线不断完善。

定期开展饮用水水源地专项执法检查，完成北京市、区（县）及典型乡镇饮用水水源地基础环境调查及评估，编制了饮用水水源地环境保护规划。不断健全饮用水水源安全预警制度，制定了《北京市环境污染和生态破坏突发事件应急预案》和《北京市城市水源系统突发事件应急预案》。对地表、地下集中式饮用水水源地开展常规监测，具备了地表水 109 项全指标监测分析能力。全市主要饮用水水源地水质保持达标，确保了人民群众饮用水安全。

（二）城市污水处理及再生水利用水平进一步提高

北京市不断推进城镇污水处理厂建设，完善污水收集管网。截至 2009 年，中心城已建成高碑店、方庄、小红门等 10 座污水处理厂，设计处理能力达到 258 万 m^3/d，2009 年实际处理水量 8.6 亿 m^3，中心城污水处理率达到 94%。郊区每个新城均建成集中污水处理厂，2009 年郊区污水处理量 2.4 亿 m^3，郊区污水处理率为 51%。

再生水利用方面，目前已建成清河、北小河、吴家村等 13 座公共再生水厂，再生水生产能力达 78 万 m^3/d。同时，本市采取各种综合措施鼓励再生水利用，2009 年利用再生水已达 6.5 亿 m^3，占总用水量的 18%，成为重要的供水水源。

（三）河湖治理与生态恢复取得明显进展

“十一五”时期，北京市实施了潮白河水环境治理和十三陵水库环境整治。开展了凉水河下段河道治理，将小红门污水处理厂再生水引入河道，使多年黑臭的凉水河水质开始还清。对清河下段、坝河、北护城河、清河导流渠、仰山大沟、二道沟和金河等河道进行治理，基本完成六环路以内市属城市河湖治理。实施了中心城区水源置换和“六海”水质改善工程，完成龙潭湖、朝阳公园湖水循环工程，城市水环境质量明显改善。

开展以北运河流域为重点的水系综合治理，通过污水处理厂建设、工业和畜禽养殖污水治理、河湖治理和生态修复、制定《区县河系水环境质量考核标准》、建立水务、环保等部门与区县政府的联动机制等综合治理措施，2009 年国家考核本市的出境河流断面中，北运河通州榆林庄断面化学需氧量年均值为 44.0 mg/L，泃河平谷东店断面化学需氧量年均值为 37.0 mg/L，达到国家 2009 年考核目标要求。拒马河房山张坊断面水质为Ⅱ类，好于国家 2009 年考核目标要求（Ⅲ类水体）。

（四）主要水污染物排放总量持续下降

为大力推进全市水污染物总量减排工作，北京市制定了《“十一五”期间北京市主要污染物排放总量控制计划》，将污染物减排任务分解到各区县和有关部门。同时，将 2010 年全市化学需氧量排放总量目标控制在 9.67 万 t，严于国家下达的 9.9 万 t 的目标。

市政府与各区县政府和有关部门签订了总量削减目标责任书，制定了本市“十一五”主要污染物总量减排监测办法、统计办法和考核办法，出台了主要污染物总量减排奖励办法，保证减排工作的顺利实施。实施了结构减排、监管减排、工程减排等减排措施。小红门等一批城镇污水处理厂和国家环保产业园区等工业开发区污水集中处理设施建成并投入运行。对未建成污水集中处理设施的工业开发区实施“区域限批”。原市工促局、市发展改革委、市环保局等 8 部门联合制定了高污染、高耗能、高水耗工业企业的退出意见和淘汰落后生产工艺的名录，关停、迁出一批污染较重的企业。完成了燕化、东方化工厂、燕京啤酒集团等工业污水的深度治理与回用，同时加强了重点污染源的在线监控。通过以上措施，2009 年全市化学需氧量排放量为 9.88 万 t，较 2005 年削减 14.8%，提前完成国家下达的“十一五”北京市水污染物总量减排目标。

（五）水环境监控体系进一步完善

目前已经初步建成覆盖全市五大水系、地表饮用水水源地及跨界断面等重点敏感水域的自动监测系统。同时，饮用水水源地的环境监测得到进一步加强。开展了地表水环境质量标准的全项指标监测，完成了饮用水水源地水质月报监测、应急地下饮用水水源地和农村饮水井监测以及垃圾填埋场对地下水质影响的监测。不断加强重点污染源和污水处理厂在线监控，目前全市国控重点污水排放单位已安装在线监测装置并与市环保局联网，市控重点水污染物排放单位的在线监测装置也正在安装和不断完善之中。

第二节　面临的主要水环境问题

近些年来，本市水污染防治取得积极进展，水环境质量得到明显改善，但与水环境质量标准以及人民群众的期望相比，还有较大差距。与此同时，随着北京市提出“人文北京、科技北京、绿色北京”发展战略和具有中国特色世界城市建设目标，本市经济社会将进入新的发展阶段，经济将继续保持快速发展，人口持续增长，使本市水污染防治工作面临着巨大压力和挑战，本市水环境形势呈现环境质量有所改善、防治形势依然严峻、下游河道普遍超标、改善难度不断加大的特点。

一、水资源严重短缺，水环境质量难以根本改观

目前本市水资源严重短缺，用水总量与水资源量严重失衡，且经济快速发展和人口持续增长使水资源短缺形势更加严峻。生态环境用水匮乏，水生态环境脆弱，城市中下游河道基本达不到水环境功能区要求，全市水环境质量持续改善的难度较大。

（一）用水总量与水资源量严重失衡

2002—2009 年全市水资源总量与用水总量比较见表 4。从表中可以看出，用水总量与水资源量不相匹配。2002—2007 年以及 2009 年可用水资源总量均小于用水总量，用水量缺口主要靠超采地下水补充。虽然 2008 年降雨较充沛，形成的水资源量加上再生水量形成的全年可用水资源总量大于全年用水总量，但是由于形成的地表

水资源量不能全部被利用，仍然超采地下水 1.47 亿 m^3。

表 4 2002—2009 年可用水资源总量与用水总量比较 单位：亿 m^3

年份		2002	2003	2004	2005	2006	2007	2008	2009
可用水资源总量	水资源量	16.11	18.4	21.35	23.18	22.07	23.81	34.21	21.84
	再生水量	—	2.05	2.04	2.6	3.6	4.95	5.9	6.5
	小计	16.11	20.45	23.39	25.78	25.67	28.76	40.11	28.34
用水总量		34.62	35.8	34.55	34.5	34.3	34.8	35.1	35.5
缺口		18.51	15.35	11.16	8.72	8.63	6.04	−5.01	7.16

（二）外来水源得不到保障

为缓解水资源紧张的局面，国家实施了南水北调工程，原计划 2010 年实现调水 10 亿 m^3 进京，但由于种种原因推迟到 2014 年，这使原本水库蓄水不足、地下水位下降的北京水资源承载能力经受前所未有的压力。

（三）经济快速发展和人口持续增长使水资源短缺形势更加严峻

本市经济总量、城市规模、人口数量持续快速增长，进一步加重了本已不堪重负的水资源压力。“十一五”以来，本市 GDP 由 2005 年的 6 886.3 亿元增加到 2009 年的 12 153 亿元，常住人口由 2005 年的 1 538 万人增长到 2009 年的 1 755 万人，已经远远超过《北京市城市总体规划（2004 年—2020 年）》确定的 2010 年 1 600 万人规模。如果考虑流动人口在内，即使在水量较为充沛的 2008 年，本市人均水资源占有量仍不足 200 m^3，如果继续以这样的速度发展下去，北京市缺水形势更加严峻。

（四）生态环境用水匮乏造成水环境质量难以得到根本改观

目前，造成本市水环境质量没有得到根本改善的主要原因是缺乏生态环境用水和污染物排放量大于环境容量。尽管生态环境用水量从 2001 年的 0.3 亿 m^3 逐步增加到 2009 年的 3.6 亿 m^3，但是与生态环境需水量相比仍有较大差距。根据《北京市“十一五”时期水资源保护及利用规划》，全市生态环境需水量为 8 亿～12 亿 m^3，因此全市环境用水量存在约 4.4 亿～8.4 亿 m^3 的缺口。由于缺少新鲜水补给，污水处理厂退水和再生水厂出水成为下游河道的主要补给水源，而污水处理厂和再生水厂的出水水质与地表水环境质量标准之间有较大差距，相当于将处理过的污水排入河道作为环境用水，因此在没有充足生态环境用水的情况下根本无法满足水环境功能区的要求，造成水环境质量难以达标。

二、污染减排形势严峻

“十一五”以来，北京市为改善环境质量，积极落实总量控制计划。通过工程减排、结构减排、监管减排等措施，全市化学需氧量排放量逐年下降，从 2005 年的 11.6 万 t 下降到 2009 年的 9.88 万 t。但由于多方面原因，“十二五”期间全市的污染物减排仍然面临较大压力。

（一）污染物减排工作任重道远

尽管全市污染物排放量呈逐年下降趋势，但 2009 年全市仅城镇生活和工业水污染物排放量就已经超出水环境容量。如果考虑农村生活、农业和城市面源的污染物排放，实际排放量将远远高于水环境容量。

“十二五”时期，本市经济将继续保持快速发展，预计地区生产总值年均增长率保持 9%左右；人口将持续增长，若按“十一五”平均增长速度预测，预计“十二五”期末本市将新增城镇常住人口 315 万人，经济快速发展和人口持续增长将带来污染物排放量的增加。“十二五”期间不但要消化存量，还要削减增量，减排压力巨大。与此同时，为办好绿色奥运，本市很多水污染防治措施在“十一五”期间提前完成，中心城污水处理率已达到 94%，新城污水处理系统也已基本完善，水污染防治水平处于全国前列，因此水污染物减排空间不断压缩，减排潜力越来越小。

（二）污染控制方式和手段不完善制约了减排工作

一是总量控制制度和手段尚不完善，目前总量指标只分解到区县，并未结合流域污染状况进行分解。其次，纳入总量统计的污染物指标也不全面，“十二五”期间总量指标只有化学需氧量、氨氮，没有涉及总磷、总氮等对水体富营养化贡献较大的污染物指标。而目前中下游河道补水以污水处理厂退水和再生水厂出水为主，其氮、磷浓度与地表水环境质量要求存在较大差距，导致本市地表水富营养化现象普遍存在。

二是对有毒有害物质的控制不够。虽然目前本市按照国家和地方排放标准对有毒有害污染物进行监管，但监管力度尚且不够，监管方式还不够完善。

三是污泥无害化处理率较低，城市污水处理厂剩余污泥无序排放已经成为一个突出的环境问题，这些污泥主要是倾泻到近郊区的农村堆存或是进行简易填埋，存在二次污染的严重隐患及较高的环境风险。

三、水环境管理机制面临转型压力

长期以来本市水环境管理工作基本按行政区域进行管理，缺乏整个流域的综合考虑，流域管理机制欠缺，导致水污染防治工作难以与环境质量直接挂钩，需要加快建立区域管理与流域管理相结合的新机制。

（一）水环境管理没有体现流域特点

在规划层面上，目前主要有环境保护部门制定的《水污染防治专项规划》和水务部门制定的《水资源开发利用规划》，这两个规划均为部门规划，都是立足于本部门职责来制定。环保部门制定的《水污染防治专项规划》偏重于污染源的治理、污染物减排等污染防治的内容，水务部门制定的《水资源开发利用规划》内容上偏重于全市水资源的调配、开发及利用。环保部门和水务部门制定的规划在水质与水量分配、按流域管理上缺乏统一考虑和有效衔接。

在实施层面上，水污染防治没有按照流域的特点进行，人为地割裂了水资源的系统性和整体性，无论在目标责任制、污染物总量分配、水环境治理等方面基本按市、区县两级进行管理，而多数情况下区县范围与流域范围并不能完全对应，导致水污染防治工作不能直接与环境质量挂钩。

在监督管理层面上，本市水务、环保部门均没有实现垂向管理，区县环保部门隶属于区县人民政府，出于对区县利益的考虑，或多或少会存在“只管界内，不顾周围”的地方主义弊端。同时，本市上下游区县间的长效协调机制尚未形成，位于流域的不同位置的上下游区县间由于缺乏完善的跨区监督机制和考核机制，造成在水资源使用、排污权等问题上存在的矛盾和冲突难以有效解决。

（二）目标责任制及相关考核机制尚不完善，基于流域与区域管理的考核体系尚未建立

2006年，本市在与原国家环保总局签订的《北京市“十一五”水污染物总量削减目标责任书（2006—2010年）》中承诺了跨省界出境断面水质考核目标和主要污染物化学需氧量总量控制目标。为实现上述目标，结合北京实际情况，2006年市政府与各相关部门及区县政府分别签订了目标责任书，将化学需氧量减排、出境断面水质达标等项工作任务逐一进行了分解，同时，市政府对相关区县的完成任务情况逐年进行考核。

但目前的水环境目标责任制和考核制度还存在一些问题：第一，在任务分解时没有按照流域对指标进行分解，这样跨多个流域的区县只有一个总指标而没有分流域的指标，造成总量减排无法与环境质量挂钩；第二，水环境质量目标考核内容尚不全面，目前只对化学需氧量减排任务完成情况进行考核，尚未出台全市水环境质量目标责任考核办法，没有真正将断面考核纳入相关部门和领导的责任考核范围，无法从直观上考查各区县采取的治理措施对水环境

改善所起的作用；第三，尚未将规划的执行情况纳入政府部门和区县政府的考核内容，尚未建立一套包含流域管理目标指标体系、水质跨界断面考核与评价方法、流域上下游补偿机制、基于流域管理的总量分配方法、流域管理机制下的水环境目标责任制等内容的考核体系。

四、饮用水水源与地下水保护需要进一步加强

目前本市饮用水水源水质虽然总体良好，但官厅水库尚未恢复饮用水源功能、地下水超采严重等问题依然存在，部分地区少数地下水水质指标存在超标现象，水源保护区污染隐患依然存在，需要进一步加强饮用水水源与地下水保护工作。

（一）饮用水水源保护尚需加强

本市区县级以上集中式饮用水水源地均已经划分了保护区，但是水源保护区大多是在 20 世纪 90 年代划定的，与目前经济社会的发展已然不相适应，需要进行保护区的重新划定和调整。同时根据《中华人民共和国水污染防治法》，饮用水水源保护区分为一级保护区和二级保护区；必要时，可以在饮用水水源保护区外围划定一定的区域作为准保护区，而目前本市水源保护区的名称、划定等相关规定与水污染防治法的规定存在不一致现象，也需要进行调整。

水源保护区污染隐患依然存在，地表饮用水水源一级、二级保护区内共有人口约 19 万，地下饮用水水源防护区内共有人口约 185 万人，此外还存在生活、农业、工业等污染隐患。

（二）地下水保护任务艰巨

与 1960 年相比，2009 年全市地下水储量减少 106.9 亿 m^3，北京平原区出现区域性地下水水位下降，地下水漏斗不断扩展。但目前本市对于地下水的保护相对滞后，使得地下水保护任务十分艰巨。一是目前没有专门的针对地下水资源保护、管理和污染防治的专项规划；二是地下水功能区划滞后，地下水尚未制定环境功能区

划，不利于分质开采和使用；三是地下水环境监测体系和监测制度尚不完善。

五、农村和农业水污染问题较为突出

由于农村地区水污染防治工作基础相对薄弱、历史欠账较多、资金投入不足、监管难度大等原因，农村和农业水污染问题仍然较为突出。

（一）农村生活污水处理能力不足，污水处理设施运转率低

农村污水较为分散、不易收集、污水处理设施规模小、资金不足等因素导致目前本市农村污水处理设施严重不足。本市农村地区有乡镇污水处理厂 40 余座，此外，还建有一定数量的村级污水处理站，但 2009 年郊区污水处理率只有 51%。此外，由于建设未能因地制宜、水量不足、缺乏配套污水管网、缺乏运行资金等原因，农村已建成的污水处理设施不能稳定运行的问题比较突出，运转率普遍较低。

（二）规模化畜禽养殖场污染严重，治理难度大

本市畜禽养殖总量较大、污染物排放量大，化学需氧量年排放量超过 8 万 t。由于养殖废水治理难度大、成本高，末端治理难以实现达标排放、监管难度大且缺乏鼓励和引导政策等原因，目前本市畜禽养殖污染问题仍然很严重，部分规模化养殖场未建污水处理设施，有的虽然建有处理设施但基本不运行，有的虽然运行但排放不达标。

（三）化肥、农药过量施用问题

据初步统计，2008 年本市化肥平均施用强度约为 57 9 kg/hm^2（折纯），超过“全国环境优美乡镇”的化肥施用强度考核指标 1.07 倍，超过全国平均水平 38%。氮肥平均施用强度约为 337 kg/hm^2（折纯），超过国际公认标准 50%。本市农药平均使用量约为 17.97

kg/hm^2，超过全国平均水平 60%。化肥、农药的过量施用，不但会通过地表径流等方式污染地表水体，而且会对地下水造成污染，化肥农药污染一直是农村面源污染防治的重点和难点。

第三节　立法的必要性

一、落实科学发展观是建设宜居城市、世界城市和绿色北京的必然要求

随着本市经济社会快速发展和人口持续增长，城市化进程不断加快，人口与水资源、水环境之间的矛盾已经凸显，水资源短缺已经成为制约首都经济社会发展的主要瓶颈之一。同时，北京市提出了“人文北京、科技北京、绿色北京”发展战略和具有中国特色世界城市建设目标，必须要有良好的生态环境作为支撑。因此，有必要通过制定《北京市水污染防治条例》，将水污染防治工作提高到解决人口、资源和环境问题的高度来看待，将水污染防治和水资源利用有机结合起来，通过综合、系统的管理方式来促进本市水污染防治工作，为人民群众创造良好的生活环境。

二、改善本市水环境质量的客观要求

近年来，本市高度重视水污染防治工作，采取了一系列污染治理措施，在水资源严重短缺、人口快速增长和污水总量不断增加的情况下，水环境恶化的趋势得到了初步遏制。但是目前河流超标现象依然严重，2009 年全市有水河流中，水质不达标的河段个数占 45%，城市中、下游地区大部分水体不达标，水质状况依然不容乐观。

当前水资源短缺、水污染物排放总量较大是制约本市水环境进一步改善的主要因素，需要统筹节约水资源、污水资源化、水污染防治措施，由单一的防治水污染向水污染防治和水资源利用有机结合转变，由分段分块治理向流域综合治理转变，由污水治理无害化

向资源化转变，由重视城镇污染防治向城乡统筹转变，以推进水环境进一步改善。因此，迫切需要将这些制度以及之前行之有效的措施，通过立法的形式确定下来，制定一部更加适合本市水污染防治实际情况的地方性法规，为采取更严格的措施防治水污染和改善水环境质量提供有力的法律支持。

三、贯彻落实水污染防治法的基本要求

2008 年 2 月 28 日第十届全国人大常委会第三十二次会议通过了新修订的《中华人民共和国水污染防治法》，修订后的水污染防治法进一步细化和完善了现阶段我国关于水污染防治的法律制度，在一些问题上提出了新的管理思路。由于 2002 年 5 月颁布实施的原《北京市实施〈中华人民共和国水污染防治法〉办法》在管理体制和管理制度、行政许可、行政处罚等方面，与《中华人民共和国水污染防治法》存在多处不一致的地方，因此为适应上位法规定的变化，需要制定《北京市水污染防治条例》，这是贯彻落实《中华人民共和国水污染防治法》的基本要求。

第二章　立法过程和基本思路

第一节　立法过程

《北京市水污染防治条例》立法过程分为立项、起草、征求意见和审议四个阶段。

一、条例立项

2008 年 11 月 21 日，北京市人大常委会讨论通过了修订《北京市实施〈中华人民共和国水污染防治法〉办法》的立项论证报告。将法规名称改为《北京市水污染防治条例》，并将《北京市水污染防治条例》列入 2009 年立法计划。

2009 年 3 月 9 日，北京市人民政府办公厅将《北京市水污染防治条例》列入 2009 年市政府立法工作计划。

二、条例起草

2008 年 12 月，北京市环保局开始组织《北京市水污染防治条例》的立项论证、调研和草案起草工作，成立了专门的领导小组、工作小组和专家顾问组。工作小组在领导小组的指导下开展条例的调研和起草工作。

2009 年 1 月 9 日，北京市环保局召开市水污染防治条例座谈会。听取各区县环保局近年来在水污染防治工作中的经验、采取的措施；了解《中华人民共和国水污染防治法》以及原《北京市实施〈中华人民共和国水污染防治法〉办法》实施过程中遇到的问题，以及对制定《北京市水污染防治条例》的建议及需求。

2009 年 2 月—3 月，条例起草小组赴环保部调研总量控制、排污许可工作进展和计划、饮用水源保护区管理现状；赴市水务局调研排水许可证工作进展、污水处理厂管理现状、再生水使用近期规划、北京市排水和再生水管理办法的制定进展状况；赴市排水集团调研污水处理厂的运行现状、再生水利用现状、污泥处理处置和管理现状；赴市农业局调研本市养殖业现状，化肥、农药的施用现状，农田灌溉中各种水源利用情况。4 月—5 月，条例起草小组赶赴云南调研水污染防治的工作经验；赴天津市环保局调研总量控制及排污许可的实施经验；赴海河流域管理委员会调研机构设置、运行管理现状、流域水污染防治协调机制现状、跨界污染问题解决办法；赴上海调研城市污水处理厂排放口管理归属问题。并于此基础上初步形成了条例草案初稿。

2009 年 5 月—7 月，北京市环保局先后向局内各处室、本市各相关部门征求条例草案初稿的修改意见，并召开了专家论证会，在此基础上形成了《北京市水污染防治条例（草案）》。

三、征求意见

2009 年 8 月 10 日，《北京市水污染防治条例（草案）》报送市政府法制办。

2009 年 8 月—10 月，市政府法制办通过首都之窗网站将草案内容向社会公开征求意见，并以书面形式征求了 15 个市政府有关部门和 18 个区县政府的意见。共征集到社会意见 10 条，部门意见 60 余条，区县意见 20 余条。根据反馈意见，市政府法制办组织市环保局、市水务局、市农业局、市发改委、市规划委、市国土局、市财政局等部门召开了座谈会，共同研究确定相关管理体系、部门职责划分以及其他有关制度措施的条款内容；组织召开了主管区（县）长座谈会，当面听取了水污染防治工作相对较重的密云县、延庆县、朝阳区、通州区、昌平区、顺义区、大兴区、门头沟区的意见。之后，市政府法制办会同市环保局对草案进行了修改完善。组织召开了法律专家审查工作会，邀请来自中国人民大学、中国政法大学、北京大学、国家行政学院的多名法律界专家对草案进行了法律审查。

2009年12月1日，市政府第五十三次常务会审议通过了《北京市水污染防治条例（草案）》，正式提请北京市人大常委会审议。

四、条例审议

2009年12月29日，《北京市水污染防治条例（草案）》首次提交北京市第十三届人民代表大会常务委员会第十五次会议审议。19位常委会组成人员和3位列席人大代表发表了意见。常委会组成人员和代表认为，《北京市水污染防治条例（草案）》结构合理、内容全面，针对性和操作性比较强。同时，常委会组成人员和代表也提出了修改意见和建议。

2010年9月16日，北京市第十三届人民代表大会常务委员会第二十次会议对《北京市水污染防治条例（草案）》进行了第二次审议。与2009年12月的一审稿相比，二审稿修改条款7条，新增条款6条。会上16位常委会组成人员和3位列席人大代表发表了意见。

2010年11月19日，北京市第十三届人民代表大会常务委员会第二十一次会议对《北京市水污染防治条例（草案）》进行了第三次审议。三审稿对2010年9月的二审稿做了进一步修改：修改条款6条，新增条款1条。会议表决通过了《北京市水污染防治条例》，并自2011年3月1日起施行。正式公布稿共7章95条。

第二节　条例基本思路

《北京市水污染防治条例》打破了部门立法的界限，创新了立法模式，以《中华人民共和国水污染防治法》和《中华人民共和国水法》等多部国家法律为上位法，最终实现立法资源的整合和管理模式的创新。立法过程中着重把握以下几点：一是法制统一原则，全面贯彻《中华人民共和国水污染防治法》和《中华人民共和国水法》；二是针对问题立法，立法解决问题。针对本市水污染防治工作目前存在的问题，制定解决措施，提高立法的针对性；三是细化上位法有关规定，结合地方特色进行适度创新，增强地方立法的可操作性；四是总结本市环境保护工作经验，将行之有效的措施和办法通过修订法规固定下来，形成长效机制。

从深入贯彻科学发展观、建设宜居城市、维护人民群众根本利益的战略高度，以污水资源化、城乡统筹和流域治理为原则，以实现高标准治污、提高水质、修复水生态为目标，通过制定新的条例，进一步加强全市水污染防治，保障饮用水安全，保护和改善水环境，同时力争解决水污染防治和水资源利用工作中的一些突出难点问题，加大对违法行为的处罚力度，为建立完善的水污染防治监督管理体系和创新管理机制提供法律依据，为水污染防治的监管提供法制保障。

第三章　条例主要内容和亮点

第一节　章节设置

2010年11月19日北京市第十三届人民代表大会常务委员会第二十一次会议审议通过的《北京市水污染防治条例》共7章95条，包括总则、水污染防治规划与监督管理、水污染防治措施、饮用水水源与地下水保护、生态环境用水保障与污水再生利用、法律责任、附则。

第一章　“总则”共10条，主要对条例的立法目的、适用范围、立法原则、主要制度等进行原则性、总体性规定。

第二章　“水污染防治规划与监督管理”共14条，主要对本市的水污染防治规划、流域管理制度、总量控制制度、排污企业应履行的义务、水环境监测及水环境质量公报制度等进行了规定。

第三章　“水污染防治措施”分5节共30条，第一节是水污染防治的一般性规定，第二节至第五节主要对工业、城镇、农村和农业水污染防治以及水污染事故处置进行了规定。

第四章　“饮用水水源与地下水保护”共11条，主要对饮用水水源保护区划分及水污染防治措施、地下水资源保护等进行了规定。

第五章　“生态环境用水保障与污水再生利用”共10条，主要对生态环境用水保障措施、再生水开发利用等进行了规定，是基于北京市水资源严重短缺、生态环境用水严重不足及水污染防治形势要求而创设的章节，突出合理配置水资源在水污染防治工作中的作用。

第六章　“法律责任”共18条，主要是对违反条例规定的违法行为进行处罚的规定。

第七章　“附则”共 2 条，规定了条例涉及的特殊名词定义以及条例的施行时间。

第二节　主要内容

一、建立区域管理与流域管理相结合的水环境管理制度

从国内外水污染治理经验和科学规律来看，实施流域统一管理是解决水污染问题的有效手段。北京市河流分属五大流域，大部分河流跨不同区县，只有建立流域管理机制，进行流域综合整治，才能实现流域水环境质量的整体提高。基于这一原因，条例强化了流域管理理念，提出本市水环境管理模式要由原先的区域管理为主逐步转变为区域管理和流域管理相结合的新模式。

一是按流域编制综合治理规划，保证流域内上下游、区县间的水污染治理步调协调统一；二是按照流域分配主要污染物排放指标并按流域进行考核；三是建立流域限批制度，对未完成流域重点水污染物排放总量控制指标的区、县实行限批，由发展与改革、规划、环保等主管部门暂停审批该区、县新增重点水污染物的建设项目；四是逐步建立流域水环境资源区域补偿制度；五是按流域制定重点排污单位名录。

二、实行污染物总量控制制度

总量控制是当今世界上发达国家的先进经验，基于总量控制的水污染防治工作能够更符合水体的自然规律。由于北京市目前水污染物排放总量远远大于环境容量，因此必须继续实施总量控制，进一步削减水污染物排放量，才能实现水环境质量的持续改善。

条例明确本市应实行污染物总量控制制度。一是根据水污染防治法的相关规定，明确本市实行重点污染物总量控制制度，将超总量排污作为违法行为的界限之一；二是进一步完善了重点污染物总

量控制制度，在国家规定的区域总量控制的基础上增加了流域总量控制，市政府将总量控制指标分解到相关部门、区县及流域，相关部门和区县将总量控制指标分解落实到排污单位；三是细化了水污染防治法规定的区域限批制度，对未完成区域重点水污染物排放总量控制指标或者水环境质量考核指标的区、县，相关行政主管部门暂停审批该区、县行政区域内新增水污染物排放总量的建设项目的相关文件；此外除国家规定削减的主要污染物名单外，本市还可以特别规定各流域实行总量控制的主要污染物的种类。

三、强化污水再生利用，保障生态环境用水

针对本市水资源短缺和生态环境用水严重不足的现状，条例专章规定了生态环境用水保障与污水再生利用的内容，努力保障生态环境用水，积极鼓励使用再生水。一是规定市水行政主管部门应当会同市环境保护行政主管部门确定本市重点河段和重点湖泊最低生态环境用水水量，并在各流域水污染防治综合规划中提出具体生态环境用水保障方案并组织实施；二是实行用水总量控制，逐步实现用水量和可利用水资源量的平衡；三是规定生态环境用水优先使用雨水和再生水，严格限制使用地下水和自来水作为城市景观用水；四是明确市和区、县人民政府应当制定鼓励使用再生水的政策，采取措施，发展工业再生水用户，扩大农业再生水灌溉范围。

四、突出城乡统筹，重视农业和农村水污染防治

农村和农业水污染防治既有其紧迫性，也由于涉及“三农”问题而有其特殊性。条例立足本市实际，提出了针对性的农村和农业水污染防治规定。

一是加强宏观决策。条例在《中华人民共和国水污染防治法》的基础上，增加了编制农业水污染防治规划的规定，要求农业发展在保证首都农产品基本供应的同时，还要考虑水环境承载力。

二是全面推进，重点突破。除规定了畜禽养殖、水产养殖、农药化肥等农业污染防治内容之外，条例还增加了农村生活污水污染

防治的内容。在农业水污染防治方面，则重点强化了畜禽养殖的污染防治，不但提出了加强污染治理和综合利用的常规举措，而且增加了划定禁养区、推行生态养殖、实行集中式畜禽粪污综合利用和无害化处理等新举措，使本市畜禽养殖在污染防治力度上空前增强，在污染防治方式上有所突破，在污染防治理念上有所创新。

三是因地制宜开展农村生活水污染防治。由于相对城区来说，农村地区的经济、技术条件相对比较落后，因此条例密切结合农村实际，提出在农村地区推广生态、低能耗、资源化的污水处理技术，并针对农村污水处理设施缺乏建设和运行资金的客观困难，明确了农村污水处理设施的建设和运行经费解决方式。

五、加大饮用水水源保护力度，高度重视地下水保护

为了进一步加强本市饮用水水源保护，确保人民群众饮水安全，条例专章规定了饮用水水源的内容。一是明确了饮用水水源保护区的划定主体和程序；二是确立了饮用水水源保护区分区管理制度。将地表水饮用水水源保护区和地下水饮用水水源保护区按照一级保护区、二级保护区分级管理。必要时可以在饮用水水源保护区外围划定一定范围作为准保护区；三是根据饮用水水源保护区、准保护区的分级管理要求，分别设定了相应的禁止性条款。

针对本市地下水超采严重，平原区局部地区水质恶化的情况，条例大力加强了以预防为主的地下水保护措施。一是明确提出由市相关部门制定地下水环境功能区划，是地下水保护中的新举措；二是要求编制地下水保护规划，统筹全市地下水保护；三是要求实行分层开采和保护性开采；四是规定地下水及地下空间开发利用等活动应当采取防护性措施，防止地下水污染。

六、进一步强化工业水污染防治

为巩固工业污染防治成果，建立工业污染全防全控体系，条例从如下几个方面进行规定：一是鼓励工业企业进行技术改造，推行清洁生产，减少水污染物排放量；二是实行工业园区限批，对于工

业园区未建设废水集中处理设施或者集中处理设施废水排放不达标的，暂停审批和建设该工业园区新增水污染物排放总量的建设项目；三是进一步加强产业结构调整，禁止新建、扩建对水体有严重污染的项目，制定本市鼓励、限制、禁止的行业和产品名录；四是对现有排放含重金属废水的小型生产企业限期关停，以强化重金属的环境风险防范；五是加强排水水质监管，对于向公共污水处理设施排放工业废水的企事业单位，要求其在排污口建设取样井，以方便相关部门和单位取样监测。

七、继续深化城镇水污染防治，大力推进污泥处置和综合利用

作为水污染物总量减排最直接、最有效的手段，必须进一步深化城镇水污染防治工作。条例主要从以下几个方面进行规定。一是明确区、县政府统筹解决乡镇污水处理厂建设和运行资金的责任；二是实行专款专用，污水处理设施运营单位取得的污水处理费不得挪作他用；三是加强预处理，对于排放含有毒污染物名录内污染物的污水、医疗卫生机构产生的含病原体的污水、含难以生物降解的有机污染物的废水，在排入公共污水处理设施之前需要进行预处理；四是加强雨水污染防治，要求采取措施，防止初期雨水造成污染。

针对本市污泥污染防治形势日益严峻的状况，条例遵循减量化、稳定化、无害化和资源化的污泥处理处置原则，明确了污泥处置的相关要求。一是明确本市各级人民政府负责筹集污泥处理处置设施的建设资金，并要求将污泥处理处置规划纳入本市排水和再生水规划；二是明确了水务部门、环保部门、污水处理厂运营单位对污泥处理处置的责任；三是规定了城镇污水处理厂污泥控制应达到规定的标准，新建、改建、扩建污水处理设施，应当配套污泥处理措施，现有污水处理设施不能达到污泥处理标准的，应当限期进行改造完善；四是通过多种措施积极鼓励污泥综合利用。

八、切实重视水污染事故处置

为切实做好本市水污染事故处理，条例从以下几个方面做了

明确规定：一是明确事故处理与损失赔偿责任。规定造成水污染事故的单位和个人应当承担事故的处置和事后恢复责任，对受到损失的单位或者个人依法进行赔偿；二是制定企业水污染事故应急方案，防范事故发生。要求可能发生水污染事故的企业事业单位，应当制定有关水污染事故的应急方案；三是妥善处置水污染事故。企业事业单位发生事故，造成或者可能造成水污染事故的，应当立即启动本单位的应急方案，采取应急措施，并向上级相关部门报告，上级相关部门应督促造成事故的单位和个人妥善处理事故造成的水体污染。

九、进一步规范和强化法律责任

为了规范违法行为的法律责任，解决本市水污染防治中存在的“违法成本低、守法成本高”的不合理现象，在惩戒、教育的同时增加对违法行为的震慑作用，条例在水污染防治法的总体框架体系内，对处罚措施进行了具体、细化、明确和补充规定，处罚对象既包括排污单位，又包括相关责任人，还包括政府主管部门和执法部门。一是提出了政府主管部门不依法作出行政许可、未按规定实施行政处罚、发现违法行为后不予查处等行为的处罚措施；二是进一步明确和细化了单位和个人违法行为的处罚措施，对污染物排放超过水污染物排放标准或超过总量控制指标、违反水源保护管理规定、向水体排放有毒有害污染物、未按规定进行预处理、向雨水管道排放和倾倒污物、未按规定处置污泥、畜禽养殖未采取措施造成环境污染、企事业单位未制定水污染事故应急预案等违法行为规定了具体明确的处罚细则；三是明确规定了针对水污染损害侵权行为的行政复议、行政调解、行政诉讼、法律援助等法律解决途径。

第三节　主要亮点

与 2002 年施行的原《北京市实施〈中华人民共和国水污染防治法〉办法》相比，《北京市水污染防治条例》条款数量大大增加，由原来的68条增至现在的95条，内容更加全面，结构更为合理，逻辑性更强。

条例打破了原有部门立法界限，以《中华人民共和国水污染防治法》《中华人民共和国水法》等多个国家法律为上位法，把与水污染防治相关的水资源开发、利用、节约、保护问题纳入了立法范围，立足于最大限度地依靠法律手段解决当前北京市面临的主要水环境问题，强化了水污染防治工作职责，加大了对违法行为的处罚力度，可以说是北京市水污染防治的一部“重典”，无论从广度上还是从深度上来看，条例采取措施的力度都是空前的。条例的主要亮点如下：

亮点一：充分明确各方责任，形成全社会环保合力

条例全面规定了政府部门、企事业单位、人民群众在水污染防治方面的责任和义务，形成政府主导、企事业单位自觉执行、公众参与和监督的全社会环保合力，为有效贯彻落实各项水污染防治措施奠定良好的基础。

一是明确和强化了政府部门的监管职责。完善了目标责任制和考核评价制度，规定市人民政府对区、县人民政府及其负责人完成污染物减排和水环境质量考核指标的情况予以考核，并将考核结果定期公示。同时进一步明确了各部门和区县政府在规划实施、总量控制、总量分配、污染源监管等方面所负有的责任。各级人民政府应当对本行政区域内的水环境质量负责。各级环境保护行政主管部门对本行政区域水污染防治实施统一监督管理，各级水行政主管部门对本行政区域内水污染防治及与水污染防治有关的水资源开发、利用、节约和保护进行监督管理，其他有关行政部门按照各自的职责，依法对水污染防治实施监督管理。

二是完善和细化了企事业单位的污染防治责任。详细规定了排污单位治理污染、接受监管的责任，除了推行清洁生产，建设和运行污水治理设施，排放污染物不得超过国家和本市规定的水污染物排放标准及重点水污染物排放总量控制指标，对所排污水进行监测等规定以外，而且在水污染防治法的基础上，新增加了按规定对工

业废水进行预处理，工业园区废水集中处理，畜禽养殖粪污无害化和综合利用，使用再生水，污泥的处理处置和综合利用等方面的规定。

三是着力强调了公众参与的权利和义务。与水污染防治法相比，在违法举报、举报处理、违法曝光等方面增加了新的内容，使公众参与权益得到进一步保障。首先，要求政府相关部门公布本部门受理对污染损害水环境行为举报的联系方式，畅通了公众举报的渠道；其次，要求政府相关部门及时处理公众举报，对举报属实的，应当对举报人给予奖励，提高了公众参与环境监督的积极性；此外，需要特别提出的是，条例规定将企业违法行为纳入本市企业信用信息系统，对严重污染水环境的企业通过媒体予以公布，这一规定直接影响到企业的企业形象和品牌形象，对企业水污染治理具有极大的督促作用。

亮点二：突出北京特色，着力解决水污染防治瓶颈问题

近年来尽管北京市在水污染防治方面投入了大量的人力物力财力，但是水环境质量并没有得到根本改善，其中一个重要原因就是水资源短缺造成生态环境用水严重匮乏，水体的环境容量非常有限，水体几乎丧失自净功能。因此条例针对本市这一实际情况，与水污染防治法相比增加了生态环境用水保障和污水再生利用的内容。在条例第一条立法目的中就将推进污水再生利用作为立法目的之一进行了规定，在第三条立法原则和基本要求中也明确提出“坚持水污染防治与水资源开发利用相结合，推进污水资源化，提高水资源循环利用率；坚持污染物排放总量控制，在削减污染物的同时补充生态环境用水，逐步改善水环境质量，恢复和保护水体生态功能”，将生态环境用水保障与污染物削减放在同等的高度对待，以逐步解决本市水污染防治的瓶颈问题。并将“生态环境用水保障与污水再生利用”独立成章对相关内容和措施进行了规定。这些规定都充分突出了北京市水资源短缺这一影响水环境质量改善的瓶颈问题。

影响本市水环境质量改善的另一主要原因就是污染物排放量大

于环境容量。如何在减排力度已经相当大的前提下，进一步削减污染物排放总量也是本条例的重点和难点。条例针对本市这一实际情况，在总则第三条将坚持污染物排放总量控制作为本市水污染防治的基本要求进行规定；第十四条明确规定了本市实行重点水污染物总量控制制度；第十六条规定了本市在总量控制基础上的区域限批和流域限批制度，这些规定和措施都将对本市水污染物进一步减排起到积极作用。

亮点三：重视标准和规划在水污染防治中的指导作用

标准是环境保护法规体系的重要组成部分，是环境保护法律法规贯彻实施的重要手段和技术支撑。但是，目前北京市地方水环境标准无论从标准的数量、质量，还是从与国家标准的关系上均欠缺较多，与水环境管理需求相比还有较大差距。因此，条例将完善水环境标准提升到战略高度，总则第八条明确规定，市人民政府应当根据国家水环境质量标准、本市水环境质量目标及经济、技术条件，制定本市水污染物排放标准，严格控制水污染物排放，定期对标准进行评估并适时修订。在第四十条还提出建立本市污泥处理处置的技术标准体系。这些规定，一方面要求本市从改善环境质量的角度出发从严制定地方水污染物排放标准，减少污染物排放；另一方面还对标准的评估和制修订进行了规定，可以充分发挥标准对水污染防治工作的引导作用。

鉴于水污染防治规划对于统筹考虑全市水污染防治具有重要指导意义，条例着力建立全方位的水污染防治规划体系。一是细化了北京市现阶段水污染防治的规划体系，不但要求市环境保护行政主管部门组织编制水污染防治专项规划，而且还要求市水行政主管部门组织编制、实施全市五大流域综合治理规划和地下水保护规划，要求市农业行政主管部门组织编制、实施农业水污染防治规划；二是理顺了各类水污染防治规划的层级关系，明确了各规划的主要内容、制定依据；三是为保证规划的落实，条例建立了规划评估考核制度，明确规定市人民政府定期对水污染防治专项规划、流域综合整治规划、地下水保护规划、农业水污染防治规划及其执行情况进行评估，并将评估结果作为水环境保护目标考核依据。

条例突出标准和规划对水污染防治的指导作用，是本市水污染防治预防为主的战略思想和原则的重要体现，也是实现本市经济、社会、环境可持续发展的有效途径。

亮点四：进一步拓宽环境保护思路，着力构建全防全控体系

水污染防治是一项复杂的系统工程，只有建立从污染物产生、排放到综合利用的全过程控制体系，才能切实有效地控制水污染和改善水环境质量。因此，条例遵循全过程控制理念，以减量化、无害化、资源化为总体目标，努力构建水环境保护领域的全防全控体系。

在工业污染防治方面，确立了工业污染防治由常规污染物控制为主向常规污染物和有毒污染物并重转变的思路，同时建立了工业污染防治的全过程防控体系，充分体现预防为主、防治结合的原则。一是通过推行清洁生产、合理规划工业布局、制定鼓励和限制发展的产业目录、禁止建设重污染项目等措施，从源头控制工业水污染物排放；二是提出项目限批这一硬性规定，督促工业园区建设废水集中处理设施，以强化污染治理；三是要求切实加强有毒有害废水的预处理，从源头控制有毒有害污染物排放；四是针对北京市水资源严重短缺的现状增加了工业企业废水循环利用及强制使用再生水的相关规定；五是要求相关部门加强工业废水排放的监督性监测，进一步督促工业企业做到废水达标排放。

在城镇和生活污染防治方面，一是在水污染防治法关于城镇污水处理规定的基础上，针对本市中心城和新城污水处理率已经较高的实际情况，提出了保证乡镇污水处理设施运行的经费保障，使乡镇污水处理设施发挥长期减排效益；二是提倡因地制宜地解决农村污水处理问题，保证重点村庄的集中式污水处理设施建设。从改善环境质量的要求出发，规定区、县和乡镇人民政府对饮用水水源保护区、河道两侧等重点区域的村庄的集中污水处理建设、运营提供资金，工艺选择上，农村污水处理设施采用生态、低能耗、资源化的工艺；三是在加强全市污水处理的同时，还对污水处理厂污泥的

处理处置提出具体要求，明确要求污水处理厂建设和完善污泥处置设施，并积极鼓励和支持污泥的综合利用；四是要求加强雨水的收集、处理和利用，防止初期雨水造成污染。这些规定初步建立了“中心城、新城、乡镇、村庄”的生活水污染防治体系。

在农业污染防治方面，一是在农业水污染防治总体思路上强调了农村产业结构和产业发展布局应当依据水资源承载力和水污染防治的要求，发挥农业的生态功能；二是针对目前污染严重的畜禽养殖污染问题，确立了畜禽养殖污染“总量控制、源头削减、综合利用”的基本策略，提出合理确定畜禽养殖规模，通过划定禁养区、采取生态养殖方式实现畜禽养殖污染物的源头削减，同时通过建设集中式畜禽粪污无害化处理和综合利用设施，形成养殖业粪便污染治理的规模效益，推动以综合利用为主的污染治理；三是严格了水产养殖废水的排放，对水产养殖的排水直接排入地表水体的，要求达到受纳水体水环境功能区的要求；四是明确提出了减少农药、肥料施用量的具体措施和要求。这些规定使本市农业水污染防治的体系更加系统化。

亮点五：进一步强化处罚力度，增强对违法行为的震慑力

条例强化了水污染防治的法律责任，增强了对违法行为的震慑力，既对污染物的排放形成强大压力，又对水环境治理形成积极推动力。

一是进一步细化了处罚细则。条例在水污染防治法的基础上，根据北京市水环境管理的客观需求，增加了相应的处罚内容，主要包括：规定了对城镇污水处理厂出水超标的处罚；对利用雨水收集井、管道倾倒、排放污水和垃圾等废弃物设定了罚则；还对违反本条例处理污泥的行为、对使用地下水和自来水作为城市景观水体补水的行为、对规模化畜禽养殖企业违法排污行为等设定了罚则。

二是大幅度提高超标排放违法成本。原《北京市实施〈中华人民共和国水污染防治法〉办法》规定超标排放水污染物的，处一万元以上十万元以下罚款。《中华人民共和国水污染防治法》规定超标排放水污染物的，处应缴纳排污费数额2倍以上5倍以下的罚款。

而条例则在水污染防治法的总体框架内尽可能提高了超标排放违法成本，不但处应缴纳排污费数额 2 倍以上 5 倍以下的罚款外，而且明确了应缴纳排污费数额按年计算，这样就大幅度提高了超标排放违法成本，对于促进企业水污染治理和达标排放具有极大的促进作用。

三是扩大了应受处罚的对象。条例规定了三类处罚对象：一是发现违法行为不查处或者接到举报后不予查处等行政不作为的环保监管人员；二是违法排污的单位或个人；三是违法排污单位内的直接责任人员。对违法排污并造成水污染事故的，不仅要处罚排污单位，还要处罚排污单位直接责任人。

四是对于造成水污染事故的罚款额不再有上限。原《北京市实施〈中华人民共和国水污染防治法〉办法》对水污染事故处罚的最高限额是 100 万元人民币。条例规定对造成水污染事故的，按照国家规定（也就是《中华人民共和国水污染防治法》规定）处以罚款。水污染防治法规定水污染事故处罚按照所造成的直接损失的百分之二十计算罚款；对造成重大或者特大事故的，按照所造成的直接损失的百分之三十进行罚款，上不封顶。

总体上看，此次新制定的《北京市水污染防治条例》，既充分依据《中华人民共和国水污染防治法》《中华人民共和国水法》等上位法，又紧密结合了当前北京市水污染防治工作面临的新形势，对于全面提升全市水环境治理工作水平、推动水污染物总量减排、促进水环境质量持续改善具有十分重要的意义。

第二篇　条文解读

第一章　总　则

本章是关于北京市水污染防治工作的原则性、方向性、总体性的规定，共 10 条，分别对立法目的、适用范围、基本原则、污染防治职责、水环境保护目标责任制和考核评价制度、违法行为界定、地方排放标准制修订、科学研究、违法行为检举及表彰奖励等进行了规定。

> 第一条　为了保护和改善本市水环境，保障饮用水安全，推进污水再生利用，促进经济社会全面协调可持续发展，根据《中华人民共和国水污染防治法》、《中华人民共和国水法》及国家其他有关法律、法规，结合本市实际情况，制定本条例。

【条文主旨】

本条是关于立法目的的规定。

【条文解读】

根据本市水环境质量现状和水污染防治工作需求，确定《北京市水污染防治条例》制定的根本目的，包括如下五个方面：

一、保护和改善北京市水环境

环境是人类生存不可缺少的条件，保护环境就是保护人类自身赖以生存的基础，因此，我国早已将保护和改善环境作为我国的一项基本国策，并在《中华人民共和国宪法》和《中华人民共和国环境保护法》中作了明确规定。水是环境的基本构成要素，水环境是环境的重要组成部分，是人类社会赖以生存和发展的重要资源，也是受人类干扰和破坏最严重的环境领域。

目前，北京市水环境质量不容乐观，尤其是城市下游水体水质普遍超标，约有半数左右水体不能达到相应水环境功能区的要求，同时由于多年干旱，水资源短缺形势日趋严峻，生态环境用水严重不足，水资源紧缺与水环境污染问题已经成为制约经济社会发展的主要“瓶颈”之一。通过制定《北京市水污染防治条例》，加强水污染防治，其根本目的就是为了保护和改善水环境，为北京市实现“人文北京、科技北京、绿色北京”发展战略和具有中国特色世界城市建设目标提供重要保障。

二、保障饮用水安全

饮用水与人类日常生活紧密相关，饮用水安全直接关系到人民群众的生存和身体健康，是水污染防治工作的重中之重。胡锦涛总书记在 2005 年中央人口、资源与环境工作座谈会上，要求“把切实保护好饮用水源，让群众喝上放心水作为首要任务”。2008 年修订的《中华人民共和国水污染防治法》第一条增加了“保障饮用水安全”作为立法目的，并专门增加“饮用水水源和其他特殊水体保护”一章以着重强调加强饮用水水源保护。

北京作为国家的首都和政治、文化中心，饮用水安全保障具有尤其重要的意义，不仅关乎民生，也是保障中央和国家机关正常运行、维护社会稳定、体现城市整体形象的重要物质基础。鉴于此，北京市历来对饮用水水源保护工作高度重视，相关法规、制度较为完善，饮用水安全得到有效保证。但同时应该看到，目前北京市水资源严重短缺，供水长期靠超采地下水维持，导致区域地下水水位持续下降，地下水资源亏损严重，地表饮用水水源地上游来水量不断减少，一些饮用水水源地还存在局部污染隐患。保障饮用水安全始终是本市环境保护工作的重点，应常抓不懈。因此，《北京市水污染防治条例》将保障饮用水安全作为重要立法目的加以规定。

三、推进污水再生利用

以成功举办北京奥运会和新中国成立六十周年庆典活动为标志，北京已进入了建设国际化大都市的新阶段，正在向世界城市迈进。市委、市政府高度重视本市水资源和水环境保护工作，把解决水资源问题作为首都可持续发展的重大问题之一，多次强调要对本区域内的水资源深度挖掘，高效利用。

1999年至今北京遭遇持续干旱，是新中国成立以来持续时间最长、旱情最严重的干旱期，水资源形势十分严峻。同时，水资源短缺造成的生态环境用水严重不足也已经成为首都水环境质量改善的“瓶颈”。由于持续干旱使得城市河道尤其是下游河道长期得不到新鲜水补充，水环境容量十分有限，污水处理厂退水和再生水厂出水已成为下游河道的主要补给水源。尽管全市生态环境用水量从2001年的0.3亿m^3逐步增加到2009年的3.6亿m^3，但仍不能满足环境需水要求。另外污水处理厂排放标准和再生水厂出水标准与地表水环境质量标准间有较大差距，造成城市下游河道水质基本达不到水环境功能区要求，使得水环境改善面临严峻的挑战。

解决北京市的水资源问题必须同时从开源和节流两方面努力，污水再生利用是最有效的开源方式之一，体现了循环经济的理念，是解决资源型缺水和水质型缺水的最佳手段。首先，污水再生利用提高了出水水质标准，从而削减了水污染物的排放量；其次，再生水水源稳定，基本不受水文年变化的影响；再次，再生水比远距离调水费用低。针对本市水资源匮乏的现状，应大力推广污水资源化，提高再生水水质，增强生态环境用水保障能力，保证水资源的可持续利用。因此，条例将推进污水再生利用作为立法目的之一，充分体现了现阶段及今后一段时期本市水污染防治工作的思路和重点。

四、促进经济社会全面协调可持续发展

可持续发展是一种注重长远发展的经济增长模式，指既满足当代人的需求，又不损害后代人满足其需求的能力，是科学发展观的基本要求之一，强调的是环境与经济的协调，追求的是人与自然的和谐，其实质就是经济的发展应当建立在生态环境可持续能力的基础上。1987年，联合国世界环境与发展委员会出版了关于环境与发展问题报告，即《我们共同的未来》，首次提出“可持续发展”的概念。联合国环境与发展大会在1992年《里约热内卢宣言》中，对可持续发展作了进一步的阐述，即“人类应享有与自然和谐的方式过健康而富有成果的生活的权利，并公平地满足今世后代在发展和环境方面的需要”。1992年8月中共中央和国务院批准的《中国环境与发展十大对策》第一条明确提出"实行可持续发展战略"。1992年原国家环保总局和国家计委制定的《中国环境保护战略》、1993年9月国务院制定的《中国环境保护行动计划》、1994年3月国务院制定的《中国21世纪议程》等纲领性文件中，也反映了这一内容。1996年3月全国人大八届四次会议审议通过的《关于国民经济与社会发展"九五"计划和2010年远景目标纲要的报告》中明确提出，把科教兴国和可持续发展作为两项基本战略。目前实施可持续发展战略已经成为我国国民经济和社会发展的基本指导方针。

水是生命之源，是经济发展和社会进步的生命线，是实现可持续发展的重要物质基础。实现经济社会全面协调可持续发展的一个重要途径，就是把水环境保护纳入综合决策。目前北京市经济总量、城市规模、人口数量都在持续快速增长，给水环境保护带来了很大压力，应当根据水环境承载力和水资源承载力的要求，协调城市发展与区域自然生态环境的关系，以维护水资源的安全循环，实现经济、社会、环境的协调可持续发展。《中华人民共和国水污染防治法》第一条明确规定立法目的之一是促进经济社会全面协调可持续发展，《中华人民共和国水法》第一条规定立法目的之一是实现水资源的可持续利用。因此，《北京市水污染防治条例》也将促进经济社会全面协调可持续发展作为立法目的。

五、结合北京市实际情况，贯彻相关法律、法规

条例作为地方性法规，一方面是贯彻实施《中华人民共和国水污染防治法》《中华人民共和国水法》《中华人民共和国环境保护法》《中华人民共和国循环经济促进法》《中华人民共和国清洁生产促进法》以及其他法律、法规的重要举措；另一方面也要看到，国家法律、法规一般具有普适性，缺乏对地方环境问题的针对性，因此，地方性法规应立足于本地实际情况，紧密结合北京市水环境面临的水资源短缺、污染物排放总量远远超过环境容量两大问题，提出切实可行的具体措施。

【参考规定】

《中华人民共和国宪法》第二十六条，《中华人民共和国环境保护法》第一条，《中华人民共和国水污染防治法》第一条，《中华人民共和国水法》第一条、第五十二条，《中华人民共和国清洁生产促进法》第一条，《中国21世纪议程》。

> 第二条　本条例适用于本市行政区域内地表水体和地下水体的污染防治，以及与水污染防治相关的水资源管理和再生水利用等相关活动。

【条文主旨】

本条是关于本条例适用范围的规定。

【条文解读】

法律的适用范围，也称法律的效力范围或法律的生效范围，包括法律的时间效力、空间效力和对人、事的效力。本条例的时间效力由第九十五条规定。本条是对本条例适用的空间效力，即适用的地域范围和对人、事的效力的规定。《中华人民共和国水污染防治法》第二条第一款规定的适用范围为中华人民共和国领域内的江河、湖泊、运河、渠道、水库等地表水体以及地下水体的污染防治。本条款参照《中华人民共和国水污染防治法》第二条，并结合北京市实际情况提出本条例适用范围的规定。

一、本条例适用的地域范围

本条例系地方法律，适用的地域范围是本市行政区域，即北京市行政区域内的水污染防治以及与水污染防治相关的活动才适用本条例。

二、本条例适用的行为

本条例适用于地表水体和地下水体的污染防治，以及与水污染防治相关的水资源管理和再生水利用等相关活动。地表水体指河流、湖泊、水库、沟渠等水体；地下水体指存在于地表以下岩土孔隙、裂隙和洞穴中的各种不同形态的水体，包括浅层地下水、深层地下水、基岩水等。水体的污染防治不仅指排放污染物污染水体的活动，还包括预防和治理污染的活动。同时，结合北京市水资源严重不足、生态环境用水缺乏的实际，坚持水污染防治与水资源开发利用相结合的立法思路，本条特别提出适用行为还包括与水污染防治相关的其他活动，包括与水污染防治相关的水资源开发保护、再生水利用、生态环境用水保障等。任何单位、个人，其行为只要涉及在本市行政区域内地表水体和地下水体的污染防治以及与水污染防治相关的水资源管理和再生水利用等相关活动，都应当遵守本条例。

【参考规定】

《中华人民共和国水污染防治法》第二条第一款。

> 第三条　水污染防治应当坚持预防为主、防治结合、综合治理的原则。
>
> 本市水污染防治坚持城乡统筹，实行流域管理，严格保护饮用水水源；坚持水污染防治与水资源开发利用相结合，推进污水资源化，提高水资源循环利用率；坚持污染物排放总量控制，在削减污染物的同时补充生态环境用水，逐步改善水环境质量，恢复和保护水体生态功能。

【条文主旨】

本条是关于本市水污染防治和水环境保护应遵循的原则、基本要求的规定。

【条文解读】

水污染防治的原则是在一定时期内指导各项水污染防治工作的指导思想，也是制定各项具体政策必须体现的精神。本条依据《中华人民共和国水污染防治法》第三条、《中华人民共和国水法》第四条，结合北京市实际，提出了本市水污染防治工作应当遵循的基本原则和要求。

一、预防为主、防治结合和综合治理是水污染防治的重要原则

预防为主的原则是环境保护和污染防治的基本原则，是指在水污染防治工作中，通过计划、规划及各种管理手段，优先采取防范性措施，防止发生或可能发生人为活动对水环境的损害。由于水污染影响范围大、影响时间长、影响程度强、环境危害大，一旦形成污染，则治理技术难度大、治理成本高、治理代价大，所以必须采取预防为主的原则，才能最有效地将污染和损害降至最低的程度。

防治结合的原则，是指预防与治理相结合，既要对污染事先采取预防措施，同时也要对产生的污染积极予以治理。只有按照预防与治理相结合的原则，采取预防手段和治理措施双管齐下，才能有助于从根本上防治水污染，保护和改善水环境。本条例既规定了区域和流域限批、排污申报、重点水污染物排放总量控制和排污许可等预防性法律制度，也针对饮用水水源保护以及对工业、城镇、农业和农村水污染分别规定了具体的治理措施。

综合治理，是指根据水污染的具体情况，对治理进行统筹安排，综合运用法律、经济、技术和管理等环境保护手段，通过加强环境法制、管理、宣传、教育、科学技术等各项工作，来保护和改善水环境。水污染防治是一项综合性很强的工作，必须进行综合治理。2007年11月《国务院关于印发国家环境保护“十一五”规划的通知》指出，国家环境保护的基本原则之一是“强化法治，综合治理”，要“从源头防治污染和生态破坏，综合运用法律、经济、技术和必要的行政办法解决环境问题”。水污染的防治也必须遵循这一原则，要将法律、经济、技术等各种治理措施科学配置，才能发挥出综合效益。

预防为主、防治结合、综合治理的原则是国内外防治水环境污染经验教训的科学总结。确立预防为主、防治结合、综合治理的原则，可以尽量避免环境损害，将环境损害尽量消除于生产过程之中，做到防患于未然。对于不可避免的污染，通过各种净化治理措施和综合治理手段，达到环境目标的要求，从而以有限的成本达到最大的环境收益，实现经济发展和水环境保护的和谐统一。

二、坚持城乡统筹，实行流域管理，严格保护饮用水水源

1．坚持城乡统筹

目前北京市水污染治理水平城乡差异较大。2009年全市共处理污水11亿m^3，污水处理率为80%。其中中心城处理8.6亿m^3，污水处理率达94%；郊区处理污水2.4亿m^3，污水处理率为51%；农村生活污水处理率则较低。从污染物排放量来看，本市农村和农业污染物排放总量占全市水污染物排放量的比重较大，已经成为影响水环境质量的重要因素。随着城镇污染减排空间的不断缩窄，农业和农村水污染防治在全市水环境提升中所处的地位显得尤为重要。

本市农村和农业水污染的主要来源包括农村生活污染、养殖业污染和种植业污染三个方面。一是目前农村地区由于污水收集困难，污水处理设施建设滞后，造成大量生活污水得不到处理；二是养殖业水污染物排放量居高不下，治理困难。由于国家总量控制考核指标中，尚未将农业污染纳入控制范围，造成养殖污染控制力度不够。同时，畜禽养殖业由于涉及农产品保障和“三农”政策，污染排放的监管难度较大；三是种植业为面源排放，污染控制和治理的技术难度较大；此外，农业水污染防治没有进行合理规划，缺乏布局、技术、资金、管理上的统筹安排也是造成污染物排放得不到更有效控制的重要原因。

考虑到目前北京市农村地区水污染防治工作基础相对薄弱、历史欠账较多、资金投入不足、监管难度大，使农村和农业水污染问题较为突出，本条例将统筹城乡水污染防治作为今后工作的重点。有必要建立城乡统筹的水环境保护与治理模式，在重视城市水污染防治的同时，加大农村水污染防治，解决北京市水污染防治不均衡的现状。控制农村和农业污染，是本条例遵循的一个重要原则。

2．实行流域管理

本市目前尚未建立流域水环境管理体制，水环境管理主要按行政区域进行，区县内部的决策与行动往往缺乏流域系统性的综合考虑。按流域管理有利于明确水污染防治工作的责任，提高水环境治理效率。从国内外水污染治理经验和科学规律来看，实施流域统一管理是解决水污染问题的有效手段之一，2008年国家新修订的《中华人民共和国水污染防治法》也确立了流域综合管理的思路。本市应当统筹流域生产、生活和生态用水合理分配，综合运用工程、技术、生态措施，以及经济、法律和必要的行政手段推进流域环境的综合治理，实现流域上游、中游、下游水环境保护协调发展。北京市大部分河流跨不同区县，需要按照流域的特点和规律打破行政区域的划分，建立与流域管理相适应的机制体制。因此，实行流域管理是本市水污染防治的基本要求。

3．严格保护饮用水水源

2005 年 12 月《国务院关于落实科学发展观加强环境保护的决定》中关于“切实解决突出的环境问题”的首要方面就是以饮水安全为重点，加强水污染防治。《中华人民共和国水污染防治法》进一步加强了对饮用水水源的保护，以确保人民群众的饮水安全，在水污染防治的原则上首先明确要优先保护饮用水水源。北京市作为首都，保证饮用水的安全尤为重要，北京市一直将保护饮用水水源放在优先的位置上。本条是针对北京市饮用水水源保护现状，提出的进一步严格保护饮用水水源的要求。

三、坚持水污染防治与水资源开发利用相结合，推进污水资源化，提高水资源循环利用率

水资源短缺造成的生态环境用水缺乏是影响本市水质状况的重要因素，在这种情况下单就污染防治谈污染防治是不可取的，不能从根本上解决水污染的问题。针对这一现状，有必要将与水污染防治相关的水资源开发、利用和保护纳入条例的适用范围，本市水污染防治思路需要从“污染防治为主”向“污染防治和水资源管理相结合”的理念转变，这是本条例的重点与创新点之一。

实践证明，促进污水资源化、提高再生水利用率的同时提高水资源循环利用率、节约新鲜水用量，是缓解目前本市水环境压力的有效方法，是实现水资源可持续利用的根本途径。2005—2009 年，通过推进污水资源化、提高水资源利用率等措施，在北京市人口大幅增加、经济总量迅速增长的情况下，全市用水总量却没有明显增加，因此在已经收到较好效果的基础上，今后还要进一步加强污水资源化的相关工作。

四、坚持污染物排放总量控制，在削减污染物的同时补充生态环境用水

总量控制是当今世界发达国家水污染防治的先进经验，基于总量控制的水污染防治工作能够更符合水体的自然规律。虽然北京市污水处理率不断提高，大多数污水处理厂也能够做到浓度达标排放，但污染物排放总量仍然远远超过环境容量，使得水体功能区水质达标率较低，因此对污染物排放实行总量控制是非常必要的。

根据本市的实际情况，生态环境用水保障已经成为水环境质量改善的关键因素，应当将生态环境用水保障与污染物削减放在同等的高度对待，确立水污染防治应当坚持污染物削减和生态环境用水保障并重的原则，正确处理水资源开发利用和水污染防治的关系，保障生态环境用水量。因此本条规定，在总量削减的同时补充生态环境用水，逐步改善水环境质量，恢复和保护水体生态功能，这也是本条例的创新点之一。

【参考规定】

《中华人民共和国水污染防治法》第三条、第九条、第十五条，《中华人民共和国水法》第四条、第十二条、第三十三条、第四十七条、第五十二条，《北京市实施〈中华人民共和国水法〉办法》第四条、第十三条，《国务院关于落实科学发展观加强环境保护的决定》（国发[2005]39 号），《中共中央、国务院关于加大统筹城乡发展力度，进一步夯实农业农村发展基础的若干意见》（2009 年 12 月 31 日）。

第四条　市和区、县人民政府对本行政区域内的水环境质量负责，并将水环境保护工作纳入国民经济和社会发展规划、计划，建立与水环境保护工作相适应的资金投入和保障机制，采取有效的对策和措施，提高水环境质量。

乡镇人民政府和街道办事处根据所在区、县人民政府的要求，开展本辖区内有关的水污染防治工作。

【条文主旨】

本条是关于政府水污染防治职责的规定。

【条文解读】

一、市和区、县人民政府对本行政区域内的水环境质量负责

水环境质量是指在一定范围内，水环境的总体或水环境的某些要素对人类生存繁衍以及社会经济发展的适宜程度，它是根据水环境质量标准对水环境进行评价所得出的结果。水环境质量的优劣，直接影响到广大人民群众的生存和健康、工农业生产和生态平衡，同时也是一个城市文明程度的重要标志。一个地区水环境的好坏，不仅与政府确定的宏观经济发展战略、城市发展定位和布局密切相关，同时也与政府是否采取了有利的保护措施密切相关，因此需要由地方政府切实承担起责任，对水环境保护和水污染防治进行统一部署，调动各方面的积极性做好水污染防治工作。对此，《中华人民共和国环境保护法》第十六条明确规定，地方各级人民政府，应当对本辖区的环境质量负责，采取措施改善环境质量。《中华人民共和国水污染防治法》第四条明确规定，县级以上地方人民政府应当采取防治水污染的对策和措施，对本行政区域的水环境质量负责。因此，本条例规定市和区、县人民政府对本行政区域内的水环境质量负责。

二、将水环境保护工作纳入国民经济和社会发展规划、计划

国民经济和社会发展规划、计划是某一地区经济、社会发展的总体纲要，统筹安排和指导该地区的社会、经济、文化建设工作，是具有战略意义的指导性文件，同时也是具有权威性和严肃性的法律文件，经人民代表大会审议通过后就要严格执行，各部门、各区县都要协调配合，保证规划、计划的完成。将水环境保护纳入国民经济和社会发展规划、计划，有了资金和项目的支持，才能为水污染防治工作提供强有力的保障。

三、建立与水环境保护工作相适应的资金投入和保障机制

水环境保护是一项社会公益性事业，涉及市政基础设施、治理工程、科学研究、决策管理等诸多内容，而这些项目的实施都需要有稳定的资金投入。原《北京市实施〈中华人民共和国水污染防治法〉办法》第三条第二款规定，本市各级人民政府必须将水环境保护工作纳入国民经济和社会发展计划，合理规划城市布局，增加水环境保护资金投入，采取措施，提高水环境质量。实际上，北京市水环境质量改善也得益于多年来市政府在水污染防治上不断加大资金投入的力度，尤其是“十一五”期间，北京市投入大量资金用于水污染防治，使本市污水处理率和处理水平有了大幅提高，水环境监管能力得到全面提升。但是应该看到，北京市水环境质量改善已经进入了攻坚阶段，为进一步改善水环境质量，在污泥处理设施建设、再生水设施建设、污水管网建设及完善、乡镇及农村污水处理设施建设及运行、畜禽养殖污染综合治理等方面还需要大量的资金投入，因此建立与水环境保护工作相适应的资金投入和保障机制显得尤为重要。

四、乡镇人民政府和街道办事处根据要求开展本辖区内有关的水污染防治工作

乡镇人民政府是我国行政体制设置中最基层的一级地方政权组织，行使管理基层地方公共事务的职能，与广大人民群众有着广泛、直接、密切的联系。街道办事处是区县人民政府或功能区管委会的派出机关，行使区县人民政府或功能区管委会赋予的职权。因此，乡镇人民政府和街道办事处是联系和沟通人民群众与国家政权机关的纽带和桥梁，最了解辖区的实际情况。为落实乡镇、街道对环境保护的属地管理职责，充分发挥乡镇、街道水环境保护的积极性和能动性，加强对乡镇和街道环境保护工作的领导，畅通环保信息渠道，加大环保执法力度，本条例规定了乡镇人民政府和街道办事处对水污染防治的责任，是对《中华人民共和国水污染防治法》的具体细化。

【参考规定】

《中华人民共和国环境保护法》第十六条，《中华人民共和国水污染防治法》第四条。

第五条 市和区、县环境保护行政主管部门对本行政区域内的水污染防治实施统一监督管理。

市和区、县水行政主管部门对本行政区域内的水资源保护和再生水利用进行管理，负责污水处理和河道综合整治等方面工作。

发展和改革、规划、农业、市政市容、国土资源、卫生、住房和城乡建设、园林绿化、工商、旅游等行政主管部门按照各自的职责，依法做好有关水污染防治工作。

市和区、县环境保护行政主管部门可以根据需要聘请监督员，协助开展水污染防治工作。

【条文主旨】

本条是对水污染防治监督管理体制、部门职责的规定。

【条文解读】

水污染防治监督管理体制是防治水污染的组织体系和权限划分的基本制度，是防治水污染、保护改善水环境、保障饮用水安全、促进经济社会全面协调可持续发展的重要组织保障。本条款参照国家和北京市现有水污染防治监督管理体制，总结本市多年实践经验，同时根据解决北京市水环境问题的需要，设立了符合北京市实际情况的监督管理体制，有利于水污染防治工作的顺利开展。

一、市和区、县环境保护行政主管部门对本行政区域内的水污染防治实施统一监督管理

《中华人民共和国环境保护法》第七条第二款规定，县级以上地方人民政府环境保护行政主管部门对本辖区的环境保护工作实施统一监督管理。《中华人民共和国水污染防治法》第八条第一款规定县级以上人民政府环境保护主管部门对水污染防治实施统一监督管理。依据以上法律，本条第一款规定市和区、县环境保护行政主管部门对本行政区域内的水污染防治实施统一监督管理。

根据中共中央、国务院批准的《北京市人民政府机构改革方案》和《北京市人民政府办公厅关于印发〈北京市环境保护局主要职责内设机构和人员编制规定〉的通知》（京政办发[2009]54 号），北京市环境保护局是负责本市环境保护工作的市政府组成部门，主要职责是贯彻落实国家关于环境保护方面的法律、法规、规章和政策；起草本市相关地方性法规草案、政府规章草案，拟订环境保护政策、规划并组织实施；组织编制环境功能区划；拟订地方污染物排放标准和国家规定项目以外的地方环境质量标准；组织拟订并监督实施重点区域、重点流域污染防治规划和饮用水水源地环境保护规划；负责本市重大环境问题的统筹协调和监督管理；承担落实本市污染减排目标的责任；负责本市环境污染防治的监督管理等；负责监督检查区县污染防治、生态保护和执法监察等工作。同时，区、县环保局在北京市环保局指导下对本行政区域内的水污染防治实施监督管理。依照市和区、县环境保护行政主管部门职责，本条规定市和区、县环境保护行政主管部门对本行政区域内的水污染防治实施统一监督管理。

二、其他行政主管部门按照各自的职责，依法做好有关水污染防治工作

考虑到本市水污染防治工作的特殊性，水资源问题已成为水环境质量能否改善的重要因素，很多水污染问题的解决依赖于水资源的合理调配和利用，因此合理调配水资源、充分利用再生水资源是水污染防治的重要任务。同时根据中共中央、国务院批准的《北京市人民政府机构改革方案》和《北京市人民政府办公厅关于印发〈北京市水务局主要职责内设机构和人员编制规定〉的通知》（京政办发[2009]59 号），北京市水务局负责统一管理本市水资源（包括地表水、地下水、再生水、外调水）；指导饮用水水源保护和农民安全饮水；负责本市供水、排水行业的监督管理；负责本市节约用水；负责本市河道、水库、湖泊、堤防的管理与保护；组织水务工程的建设与运行管理；负责应急水源地管理等。区、县水务局在北京市水务局统一领导下对本行政区域内的水资源保护、再生水利用进行管理，对污水处理、河道综合整治等实施监督管理。为体现合理调配水资源、充分利用再生水资源对于水污染防治工作的重要性，本条突出了水行政主管部门对与水污染防治工作直接相关的水资源保护和再生水利用的管理职能，将水行政主管部门的职责单独一款予以强调。

由于水污染防治与城市管理、社会经济发展关系密切，同时水污染涉及面广、情况复杂、防治任务艰巨，必须由各有关部门予以协作、配合，齐抓共管。因此，本条规定发展和改革、规划、农业、市政市容、国土资源、卫生、住房和城乡建设、园林绿化、工商、旅游等行政主管部门也具有各自的水污染防治职责，依法做好有关水污染防治工作。条例中规定了发改委参与编制生态建设和环境保护规划，会同有关部门制定鼓励、限制、禁止的产业名录；农业局负责监管农业水污染防治，制定农业水污染防治规划；国土资源局负责地下热水资源开发利用、水源热泵、地源热泵使用的监督管理；市财政局负责制定总量奖励与跨界断面水质补偿办法，负责指导并监督规划项目资金的落实，加强资金使用的监管等。因此，本款规定各部门在各自的职责范围内，充分发挥各有关部门的职能作用，更全面和有效地对水污染防治实施监督管理。

三、市和区、县环境保护行政主管部门可以根据需要聘请监督员，协助开展水污染防治工作

环境监督员是动员全社会力量参与水环境保护的一种模式，是环境行政主管部门解决环境问题的一种制度性尝试。结合地方实际，聘请环保监督员可以加强环境保护工作的社会监督，在一定程度上弥补环境监管人员数量有限的缺陷，提高环境管理的质量和效率。因此，本款规定将监督员制度纳入水污染防治监督管理体制，市和区、县环境保护行政主管部门作为行政主体，可以根据需要聘请监督员，协助开展水污染防治工作。

【参考规定】

《中华人民共和国环境保护法》第七条第二款，《中华人民共和国水污染防治法》第八条第一款和第三款，《中华人民共和国水法》第十二条、第十三条，《北京市人民政府关于机构设置的通知》（京政发[2009]2 号）。

第六条　本市实行水环境保护目标责任制和考核评价制度。

市人民政府应当根据本市水环境保护目标制定考核评价指标，将考核指标的完成情况作为对市人民政府有关部门和区、县人民政府及其负责人考核评价的内容，定期公示考核结果。

【条文主旨】

本条是关于实行水环境保护目标责任制和考核评价制度的规定。

【条文解读】

《中华人民共和国环境保护法》第十六条规定，地方各级人民政府，应当对本辖区的环境质量负责，采取措施改善环境质量。2005年发布的《国务院关于落实科学发展观加强环境保护的决定》又进一步提出地方人民政府主要领导和有关部门主要负责人是本行政区域和本系统环境保护的第一责任人，政府和部门都要有一位领导分管环保工作，确保认识到位、责任到位、措施到位、投入到位。地方人民政府要定期听取汇报，研究部署环保工作，制订并组织实施环保规划，检查落实情况，及时解决问题，确保实现环境目标。各级人民政府要向同级人大、政协报告或通报环保工作，并接受监督。要把环境保护纳入领导班子和领导干部考核的重要内容，并将考核情况作为干部选拔任用和奖惩的依据之一。坚持和完善地方各级人民政府环境目标责任制，对环境保护主要任务和指标实行年度目标管理，定期进行考核，并公布考核结果。2006 年，中组部印发实施了《体现科学发展观要求的地方党政领导班子和领导干部综合考核评价试行办法》，将环境保护正式列入党政干部考核体系的考核内容中。《中华人民共和国水污染防治法》第四条不仅规定了“县级以上地方人民政府应当采取防治水污染的对策和措施，对本行政区域的水环境质量负责”，而且第五条还规定“国家实行水环境保护目标责任制和考核评价制度，将水环境保护目标完成情况作为对地方人民政府及其负责人考核评价的内容”。这一规定在一定程度上实现了地方人民政府对环境质量负责途径和方式的具体化。

水环境保护目标责任制是具体落实地方各级人民政府对水环境质量负责的行政管理制度，对水污染防治的管理制度和措施具有全局性的影响。实行水环境保护目标责任制，有利于加强各级政府对水污染防治工作的重视和领导，有利于条例的真正实施和水污染防治工作的真正落实，有利于增加水污染防治工作的透明度，促进全社会对水环境保护的参与和监督。实施考核评价制度将政绩考核与水环境保护目标完成情况挂钩，将对各级领导干部树立正确的政绩观、缓解严重的水环境压力发挥良好的推动作用。

北京市“十一五”时期逐步完善了本市的环境绩效考核机制，建立了环境综合整治目标管理考核体系，将环境质量改善幅度、污染物排放总量削减率等指标作为考核评估的重要内容。建立干部离任核查机制，对因决策失误造成环境重大事故和严重干扰环境正常执法活动的领导干部追究责任，避免急功近利，克服短期行为和地方保护主义。2006年，北京市在与原国家环保总局签订《北京市“十一五”水污染物总量削减目标责任书（2006—2010年）》的基础上，市政府与各相关部门及区县政府分别签订了目标责任书，将化学需氧量减排、出境断面水质达标等项工作任务逐一进行了分解，同时，市政府对相关区县的完成任务情况逐年进行考核，保证了水污染防治措施的有效实施。2010年北京市又出台了《北京市北运河流域跨界断面考核办法（试行）》，将各区县跨界断面水质情况进行考核，进一步强化地方政府对水环境质量的责任。

为保证本条例各项措施能够落到实处，落实地方政府保护水环境的责任，本条款规定本市实行水环境保护目标责任制和考核评价制度，将考核指标的完成情况作为市人民政府有关部门和区、县人民政府及其负责人考核评价的内容。同时注重信息公开和社会监督，定期公示考核结果。今后水环境保护目标责任制的实施情况以及当地的水环境质量改善情况，都要纳入对政府领导干部的政绩考核中来。这一规定不仅是原则性的规定，如果违反，还应承担相应的法律责任，使地方政府对本行政区域的水环境质量承担起实实在在的责任。

【参考规定】

《中华人民共和国环境保护法》第十六条，《中华人民共和国水污染防治法》第四条、第五条，《国务院关于落实科学发展观加强环境保护的决定》，《体现科学发展观要求的地方党政领导班子和领导干部综合考核评价试行办法》。

> 第七条　单位和个体工商户排放水污染物，不得超过国家和本市规定的水污染物排放标准及重点水污染物排放总量控制指标。

【条文主旨】

本条是关于排放水污染物违法行为界限的规定。

【条文解读】

《中华人民共和国水污染防治法》第九条规定，排放水污染物，不得超过国家或者地方规定的水污染物排放标准和重点水污染物排放总量控制指标。这一规定不仅把浓度超标行为纳入违法行为，而且把总量超标行为纳入违法行为，进一步严格了违法行为的界限。这一规定体现了我国对水污染物排放的监管从浓度控制向浓度与总量控制相结合的转变，是控制水污染物排放量的有效手段。因此，本条将水污染物排放标准及重点水污染物排放总量的双重控制作为违法行为的界限。

一、不得超过国家和北京市规定的水污染物排放标准

水污染物排放标准，是指为了达到水环境质量标准，结合技术经济条件和环境特点，对排入水环境的污染物或有害因素实施控制的标准，是对水污染物允许排放量或排放浓度的控制标准。本条规定禁止超标排污，是对排污单位最基本的要求，将有效限制排污单位的排污行为，减轻源头污染，对水污染防治起到积极的作用。任何单位和个体工商户排放水污染物，不得超过国家和本市规定的水污染物排放标准，如果超标排污，将构成违法，应承担本条例第七十八条规定的法律责任。

二、不得超过国家和北京市规定的重点水污染物排放总量控制指标

污染物排放总量控制是将某一控制区域（例如行政区、流域、环境功能区等）作为一个完整的系统，采取措施将排入这一区域的污染物总量控制在一定数量内，以满足该区域的环境质量要求。1996年8月，《国务院关于环境保护若干问题的决定》（国发[1996]31号）指出要实施污染物排放总量控制，抓紧建立全国主要污染物排放总量指标体系和定期公布的制度。从此实施污染物排放总量控制成为我国环境保护的重大举措。对于北京市而言，由于生态环境用水严重不足，水环境容量极为有限，即使污水全部实现浓度达标排放，污染物排放总量仍然较大，水环境质量仍难以达标。因此，实施水污染物总量控制制度对北京市的水环境质量尤为重要。本条规定任何单位和个体工商户排放水污染物，不得超过国家和本市规定的重点水污染物排放总量控制指标，超过排放总量控制指标的排放行为，将构成违法，应承担本条例第七十八条规定的法律责任。

【参考规定】

《中华人民共和国水污染防治法》第九条，《国务院关于环境保护若干问题的决定》（国发[1996]31号）。

> 第八条　市人民政府应当根据国家水环境质量标准、本市水环境质量目标及经济、技术条件，制定本市水污染物排放标准，严格控制水污染物排放，定期对标准进行评估并适时修订。

【条文主旨】

本条是关于本市地方水污染物排放标准的制定和修订的规定。

【条文解读】

环境保护标准是环境保护法规体系的重要组成部分，是环境保护法律法规贯彻实施的重要手段和技术支撑，环境保护标准的制修订与实施是加强和完善环境法制建设的重要手段。环境保护标准是否健全，不仅会影响污染控制目标的实现，还将影响环境执法工作，

最终影响到整体环境质量。北京作为首都，同时也是国际大都市，与国内其他城市相比对环境质量有更高的要求，因此有必要建立和完善具有首都特色的地方环保标准体系，着力切合首都经济社会特点和城市功能定位，重点针对首都特殊的环境问题，切实反映人民群众对环境质量的合理诉求，同步跟踪国内外飞速进步的环保科技，努力保持标准处于国内领先并与国际先进水平接轨，为首都环境治理和监管走向科学化、规范化和法制化打下基础。

我国的环境保护标准从体系结构上划分为“五类三级”，即环境质量标准、污染物排放标准、环境基础标准、监测分析方法和环境标准样品标准、管理类标准五类，以及国家标准、行业标准和地方标准三级。在环境质量标准方面，地方环境质量标准只能制定国家环境质量标准中没有进行规定的项目；在污染物排放标准方面，地方排放标准必须严于国家排放标准，执行时地方排放标准优先于国家排放标准，行业排放标准优先于综合排放标准。由于目前北京市水环境质量距离国家水环境质量标准还有一定差距，要想实现水环境质量全面达标还必须经过长期的艰苦努力，因此暂时无需制定地方水环境质量标准。为了实现首都水环境质量的进一步提升，主要应该依赖于制定和完善地方水污染物排放标准，严格控制水污染物排放，将水污染物排放的科学监管落到实处。

一、制定北京市地方水污染物排放标准，严格控制水污染物的排放

《中华人民共和国水污染防治法》第十三条第二款规定，省、自治区、直辖市人民政府对国家水污染物排放标准中未作规定的项目，可以制定地方水污染物排放标准；对国家水污染物排放标准中已作规定的项目，可以制定严于国家水污染物排放标准的地方水污染物排放标准。

地方水污染物排放标准是根据环境质量标准，结合当地的经济技术条件和环境特点而制定。地方水污染物排放标准作为强制性标准，制定标准的主体是市人民政府。制定地方水污染物排放标准的依据，一是国家水环境质量标准，二是本市水环境质量和总量控制目标，三是本市相关经济、技术条件。制定地方水污染物排放标准的目的意义，一是通过严格控制污染源的排污水平，使区域或流域水环境质量得到改善，二是作为强制性的技术法规，为环境执法提供基础依据，三是可以引领污染防治技术的进步，推动环保产业的发展。

现阶段北京市水环境质量不容乐观，地表水环境污染的现状还没有得到根本扭转。由于河流上游生态稀释水严重短缺，河道补水主要依赖污水处理厂退水和再生水厂出水，水环境容量非常有限，客观上要求北京市制定和实施尽量严格的水污染物排放标准。并且当前北京市已经基本具备了制定实施更加严格的水污染物排放标准的经济和技术条件。因此本条例强调了通过制定地方水污染物排放标准，严格控制水污染物排放。

在水污染物排放标准方面北京市还没有形成完善的地方标准体系，现行地方水污染物排放标准主要是《水污染物排放标准》（DB 11/307—2005），难以满足环境监管的要求。针对这一情况，2008年以来，北京市开展了一系列水环境标准研究项目，并将水污染物排放标准的体系建设作为“十二五”本市环境标准工作的重点任务。目前，本市已经起草了地方《城镇污水处理厂水污染物排放标准》，对城镇污水处理厂出水水质指标进行了更严格的规定，要求主要水污染物排放浓度达到地表水Ⅳ类水质要求。其他一些必要的地方水污染物排放或控制标准也正在起草或处于制定前的调研论证阶段。

二、标准的定期评估和修订

本条例明确要求北京市应当定期开展标准的评估工作。标准的定期评估是标准修订的前提条件，可以保证标准的科学性、有效性和引导性。通过对标准限值和执行情况的评估，及时掌握标准限值对本市水污染控制要求的适应性，了解标准执行过程中存在的问题，提出标准调整的意见和建议，以充分发挥标准对水污染防治的引导作用。

《中华人民共和国水污染防治法》第十四条规定，国务院环境保护主管部门和省、自治区、直辖市人民政府，应当根据水污染防治的要求和国家或者地方的经济、技术条件，适时修订水环境质量标准和水污染物排放标准。水污染物排放标准是有阶段性的，是根据一定时期环境保护目标的需要，以及综合考虑经济、技术条件而制定的。当国家水环境质量标准、本市环境保护目标以及经济、技术条件发生变化时，也应当对水污染物排放标准做出相应的修改和调整。修订水污染物排放标准的主体与制定主体一致，即北京市人民政府。

目前北京市正在执行的 DB 11/307—2005 是综合性地方排放标准，是 2005 年依据国标《污水综合排放标准》（GB 8978—1996）制定的，但是 GB 8978—1996 的颁布已有十多年时间，目前无论是全国还是北京市水污染的形势和特点都发生了很大变化，尤其是近年来国家陆续颁布实施了一系列行业型水污染物排放标准，增加了水污染物“特别排放限值”、“单位产品基准排水量”等新的指标，国家水污染物排放标准体系也由过去“综合为主行业补充”调整为“行业为主综合补充”，DB 11/307—2005 已经明显不能适应这一形势，在某些指标上已经与国标产生了矛盾，因此需要结合近期国家水污染物排放标准体系和制定思路，调整和规范北京市地方水污染物排放标准，逐步建立和完善首都特色的水污染物排放标准体系，这是实践科学发展观、加强环境法制建设、提升环境执法和监督管理水平的迫切需要。

【参考规定】

《中华人民共和国环境保护法》第九条第二款、第十条第二款、第三款，《中华人民共和国水污染防治法》第十三条第二款、第十四条。

> 第九条　市和区、县人民政府应当针对本行政区域内水环境的特点和水污染防治的需求，采取措施，加强水污染物排放控制、再生水利用、水生态修复等方面的科学技术研究和示范推广，提高水环境保护的科学技术水平。

【条文主旨】

本条是关于支持水污染防治科技研究和示范推广的规定。

【条文解读】

科学技术是第一生产力。水污染防治作为一项环境保护事业，离不开科学技术，并且受到科学技术的推动和引导。水污染问题的最终解决，在很大程度上依赖科学技术的进步。

《国家中长期科学和技术发展规划纲要（2006—2020年）》将水体污染控制与治理列为十六个重大科技专项之一。水体污染控制与治理科技重大专项（简称“水专项”）选择典型流域开展水污染控制与水环境保护的综合示范，重点突破工业污染源控制与治理、农业面源污染控制与治理、城市污水处理与资源化、水体水质净化与生态修复、饮用水安全保障以及水环境监控预警与管理等水污染控制与治理关键技术和共性技术研究，并通过湖泊富营养化控制与治理技术综合示范、河流水污染控制综合整治技术示范、城市水污染控制与水环境综合整治技术示范、饮用水安全保障技术综合示范、流域水环境监控预警技术与综合管理示范、水环境管理与政策研究及示范，实现示范区域水环境质量改善和饮用水安全的目标，有效提高流域水污染防治和管理技术水平。北京市位于国家重点治理的海河流域上游，应当利用水专项的契机，围绕水环境面临的主要问题，开展污染物总量控制、再生水利用、污泥处理处置与综合利用、水生态修复等方面的研究和示范。

一、科学技术研究和示范推广重点

针对北京市水环境的特点和水污染防治的需求，“十二五”科学技术研究和示范推广的重点内容主要应当包括以下方面：一是针对北京市水资源严重不足、生态环境用水匮乏的问题，开展再生水利用、污水处理厂二级出水深度脱氮除磷技术研究与示范；二是针对环境容量极其有限和污染物排放量远远超过环境容量，开展流域水环境容量测算和水污染物总量控制对策研究；三是针对污水处理厂污泥控制力度不够、污泥存在二次污染隐患及较高环境风险的问题，进行污泥处理处置及资源化研究与示范；四是针对本市地表水富营养化现象普遍存在，开展水体富营养化防治的研究与示范；五是针对农村和农业水污染严重的问题，开展农村面源污染防治、集中式畜禽养殖粪污综合利用的技术研究与示范；六是开展水体生态系统健康评价及修复技术研究与示范等。

二、市和区、县人民政府的推动作用

科学技术发展需要政府力量的支持和推动，各级政府要加强水污染防治科学研究的领导和支持。《中华人民共和国水污染防治法》第六条规定，国家鼓励、支持水污染防治的科学技术研究和先进适用技术的推广应用。本条例规定市和区、县人民政府应当针对本行政区域内水环境的特点和水污染防治的需求，加强科学技术研究和示范推广，提高水环境保护的科学技术水平。为落实本条例，各级人民政府应当完善环境科技管理，规范科技项目的程序管理、招投标管理和信息化管理；建立稳定多元的资金投入渠道，增加环境科技资金的投入，鼓励和支持多渠道筹集环境科技资金；加强国际合作，深化拓展科技项目合作，加强环境保护交流；组织力量开展环境重点问题的研究和技术攻关，积极推进环境科研成果的推广及转化等。

【参考规定】

《中华人民共和国环境保护法》第五条，《中华人民共和国水污染防治法》第六条，《中华人民共和国水法》第十条。

> 第十条　任何单位和个人都有义务保护水环境，并有权对污染损害水环境的行为进行检举。
>
> 本市各级人民政府应当加强水环境保护的宣传教育，普及相关科学知识，提高公民的水环境保护意识，拓宽公众参与水环境保护的渠道，并对在水环境保护方面做出显著成绩的单位和个人给予表彰和奖励。

【条文主旨】

本条是关于单位和个人保护水环境的义务、对做出显著成绩的给予表彰和奖励、对水环境保护宣传教育的规定。

【条文解读】

《中华人民共和国水污染防治法》第十条规定，任何单位和个人都有义务保护水环境，并有权对污染损害水环境的行为进行检举。县级以上人民政府及其有关主管部门对在水污染防治工作中做出显著成绩的单位和个人给予表彰和奖励。第六条规定，国家鼓励、支持水污染防治的科学技术研究和先进适用技术的推广应用，加强水环境保护的宣传教育。本条款是对上位法相关规定的拓展和细化。

一、任何单位和个人都有义务保护水环境，并有权对污染损害水环境的行为进行检举

保护水环境不是某个人或者某个组织自己的事情，而应成为全民、全社会的事情。保护水环境、防止水环境受到污染既是保障广大人民群众身体健康、保护生态环境的需要，也是社会进步和经济发展的需要。任何单位和个人都有保护水环境的义务，不得实施任何破坏和污染水环境的行为。因此，法律既要肯定检举污染损害水环境的行为，也要对在水污染防治工作中做出显著成绩的单位和个人给予表彰和奖励。原国家环境保护总局 1997 年发布的《关于建立全国环境保护举报制度的指导意见》，规定了环境保护举报制度的目的、基本要求、主要内容和实施方法。其中环境保护举报的受理范围包括环境污染和生态破坏事故，违反各项环境管理制度的行为及其他违反环保法律、法规、规章的事件和行为，对环境保护执法情况的监督等。

二、加强水环境保护宣传教育，普及相关科学知识，提高公民的水环境保护意识，拓宽公众参与渠道

公民环境保护意识的提高是水环境保护工作顺利进行的前提，加强水环境保护的宣传教育可以使全社会充分理解水污染防治的必要性，增加水污染防治的科学知识，对北京市水环境保护工作起到重要的作用。《国务院关于落实科学发展观加强环境保护的决定》提出应深入开展环境保护宣传教育。加大环境保护基本国策和环境法制的宣传力度，弘扬环境文化，倡导生态文明，以环境补偿促进社会公平，以生态平衡推进社会和谐，以环境文化丰富精神文明。新闻媒体要大力宣传科学发展观对环境保护的内在要求，把环保公益宣传作为重要任务，及时报道党和国家环保政策措施，宣传环保工作中的新进展新经验，努力营造节约资源和保护环境的舆论氛围。各级干部培训机构要加强对领导干部、重点企业负责人的环保培训。加强环保人才培养，强化青少年环境教育，开展全民环保科普活动，提高全民保护环境的自觉性。本市各级人民政府是负责宣传教育、拓宽公众渠道的行政主体。因此本市各级人民政府应当加强水环境保护的宣传教育，积极普及水环境保护和水污染防治的科学知识，增强公民的水环境保护意识，并拓宽公众参与水环境保护的渠道，使水环境保护融入公众的日常生活。

三、对在水环境保护方面做出显著成绩的单位和个人给予表彰和奖励

本市各级人民政府对在水污染防治工作中做出显著成绩的单位和个人给予表彰和奖励，目的是为全社会树立榜样，推动水污染防治工作的开展。奖励包括物质奖励和精神奖励，物质奖励为发给一定数额的奖金、晋升工资等；精神奖励为授予光荣称号、通报嘉奖等。给予表彰和奖励的主体是本市各级人民政府，受表彰和奖励的对象是在水污染防治工作中成绩显著的单位和个人，表彰和奖励的条件是在水污染防治工作中做出了显著成绩。

【参考规定】

《中华人民共和国环境保护法》第八条，《中华人民共和国水污染防治法》第六条、第十条，《中华人民共和国水法》第十一条，《国务院关于落实科学发展观加强环境保护的决定》。

第二章　水污染防治规划与监督管理

本章是关于水污染防治相关规划的制定、实施，以及水污染防治监督管理制度与方式的规定，共 14 条，主要包括水环境功能区划、规划编制、评估及考核、总量控制、区域和流域限批、排污口设置、数据共享、信息公开等内容。

与《中华人民共和国水污染防治法》和原《北京市实施〈中华人民共和国水污染防治法〉办法》相比，本章主要增加了以下几方面内容：第一，在水污染防治规划体系中充实了流域综合整治规划和地下水保护规划、农业水污染防治规划等专项规划，并且要求对规划实施情况进行评估，评估结果作为水环境保护目标考核依据；第二，提出了与流域管理紧密结合的总量控制制度；第三，对建立流域水环境资源区域补偿机制提出了明确要求；第四，明确了总量控制的奖惩规定，对超额完成的实行奖励，对未完成的实行区域和流域限批；第五，对监测网络、监测数据共享提出了相应规定；第六，将违反水污染防治法律法规的行为纳入企业诚信记录。

第十一条　市环境保护行政主管部门应当会同市水行政、国土资源等行政主管部门提出地表水和地下水环境功能区划方案，报市人民政府批准，并向社会公布。

【条文主旨】

本条是关于地表水及地下水环境功能区划定、批准和公布的规定。

【条文解读】

水环境功能区划是指将地表水体、地下水体按照其功能加以划分，并依据功能的重要程度和污染危害程度确定相应的水环境质量目标。水环境功能区划是实行以污染物总量控制为标志的流域水环境管理的依据，是实现水资源综合开发、合理利用、积极保护、科学管理的基础，是环境保护行政主管部门统一监管水环境的需要。实施水环境功能区划可以有效控制水污染，合理利用水环境容量，提升和改善水环境质量，合理使用地下水资源，促进经济和社会发展。

2008 年新修订的《中华人民共和国水污染防治法》中并没有直接对水环境功能区划进行规定，但是鉴于水环境功能区划是执行水环境质量标准的基础依据，而且就北京市来说，严重缺水导致的水环境脆弱，使得水环境功能区划在客观评价水环境的历史、现状、发展趋势、考察评估水污染治理效果，以及维持水资源的可持续利用等方面具有尤其重要的现实意义，因此本条例将水环境功能区划作为水环境规划与管理的基础措施加以规定，强调其重要性。

地表水方面，目前全国对 10 大流域、51 个二级流域、600 个水系、57 374 条总计 298 386 km 长的河流、980 个总计 52 442 km^2 的湖库已经基本完成了水环境功能区划工作，大部分省市都颁布了辖区内的地表水水环境功能区划方案，如浙江省实施了《浙江省水功能区、水环境功能区划分方案》，广东省实施了《广东省地表水环境功能区划（试行方案）》，江西省实施了《江西省地表水环境功能区划》等。北京市在 1997 年编制《北京市海河流域水污染防治规划》时，就由市环保局牵头，原市水利局、市规划院、原市政工程局共同完成了《北京市地面水环境质量功能区划》，并于 1998 年 4 月经北京市人民政府批复（京政函[1998]18 号），2006 年北京市环保局对部分河道（水库）水体功能和执行的水质标准进行了调整，调整方案也已经市政府批准。

地下水方面，无论国家、北京市还是其他省市均尚未开展地下水环境功能区划工作。目前北京市地下水全部按照《地下水质量标准》（GB/T 14848—93）III类进行管理和使用，未能体现分质开采、优质优用的原则，不利于地下水资源的合理利用。北京是一个严重依赖地下水源的缺水城市，近年来在北京市的用水结构中，地下水使用量占到总量的 70%左右，合理使用地下水对于维持北京市水资源的可持续利用具有非常重要的意义。因此，为促进本市地下水分质开采和使用，提高水资源利用效率，应当根据使用要求并按照统筹兼顾、便于管理、水质水量并重的原则划分地下水环境功能区。

本条规定，本市环境保护行政主管部门应会同相关部门分别提出地表水环境功能区划和地下水环境功能区划方案，报市人民政府批准，并向社会公布。明确了水环境功能区划的编制主责部门为市环境保护行政主管部门，批准主体为市人民政府。

【参考规定】

《地表水环境质量标准》（GB 3838—2002），《地下水质量标准》（GB/T 14848—93），北京市《水污染物排放标准》（DB11 307—2005），《北京市地面水环境质量功能区划》（京政函[1998]18 号）。

第十二条　市环境保护行政主管部门应当会同市发展和改革、水行政、农业、国土资源等行政主管部门，在环境保护和建设规划中制定水污染防治专项规划，经市规划行政主管部门组织审查后报市人民政府批准实施，并依法报国务院备案。

市水行政主管部门应当会同有关部门，根据水污染防治专项规划，结合水资源开发利用等专业规划，编制潮白河、北运河、永定河、大清河、蓟运河流域综合整治规划，并组织实施。

市水行政主管部门应当会同市环境保护、国土资源等行政主管部门，根据水污染防治专项规划，编制本市地下水保护规划，并组织实施。

市农业行政主管部门应当会同有关部门，根据水污染防治专项规划，结合环境承载力和农产品保障的要求，编制农业水污染防治规划，确定畜禽、水产养殖及农业种植的规模、结构和布局等内容，并组织实施。

【条文主旨】

本条是对水污染防治相关规划的编制、主责部门以及审批程序的规定。

【条文解读】

与《中华人民共和国水污染防治法》第十五条相比，本条细化了本市水污染防治的规划体系，主要是针对本市水污染防治工作的需求，提出了编制流域综合整治规划，同时针对本市地下水保护和农业水污染防治的迫切性，提出了编制地下水保护规划、农业水污染防治规划，并根据北京市的部门职责明确了各规划的编制及组织实施主体。

一、水污染防治专项规划的编制及审批

北京市水污染防治专项规划是国务院《海河流域水污染防治规划》的重要组成部分，同时也是《北京市环境保护和建设规划》的重要内容，是本市水环境保护领域最重要的规划。北京市水污染防治专项规划应当包括地表水和地下水环境质量目标、水污染物总量控制目标、水污染防治重点任务和领域等内容。规划的编制主体为环境保护行政主管部门，但由于水污染防治工作涵盖面广，牵涉部门多，因此水污染防治专项规划的编制需要水行政、农业、国土资源、发展和改革等相关部门的配合。

《北京市城乡规划条例》第十七条第七项规定，专项规划由相关行政主管部门组织编制的，经市规划行政主管部门组织审查后报市人民政府审批。《中华人民共和国水污染防治法》第十五条第三款规定，省、自治区、直辖市内跨县江河、湖泊的流域水污染防治规划需报国务院备案。因此，本条规定，水污染防治专项规划需经市规划行政主管部门组织审查后报市人民政府批准实施，并依法报国务院备案。

二、流域综合整治规划的编制

从国内外水污染治理经验和科学规律来看，按流域管理尊重了河流的自然属性和客观规律，有利于明确水污染防治工作职责，有利于通过协同治污提高工作效率。《中华人民共和国水污染防治法》第十五条规定，防治水污染应当按流域或者按区域进行统一规划。省、自治区、直辖市内跨县江河、湖泊的流域水污染防治规划，根据国家确定的重要江河、湖泊的流域水污染防治规划和本地实际情况，由省、自治区、直辖市人民政府环境保护主管部门会同同级水行政等部门编制，报省、自治区、直辖市人民政府批准，并报国务院备案。

长期以来本市的水环境管理主要按行政区域来进行，水污染防治规划也是按全市和区、县分别制定。由于北京市五大水系河流大部分跨不同区、县，一个流域通常被分割为若干个行政区域进行管理，区、县内部的决策与行动往往缺乏流域系统性的综合考虑，流域内上下游之间、干支流之间、左右岸之间因水资源和环境资源的分配带来了诸多矛盾。一个流域的上下游区、县的水污染防治规划间缺乏有效的衔接，在断面水质确定、水污染防治步调上不能从流域水质改善的角度统一进行考虑。为了解决这些问题，2009 年本市开始按流域制定了《北京市北运河流域水系综合治理规划》，在流域尺度上将水质与水量、上游与下游、总量削减与断面考核、综合治理与生态修复相结合，取得了一定效果。根据这一经验，本条提出本市应编制流域综合整治规划。通过流域统一规划，上下游区县的水污染防治工作在方案、实施时间、治理程度等方面可以做到步调一致，使投资和环境效益最大化。

根据本市政府部门的职责分工，流域综合整治规划中的主体内容，包括污水处理、再生水利用、河道整治、水体生态修复、水资源配置等，大多属于水务局职能，因此 2009 年《北运河流域水系综合治理规划》的编制和组织实施的主责部门确定为市水务局，本条例将这一成功做法以法规形式固定下来，规定由市水行政主管部门根据水污染防治专项规划中的水污染防治目标、总量控制目标，结合水资源开发利用等专业规划编制流域综合整治规划。

三、地下水保护规划的编制

地下水作为重要的水资源，在维护经济社会发展和保证人民群众健康发展等方面发挥着不可替代的作用。北京是以地下水源为主的城市，地下水的保护尤其重要。与地表水相比，地下水污染具有潜在性、长期性的特点，地下水源一旦受到污染，其治理的难度大、治理费用高、恢复时间长。因此，地下水污染防治工作应以预防和保护为主。

近年来国家对地下水污染防治加大了力度，已经形成了《全国地下水污染防治规划（2010—2020年）（送审稿）》。“十二五”时期，国家将重点开展地下水污染防治的相关研究和试点工作。目前北京市地下水占供水比例超过三分之二，就全市的地下水水质来看，部分区域地下水水质存在超标现象，尤其是浅层地下水中Ⅲ类水质区域面积逐年递减，Ⅳ类、Ⅴ类水质区域面积呈增加趋势，地下水保护工作亟须加强。虽然北京市在地下水污染防治方面已经开展了一系列的工作，但从未编制过地下水污染防治规划，地下水污染防治工作缺乏计划性、系统性和整体性。为此，北京市应在对地下水全面调查的基础上，尽快制定地下水污染防治规划。因此，本条第三款规定由市水行政主管部门根据水污染防治专项规划中的水污染防治目标，结合水资源开发利用等专业规划编制地下水保护规划。

四、农业水污染防治规划的编制

现阶段本市城镇和工业水污染治理已经达到一定水平，与其相比，农业水污染治理相对落后，成为水环境改善的主要“瓶颈”。由于农业水污染物的减排尚未列入国家重点水污染物减排考核范围，而且农业牵涉农产品保障和农民的经济利益，污染治理和监管的难度均较大。鉴于这些原因，在解决农业水污染问题的过程中不应过分依赖末端治理达标排放，而更应注重统一和科学规划、源头控制、综合利用，因此本条例特别对农业水污染防治规划的编制作出了规定。

目前本市还没有编制农业水污染防治专项规划。由于缺乏系统的规划，农业水污染防治仍然以末端治理为主，未能从总体上综合考虑种植业、养殖业的污染防治特点，尽管投入了大量资金，环境效益却不明显。考虑到农业行政主管部门对农业的现状和发展趋势能够较好把握，而且农业水污染问题应当本着因地制宜的原则，采用切合农村实际生产生活条件的方式来解决，因此本条规定由市农业行政主管部门牵头编制农业水污染防治规划，在编制农业水污染防治规划时应该根据环境保护和建设规划，充分考虑本市的水污染防治需要和水资源状况，结合环境承载力和农产品供给的要求，确定畜禽、水产养殖业和种植业的发展规模、品种结构调整和全市及各流域布局，划定各类农业产业的发展区、限制区和禁止区。

五、各类水污染防治规划的层级关系

根据本条的规定，水污染防治专项规划是作为环境保护和建设规划的组成部分，是本市水污染防治的纲领性规划，编制主责部门为市环境保护行政主管部门，体现了环境保护行政主管部门对水污染防治工作进行统一监督管理，同时规划须报市人民政府批准并依法报国务院备案。水污染防治专项规划中规定的本市水污染防治的指导思想、原则、目标、重点任务、项目设计、保障措施等内容，应当系统、全面、有计划地统领全市的水污染防治工作。

条例中规定的流域综合整治规划、地下水保护规划、农业水污染防治规划三个专项规划，是作为水污染防治专项规划的下级规划，在不同的水污染防治领域，更加有针对性地解决水污染防治中的重点、难点问题，是对水污染防治专项规划的细化和拓展。由于水污染防治工作牵涉自然、资源、经济、社会的方方面面，因此条例强调了在编制三个专业规划时应当与其他相关规划结合。同时，根据监管职责的分工，分别由水行政、农业行政主管部门承担规划编制和组织实施的主责。

【参考规定】

《中华人民共和国环境保护法》第十二条，《中华人民共和国水污染防治法》第十五条，《北京市城乡规划条例》第十七条第七项。

> 第十三条　市人民政府应当定期对水污染防治专项规划、流域综合整治规划、地下水保护规划、农业水污染防治规划及其执行情况进行评估，评估结果作为水环境保护目标考核依据。

【条文主旨】

本条是对规划评估及考核制度的规定。

【条文解读】

按照条例要求，本市需制定水污染防治专项规划、流域综合整治规划、地下水保护规划、农业水污染防治规划等多个规划，突出强调了规划在水污染防治中的地位和作用。这些规划能不能达到预期效果主要取决于两个方面，一是规划本身是否科学、合理，是否贴合了本市水污染防治的客观需求；二是制定的规划是否能够得到有效实施。鉴于此，本条规定市人民政府应当定期对各项规划本身及规划的执行情况进行评估。

对规划本身进行评估，一方面可以及时总结规划编制的经验，发现规划存在的不足，为以后的规划编制提供借鉴，另一方面也可以根据实际情况按照一定的程序对规划进行必要的动态调整，使规划能够与发展变化的水污染形势相适应，更好发挥改善水环境的作用；对规划的执行情况定期进行评估，可以及时了解规划的落实情况及规划落实各环节中存在的问题，并可以根据经济形势和宏观环境的新变化，及时出台促进规划落实的建议和对策，确保规划更大程度实施到位，对规划的执行情况定期进行评估还可以促进各级政府部门落实辖区水环境保护目标责任制，有利于水污染防治工作全面推进。

将评估结果作为水环境保护目标考核依据，则有利于各级政府加强对水污染防治工作的重视和领导，有利于水污染防治条例的真正实施和水污染防治工作的真正落实。“十一五”期间国家已开展了对重点流域水污染防治规划执行情况的评估和考核工作。2009 年环境保护部会同发展改革委、监察部、财政部、住房城乡建设部、水利部制定了《重点流域水污染防治专项规划实施情况考核暂行办法》，其中第七条第一款规定，环境保护部会同发展改革委、监察部、财政部、住房城乡建设部、水利部对重点流域各省（区、市）上一年度专项规划实施情况进行考核，并于每年 5 月底前将考核结果向国务院报告，经国务院同意后，向社会公告。第八条第一款规定，考核结果经国务院同意后，交由干部主管部门，依照中央组织部印发的《体现科学发展观要求的地方党政领导班子和领导干部综合考核评价试行办法》的规定，作为对各省（区、市）人民政府领导班子和领导干部综合考核评价的重要依据。“十一五”期间，北京市也开展了环境保护和生态建设规划的评估工作，有效推动了规划任务和重点工程的落实，保证了本市“十一五”水污染防治目标的实现。

因此，本条规定对水污染防治专项规划、流域综合整治规划、地下水保护规划、农业水污染防治规划及其执行情况进行评估，评估结果作为水环境保护目标考核依据。评估的主体为市人民政府。

【参考规定】

《重点流域水污染防治专项规划实施情况考核暂行办法》第七条第一款、第八条第一款。

> 第十四条　本市对重点水污染物排放实行总量控制制度。
>
> 市环境保护行政主管部门应当会同发展和改革、水行政、农业等行政主管部门，根据本市水污染防治专项规划和水污染防治状况，制定全市及各流域的重点水污染物排放总量控制指标、分解方案和削减计划，报市人民政府批准后实施。
>
> 市人民政府有关部门和区、县人民政府应当根据分解的总量控制指标及削减计划，制定年度总量控制实施方案，将总量控制指标和削减计划落实到排污单位和污水处理设施的运营单位，并报送市环境保护和水行政主管部门备案。
>
> 市人民政府可以根据流域水环境质量的状况，增加流域实施总量控制的重点水污染物种类。

【条文主旨】

本条是对重点水污染物排放实行总量控制制度的规定。

【条文解读】

水污染物排放总量控制制度，是指通过向一定地区和排污单位分配特定水污染物排放量指标，将一定地区和排污单位产生的特定水污染物数量控制在规定限度内的污染控制方式及其管理规范的总称。水污染物排放总量控制是控制污染物排放的有效手段，是实行排污许可的基础。根据目前主要污染物排放总量控制的实际做法，本条对总量指标的确定、分解方案及削减计划制定都提出了明确的要求，并要求区、县政府根据分解的总量控制指标及削减计划制定年度总量控制实施方案，使总量控制制度落到实处。此外，除国家规定的重点污染物种类外，市人民政府还可以根据实际情况，增加重点污染物的种类。

一、实行重点水污染物总量控制制度

本条第一款首先明确本市实行重点水污染物总量控制制度。长期以来本市对污染源的控制主要采取污染物浓度控制方式。这种浓度控制的方式没有将污染源的控制与水环境目标相联系，虽然区域内单个排污单位排放的污水达标了，但水环境质量仍然不能达标；如果一味提高排放标准，又使得排污单位无法承受。因此，单纯浓度控制的方式无法有效解决北京市排污总量较大的现状。

本市自“十一五”以来对化学需氧量实施了总量控制，通过与各相关部门及区县政府签订目标责任书、制定《北京市“十一五”主要污染物总量减排监测办法》、《北京市“十一五”主要污染物总量减排统计办法》、《北京市“十一五”主要污染物总量减排考核办法》、《北京市“十一五”主要污染物总量减排奖励办法》等措施，确保本市的减排任务顺利完成。通过实施总量控制制度，2009 年全市化学需氧量排放量较 2005 年削减 14.8%，提前完成国家“十一五”要求的减排目标，使水环境质量有所改善。但由于城市规模仍在扩大，人口和经济总量仍在持续增长，导致污染物产生量持续增加，如果不对水污染物继续实施总量控制，本市水污染物排放总量将出现反弹，环境质量难以持续改善。因此，本市还必须继续实施水污染物总量控制制度，并在国家总量控制的制度框架下，积极探索完善本市水污染物总量控制体系。

二、重点水污染物排放总量控制指标的制定、分解和落实

目前本市重点水污染物排放总量控制指标由《海河流域水污染防治规划》分解而来。“十一五”期间本市制定了主要污染物排放总量控制计划，将污染物排放总量控制指标和减排任务分解到各区县和有关部门。各区县和有关部门结合实际情况，落实具体减排措施。为了保证污染物减排任务的完成，国家环境保护部与各省、自治区、直辖市签订了主要污染物总量削减目标责任书，北京市政府与各区县政府和有关部门签订了总量削减目标责任书，将减排任务与各区县和有关部门负责人直接挂钩，保证污染物减排工作的顺利实施。这一做法直接有效，对完成污染物减排任务、改善水环境质量起到了明显效果。因此，本条规定由市环境保护行政主管部门制定重点水污染物排放总量控制指标、分解方案和削减计划，将总量控制指标落实到有关部门和区、县人民政府，有关部门和区、县人民政府根据分解的总量控制指标及削减计划，将总量控制指标落实到排污单位和污水处理设施的运营单位。

“十一五”期间本市在对总量指标进行分解时仅仅将总量指标按区域进行了分解，而今后水行政主管部门要根据流域总量控制指标来制定流域综合整治规划，这就要求今后本市不仅应制定全市的重点水污染物排放总量控制指标、分解方案和削减计划，还应制定各流域的重点水污染物排放总量控制指标并分解落实。

三、流域重点水污染物的确定

“十一五”时期国家和本市仅将化学需氧量纳入了水污染物总量控制指标体系，而氮、磷等污染物指标没有作为约束性指标。“十二五”期间，国家在“十一五”的基础上将氨氮纳入水污染物总量控制指标体系，对化学需氧量、氨氮两项主要水污染物实施总量控制，同时《中华人民共和国水污染防治法》第十八条规定，省、自治区、直辖市人民政府可以根据本行政区域水环境质量状况和水污染防治工作的需要，确定本行政区域实施总量削减和控制的重点水污染物。根据本市的具体情况，各流域水质现状和污染状况均有所差别，因此水环境敏感因子也不尽相同。在满足国家总量控制常规因子的基础上，根据各流域的特点适当增加总量控制的水污染物种类，如针对富营养化严重的流域，则可以考虑增加总氮、总磷等作为总量控制指标，有助于流域水环境质量的改善。因此本条第四款规定市人民政府可以根据目前北京市各流域的水环境质量状况和水污染防治工作需要，确定各流域的重点水污染物指标。

【参考规定】

《中华人民共和国水污染防治法》第十八条。

> 第十五条　本市逐步建立流域水环境资源区域补偿机制。
>
> 对超额完成重点水污染物排放总量控制指标和水环境质量考核指标的市人民政府有关部门和区、县人民政府，市人民政府应当给予奖励。
>
> 对完成重点水污染物排放总量控制指标和削减计划作出突出贡献的单位，市人民政府有关部门或者区、县人民政府应当给予奖励。
>
> 补偿和奖励的具体办法由市人民政府制定。

【条文主旨】

本条是对建立流域水环境资源区域补偿机制及超额完成总量控制指标和水环境质量考核指标奖励办法的规定。

【条文解读】

本条规定的流域水环境资源区域补偿机制及各项奖励制度属于环境经济政策范畴。二者的实行有利于调动有关部门、地方政府和排污单位污染减排的积极性，促进流域上、下游共同承担水污染防治责任，对实现污染减排目标将起着重要的支撑作用。

一、建立流域水环境资源区域补偿机制

环境是一种稀缺的公共资源，流域水环境资源区域补偿机制是为落实政府对本辖区内水环境质量负责的法律责任，对损害或保护水生态环境的行为建立一种政府间的经济赔付、补偿制度。它包括两个方面的内容，一是发生跨行政区污染时，造成污染的上游对受害的下游进行赔偿；二是上游进行治理和保护时，受益的下游对上游进行补偿。这一机制实现了“谁保护谁受益、谁破坏谁补偿”，对于加强河流上下游相邻区域间水环境保护的协调工作、促进流域内各地区协同进行污染防治、保护生态环境起到了积极作用。

目前，为探索建立流域水环境资源区域补偿机制，一些省市积极开展工作，研究制定了一些政策，取得了一定成效。江苏省 2007 年出台了《江苏省环境资源区域补偿办法（试行）》，规定在太湖流域部分入湖河流断面试行环境资源区域补偿制度，在此基础上又出台了《江苏省太湖流域环境资源区域补偿试点方案》，其中要求在太湖流域部分主要入湖河流及其上游支流开展试点，建立跨行政区交接断面和入湖断面水质控制目标，上游设区的市出境水质超过跨行政区交接断面控制目标的，由上游设区的市政府对下游设区的市予以资金补偿；上游设区的市入湖河流水质超过入湖断面控制目标的，按规定向省级财政缴纳补偿资金。

国内各省市的试点实践证明，水质交接断面考核制度、环境资源区域补偿制度能有效地解决上下游地区跨界污染问题。但是，该制度涉及上下游间利益关系调整，需要建立补偿标准、方式及范围、资金运营机制、监管机制等一系列配套政策和制度，不可能在短时间内一蹴而就。因此，本条提出本市应逐步建立流域水环境资源区域补偿机制。

二、超额完成水污染物排放总量控制指标和水环境质量考核指标的奖励

目前本市的污染物排放总量控制指标和减排任务被分解到市人民政府有关部门和各区县，同时也按区县下达了水环境质量目标。对超额完成水污染物排放总量控制指标和水环境质量考核目标的政府有关部门和区县给予奖励，可充分调动有关部门和区县水污染防治工作的积极性，推动水污染防治工作的开展。同时，总量控制指标和减排任务的完成最终要靠排污单位来实现，对完成重点水污染物排放总量控制指标和削减计划作出突出贡献的单位给予奖励，可以激发排污单位水污染防治工作的能动性，引导排污单位主动提高污水处理水平，有利于水污染防治工作的推进。

【参考规定】

《中华人民共和国水污染防治法》第七条、第十条第二款，《江苏省环境资源区域补偿办法（试行）》。

第十六条　对未完成区域重点水污染物排放总量控制指标或者水环境质量考核指标的区、县，环境保护行政主管部门应当暂停审批该区、县行政区域内新增水污染物排放总量的建设项目的环境影响评价文件，发展和改革、规划等项目审批部门不得批准其建设，建设单位不得开工建设。

对未完成流域重点水污染物排放总量控制指标的区、县，环境保护行政主管部门应当暂停审批该区、县未达标流域内新增水污染物排放总量的建设项目的环境影响评价文件，发展和改革、规划等项目审批部门不得批准其建设，建设单位不得开工建设。

【条文主旨】

本条是对未完成重点水污染物排放总量控制指标的“限批”规定。

【条文解读】

实施重点水污染物总量控制的重要手段之一是控制建设项目新增重点水污染物排放量，特别是对重点水污染物排放总量已经超过控制指标的区域，通过严格控制新增重点水污染物的建设项目，才能达到有效削减和控制该区域重点水污染物排放的目的。暂停审批水污染物排放总量超过控制指标的区县内新增水污染物排放总量建设项目的环境影响评价文件，这一规定从法律上对片面追求经济增长、忽视环境保护的区县是一种震慑。由于这一规定影响到区县的经济发展，关系到其切身利益，必然促进区县完成总量控制指标或者水环境质量考核指标，对于推动重点水污染物总量减排工作将起到积极效果。

《国务院关于落实科学发展观加强环境保护的决定》规定，对超过污染物总量控制指标、生态破坏严重或者尚未完成生态恢复任务的地区，暂停审批新增污染物排放总量和对生态有较大影响的建设项目。2007 年 5 月，国务院发布的《节能减排综合性工作方案》第二十四条明确要求，对超过总量指标、重点项目未达到目标责任要求的地区，暂停环评审批新增污染物排放的建设项目。《中华人民共和国水污染防治法》第十八条第四款规定，对超过重点水污染物排放总量控制指标的地区，有关人民政府环境保护主管部门应当暂停审批新增重点水污染物排放总量的建设项目的环境影响评价文件。本条款在参考以上规定的基础上，结合本市的实际情况，对超总量限批进行了更为严格和细化的规定。

首先，明确了实行限批的条件是未完成重点水污染物排放总量控制指标或水环境质量考核指标，不仅要完成辖区的重点水污染物排放总量控制指标，还要完成水环境质量考核指标，否则都要对全区进行限批，因为重点水污染物排放总量控制指标反映了区县污染减排的力度，水环境质量考核指标完成情况反映了当地水环境质量的改善程度。

其次，细化了限批的范围和对象，即对未达标区县或区县的未达标流域内新增水污染物排放的建设项目进行限批。对于区县未完成重点水污染物排放总量控制指标或水环境质量考核指标的，应对区县进行限批；对于区县整体上完成了重点水污染物排放总量控制指标和水环境质量考核指标，但区县内单个流域没有完成重点水污染物排放总量控制指标或水环境质量考核指标的，为促进未达标流域水环境质量的改善，督促区县政府对未达标流域加强水污染防治，还要对未达标流域实施限批。

再次，增加了发展和改革、规划等项目审批部门对项目限批的责任。规定不仅环境保护行政主管部门应当暂停审批其新增水污染物排放总量的建设项目的环境影响评价文件，发展和改革、规划等项目审批部门也应根据职责，严把项目审批的各个环节，不得批准其建设。同时建设单位不得开工建设。

【参考规定】

《中华人民共和国水污染防治法》第十八条第四款、第十九条，《国务院关于落实科学发展观加强环境保护的决定》，《节能减排综合性工作方案》第二十四条。

第十七条　市环境保护行政主管部门会同市水行政主管部门确定本市各流域重点排污单位名录。

> 重点排污单位应当安装水污染物排放自动监测设备，与环境保护、水行政主管部门的监控设备联网，并保证监测设备正常运行。
>
> 城镇污水集中处理设施的运营单位对其出水，排放工业废水的企业对其所排放的废水，应当进行监测，并保存原始监测记录。

【条文主旨】

本条是关于流域重点排污单位名录的制定以及排污单位监测义务的规定。

【条文解读】

本条规定了重点排污单位的确定、安装水污染物排放自动监测设备和企业的自我监测义务三个方面内容。

一、各流域重点排污单位的确定

由于排污单位数目众多，环保部门实施监测不可能覆盖每个企业，因此需要根据重点水污染物排放总量控制指标及各排污单位排放水污染物的种类、数量和浓度等因素来确定重点污染源，制定重点排污单位名录，以便于环保部门进行监督管理。除了国控重点污染源外，目前本市按照排污贡献分别制定了市级和区县级重点污染源。但由于各流域内的污染源规模有所差别，同样的排污量处在不同的流域，其对水环境质量的影响有很大差别，因此除了现有国控、市控、区控重点污染源以外，还应当从流域综合治理的角度制定流域的重点排污单位名录，以便管理部门在管理中能抓住重点，提高监管的工作效率，同时这也是贯彻本条例流域管理思路的具体举措。

二、安装水污染物排放自动监测设备并保证正常运行

重点排污单位安装水污染物排放自动监测设备，与环境保护、水行政主管部门的监控设备联网，有利于加强污染源监管。要求排污单位而不是政府部门来安装自动监测设备，理由是排污单位的排污行为客观上占有、消耗了属于公共所有的环境资源，因此排污单位有责任和义务向公众和监管部门证明自己排放的污染物的种类、数量符合规定的排放标准，排污行为合乎法律的规定。2007 年 6 月发布的《国务院关于印发节能减排综合性工作方案的通知》中要求在全国范围建立和完善污染物数据的网上直报系统和减排措施的调度制度，要求对国控重点污染源实施联网在线自动监控。同时，安装水污染物排放自动监测设备的重点排污单位还须保证监测设备的正常运行。环保部于 2009 年 4 月发布的《环境监测管理条例（征求意见稿）》第三十九条规定：排污单位不得擅自变动、拆卸或者关闭污染物自动监测设备。

依照本条第二款，强制安装自动监测设备的要求只适用于重点排污单位，并对此做出了三个方面的规定：一是要求重点排污单位安装水污染物排放自动监测设备；二是要求重点排污单位将本单位的自动监测设备同环境保护、水行政主管部门的监控设备联网；三是要求重点排污单位保证监测设备的正常运行。

三、排放废水企业的自我监测义务

排污单位对本单位的排污状况进行监测并保存原始监测记录以证实排污的合法性，这是其应尽的社会义务。《中华人民共和国水污染防治法》第二十三条规定，排放工业废水的企业应当对其所排放的工业废水进行监测，并保存原始监测记录。北京市水污染物排放总量中城镇污水集中处理设施运营单位所排放的水污染物占有较大比例，且城镇污水集中处理设施如果运转不好对水环境质量影响较大，因此本条例不仅规定了排放工业废水的企业对其所排放的废水应当进行监测，同时也规定城镇污水集中处理设施的运营单位对其出水也应当进行监测，并保存原始监测记录。

【参考规定】

《中华人民共和国水污染防治法》第二十三条第一款，《污染源监测管理办法》，《污染源自动监控管理办法》，《环境监测管理条例（征求意见稿）》第三十九条。

第十八条　本市按照国家和本市有关规定实行排污申报登记、排污许可和排污收费制度。

【条文主旨】

本条是对排污申报登记、排污许可和排污收费制度的规定。

【条文解读】

排污申报登记制度，是指直接或者间接向水体排放污染物者，按照国家规定程序，就排放污染物的具体状况，向所在地的环境保护主管部门进行申报、登记的过程；排污许可制度，是指对从事排放污染物的活动，必须向有关主管机关提出申请，经审查批准并发给相应的许可文件后才能从事该项活动的一整套管理制度；排污收费制度，是指国家机关依照有关法律、法规规定，根据所排放污染物的种类、数量向排污者征收的费用，是一种强制性的行政收费。以上三种制度是我国环境保护工作的基本制度，其中排污申报登记和排污收费制度的相关规定及配套规章已较为完善。

总体而言，我国的排污许可制度还有待完善，国家的相关法规尚在制定之中，各省市对排污许可的管理差别较大、进程不一。目前北京市在排污许可证发放和管理方面的工作基础仍很薄弱，市环保局曾经对 260 家重点污染源企业发放过排污许可证，但由于在后期实施过程中遇到种种法律障碍，排污许可证并未在本市全面推广。《中华人民共和国水污染防治法》中明确规定，排污许可的具体办法和实施步骤由国务院另行规定。条例起草过程中曾与环保部进行了充分沟通，尽管目前环保部已经完成《排污许可证管理条例》（征求意见稿），但该征求意见稿在很多细节上还存在相当大的争议，调整改动的余地还相当大。若先于国家在本条例中明确规定排污许可证的发放范围、发放程序及管理细则，则存在与国家《排污许可证管理条例》产生冲突的可能，因此本条例在排污许可方面暂不对上位法进行细化，待国家《排污许可证管理条例》正式发布后再制定相关实施细则。

【参考规定】

《中华人民共和国水污染防治法》第二十条、第二十一条、第二十四条。

第十九条　直接向水体排放水污染物的企业事业单位和个体工商户，应当按照有关规定设置、规范排污口，设立标志，并将排污口地理坐标等信息报告区、县环境保护行政主管部门。

在河流、湖泊、水库、渠道设置排污口的，还应当遵守水行政主管部门的规定。

【条文主旨】

本条是关于排污口规范化设置的规定。

【条文解读】

排污口的设置及规范化是实施污染物总量控制计划的基础性工作之一。排污口的设置及规范化是指，依照法律、行政法规和环境保护主管部门的部门规章与技术规范，排污口达到便于采集样品、便于监测计量、便于日常监督检查的管理要求。排污口的设置及规范化是逐步实现污染物排放科学化、定量化管理的重要前提条件，是减少排污口设置对江河、湖泊水资源和水环境不利影响的一个基本要求，有利于促进排污单位加强经营管理和污染治理、加大环境执法力度。

一、排污口的设置及信息上报

近年来，环境保护主管部门通过制定有关行政规范和技术规范，开展排污口规范化整治，强化了对排污口设置的监督管理。原国家环保总局《关于开展排放口规范化整治工作的通知》等有关文件中对设置排污口作出了明确规定：（1）一切新建、扩建、改建和限期治理的排污单位必须在建设污染治理设施的同时建设规范化排污口；（2）排污单位总排放口、排放第一类污染物的车间排放口，要按照污染源监测技术规范设置规范的、便于测量流量、流速的测流段和采样点；（3）污染源排放口必须按照国家颁布的有关污染物强制性排放标准的要求，设置符合国家标准《环境保护图形标志》（GB 15562.1—1995）的排放口标志牌。

同时，为了方便环保部门及时掌握排污口情况，加强对排污单位的监督和管理，本条增加了排污口信息上报的规定。

二、在河流、湖泊、水库、渠道设置排污口还应遵守水行政主管部门规定

在河流、湖泊、水库、渠道设置排污口，直接影响河流、湖泊、水库、渠道的水文特征，也可能涉及防洪安全。因此，《中华人民共和国水法》第三十四条规定，在江河、湖泊新建、改建或者扩建排污口，应当经过有管辖权的水行政主管部门或者流域管理机构同意，由环境保护行政主管部门负责对该建设项目的环境影响报告书进行审批。《入河排污口监督管理办法》第四条规定，国务院水行政主管部门负责全国入河排污口监督管理的组织和指导工作，县级以上地方人民政府水行政主管部门和流域管理机构按照本办法规定的权限负责入河排污口设置和使用的监督管理工作。县级以上地方人民政府水行政主管部门和流域管理机构可以委托下级地方人民政府水行政主管部门或者其所属管理单位对其管理权限内的入河排污口实施日常监督管理。因此，本条规定在河流、湖泊、水库、渠道设置排污口的，还应当遵守水行政主管部门的规定。

【参考规定】

《中华人民共和国水污染防治法》第二十二条，《中华人民共和国水法》第三十四条，《排污口规范化整治技术要求（试行）》（环监[1996]470 号），《入河排污口监督管理办法》（中华人民共和国水利部令第 22 号）第四条。

第二十条　本市应当统筹规划、建设、完善污染源、水环境质量、水量和水位监测网络，并逐步实现环境保护、水行政、国土资源、卫生等有关行政主管部门之间监测数据的共享。

【条文主旨】

本条是关于建设监测网络并逐步实现监测数据共享的规定。

【条文解读】

水环境质量、水污染物排放状况、水量和水位信息是水环境综合管理的重要内容，是进行环境监督管理、环境综合决策的基本前提，也是衡量水环境保护实际效果的依据。本条在监测网络建设方面重点强调统筹规划建设水环境监测网络和监测数据共享两方面。

一是要求统筹规划建设完善污染源、水环境质量、水量和水位等方面的监测网络。由于政府部门职能分工的不同，目前许多政府部门均有各自的监测网络。例如：北京市环境保护局负责组织建设和管理环境监测网，有环境质量监测网络；水务局负责统一管理本市水资源（包括地表水、地下水、再生水、外调水），有河湖水质监测网络；国土资源局负责地下水环境监测，有地下水环境监测网络；卫生局负责公共场所和饮用水的卫生安全监督管理，也有类似的水质监测网络。这些监测网络存在重复建设、配置失当等问题，客观上造成资金、资源的浪费。因此本条规定，本市应当统筹规划、建设、完善污染源、水环境质量、水量和水位监测网络。

二是从监管的需求出发，强调部门之间的联网与数据共享。目前本市各部门虽然都有独立的监测网络，但监测数据信息尚未实现共享。为了全面、系统、准确地掌握各区域、流域的水环境质量状况和水污染物排放情况及变化规律，客观分析水污染防治形势，全面改善北京的水环境质量，必须将水质与水量统筹考虑，将污染源、水环境质量、水量和水位监测数据进行共享。

【参考规定】

《中华人民共和国环境保护法》第十一条，《中华人民共和国水污染防治法》第二十五条，《环境监测管理办法》第四条。

> 第二十一条　本市实行水环境质量公报制度。
>
> 水环境质量信息由市环境保护行政主管部门统一发布。

【条文主旨】

本条是关于实行水环境质量公报制度的规定。

【条文解读】

水环境质量公报制度是环境保护行政主管部门向社会公开发布水环境质量信息的主要方式，也是公众了解水环境质量信息的最权威信息来源。目前主要是由市环境保护行政主管部门通过北京市环境状况年度公报，河流、重点湖泊、大中型水库水质状况月报等形式统一发布有关信息。本条明确规定由市环境保护行政主管部门统一发布水环境质量信息。依照本条规定，其他行政部门通过各种监测、统计等手段获得的水环境状况信息，应当通过市环境保护行政主管部门统一发布。

【参考规定】

《中华人民共和国环境保护法》第十一条，《中华人民共和国水污染防治法》第二十五条。

> 第二十二条　建设或者运行水环境监测设施需要相关机关、团体、企业事业单位或者其他组织提供便利条件的，相关机关、团体、企业事业单位或者其他组织应当予以配合。

【条文主旨】

本条是关于对建设或者运行水环境监测设施提供便利条件以及保护水环境监测设施的规定。

【条文解读】

环境监测事业是国民经济和社会发展的基础性公益事业，环境监测设施属于公共设施。随着水污染防治工作的深入开展，近年来本市大力推进环境信息化建设，正逐步建设和完善信息化基础设施和环境监测、污染源监控等系统。而这些设施的建设及运行需要场地、电力等条件的支持，这就需要机关、团体、企业事业单位或者其他组织为水环境监测设施的建设和运行提供便利条件。

水环境监测设施运行是否正常直接关系到水环境信息的准确性和完整性，因此任何单位或者个人不得破坏、损毁或者擅自改动水环境监测设施。《环境监测管理条例（征求意见稿）》第二十九条规定，国家依法保护环境监测设施。任何单位和个人不得侵占、毁坏或者擅自移动环境监测设施，不得妨碍环境监测设施的正常使用。《环境监测管理办法》第十六条规定，任何单位和个人不得损毁、盗窃环境监测设施。

【参考规定】

《环境监测管理办法》（国家环境保护总局令第 39 号）第十六条，《环境监测管理条例（征求意见稿）》第二十九条。

第二十三条　市人民政府及有关部门应当将排污单位违反水污染防治法律法规的行为纳入本市企业信用信息系统，对严重污染水环境的企业通过媒体予以公布。

【条文主旨】

本条是关于将排污单位违法行为纳入企业信用信息系统并予以公布的规定。

【条文解读】

本条规定本市将违反水污染防治法律法规的行为纳入本市企业信用信息系统。目前本市企业信用网已经开通，通过该网站可以对企业的信用程度进行查询，企业的良好信息及处罚信息均可以在该网站通过查询获知。违反水污染防治法律法规的行为被纳入企业信用信息系统后，将使违法企业在贷款、担保、投标、政策支持等方面受到限制。这一规定，可以对企业起到警示及震慑作用，对规范企业的排污行为有重要作用。

同时，本条还规定对严重污染水环境的企业应通过媒体予以公布。《中华人民共和国水污染防治法》第十九条第二款规定，县级以上人民政府环境保护主管部门对违反本法规定、严重污染水环境的企业予以公布。对违反水污染防治法律法规的行为予以公布，保障了公众对当地水环境污染状况的知情权，对于强化社会对企业污染防治的监督具有显著的作用；违法企业出于对自身企业品牌和知名度的保护也会尽快纠正违法行为，有利于推进企业污染防治工作。向社会公布严重污染水环境的企业的具体公布内容，应当包括企业名单、地址和污染物排放情况等信息。具体的公开方式，依照有关办法规定，包括通过政府网站、公报、新闻发布会以及报刊、广播、电视等便于公众知晓的公开途径。

【参考规定】

《中华人民共和国水污染防治法》第十九条第二款，《中华人民共和国清洁生产促进法》第十七条。

> 第二十四条　市和区、县环境保护、水行政等部门应当公布本部门受理对污染损害水环境行为举报的联系方式。对属于本部门职责范围的举报事项，应当及时处理；对不属于本部门职责范围的，应当及时转交有权处理的部门，并告知举报人。对举报属实的，应当对举报人给予奖励。

【条文主旨】

本条是关于污染损害水环境行为举报的规定。

【条文解读】

本条规定了公布举报联系方式、举报事项的处理及奖励机制三方面内容。

一、公布本部门受理对污染损害水环境行为举报的联系方式

市和区、县环境保护、水行政等有关部门公布本部门受理对污染损害水环境行为举报的联系方式，可以方便单位和个人举报，使告发揭露违法行为的方式、手段规范化，强化了公众参与及社会对环境的监督作用。目前本市环境保护部门已经有 12369 环保投诉举报电话，将群众反映的环境信访事项信息统一采集后通过系统转交各承办单位，实现了网上交办、回复和自动提醒、督办、考核，做到了“立传立接、瞬间到达”，大大提高了信访事项办理效率。

二、对举报事项的处理

市和区、县环境保护、水行政等部门接到举报后，对属于本部门职责范围的举报事项，应当及时处理；对不属于本部门职责范围的，应当及时转交有权处理的部门，并告知举报人。这一规定是为了及时阻止违法行为，保证准确、及时地惩治违法行为。将处理结果告知举报人这一规定尊重了举报人的权利。同时，市和区、县环境保护、水行政等部门受理和查处举报案件必须严格保密，切实保护举报人的合法权益。

三、对举报属实的举报人给予奖励

对举报属实的举报人给予奖励，其目的是在全社会树立起榜样，调动广大人民群众与违法行为做斗争的积极性和热情，推动水污染防治工作的开展。《中华人民共和国水污染防治法》第十条第二款规定，县级以上人民政府及其有关主管部门对在水污染防治工作中做出显著成绩的单位和个人给予表彰和奖励。《国务院关于落实科学发展观加强环境保护的决定》指出，对环保工作作出突出贡献的单位和个人应给予表彰和奖励。目前国内部分省市已制定了对举报污染损害水环境行为的单位和个人进行奖励的具体办法，如《浙江省环境违法行为举报奖励暂行办法》、《苏州市举报违反环境保护法行为奖励实施细则》、《东莞市奖励举报违法排放工业废水行为暂行办法》等。因此，本条例增加了对举报属实的举报人给予奖励这一规定，相应的奖励办法则应后续出台。

【参考规定】

《中华人民共和国水污染防治法》第十条第二款，《国务院关于落实科学发展观加强环境保护的决定》。

第三章　水污染防治措施

本章是关于水污染防治具体措施的规定，分五节，共 30 条。第一节 5 条，为水污染防治的一般性规定，包括水环境质量达标之前更加严格的水污染防治措施、禁止性行为、有毒污染物和放射性污染物控制、实验室废液安全处置等方面内容；第二节 5 条，是工业水污染防治的主要措施，包括政府推行清洁生产，工业园区水污染防治，制定限制、禁止的工业产业名录，排污单位为现场检查提供便利条件的义务等方面的规定；第三节 9 条，是城镇水污染防治的主要措施，包括城镇污水处理方式、资金来源、预处理要求，雨水收集输送系统管理，集中污水处理设施污泥处理处置要求等规定；第四节 7 条，是农村和农业水污染防治的主要措施，包括农村生活污水处理方式、资金来源，养殖业和种植业的水污染防治要求等方面的规定；第五节 4 条，是水污染事故的应急措施，包括为了防止水污染事故发生及减轻水污染事故危害，有关单位和政府部门应该采取措施的规定。

与《中华人民共和国水污染防治法》和原《北京市实施〈中华人民共和国水污染防治法〉办法》相比，本章主要新增了以下几项内容：（1）全市范围内洗涤用品“禁磷”的规定；（2）制定有毒污染物名录的规定；（3）加强实验室废液管理的规定；（4）引导工业企业入驻工业园区的规定；（5）对污水处理不达标的工业园区实行限批的规定；（6）初期雨水的收集、处理规定；（7）污泥处理处置的规定。

本章第五节的内容，在《中华人民共和国水污染防治法》中是单独的一章“水污染事故处置”，在原《北京市实施〈中华人民共和国水污染防治法〉办法》中属于“水污染防治的监督管理”章节的内容。本条例将水污染事故处置放在“水污染防措施”一章主要是出于以下两点考虑：第一，水污染事故虽然属于突发性事故，但就其对环境造成的危害来说，与其他造成水污染的违法行为相似，因此，水污染事故的处置也是水污染防治措施的一种；第二，《中华人民共和国突发事件应对法》《国家突发环境事件应急预案》《北京市突发环境事件应急预案》等相关法律法规已经对包括水污染事故在内的突发性事件的应急处置作了细致规定，本条例只需做好与法律法规的衔接即可，没有必要独立成章。

第一节　一般规定

> 第二十五条　在水环境质量达标之前，市人民政府可以根据本市水资源特点和水环境容量状况，采取更加严格的水污染防治措施。

【条文主旨】

本条为市人民政府可能采取的更严格的水污染防治措施提供了法律授权。

【条文解读】

目前北京市的水环境状况不容乐观，水污染的趋势还没有得到根本扭转。而且北京市的水污染问题成因比较复杂，既有因人口、经济快速增长所造成的水污染物排放量较大的原因，也有因水资源短缺造成的生态环境用水不足、水环境容量极其有限的原因。水污染防治工作往往受到自然条件、技术水平、认知程度、监管能力、投资力度等多方面因素的制约。本条例颁布实施以后，预计可以对本市水污染防治工作起到良好的促进作用，但是它并不能解决所有问题。受到一些主观、客观因素的影响，在某些特定的时间、特定的阶段、特定的水域范围，不能排除水污染的形势还有恶化的可能。因此，为了应对北京市水污染防治工作中的复杂形势，本条的规定从法律上授权政府采取更严格水污染防治措施，有利于政府根据本市的水资源特点和水环境容量状况，在本条例现有法定措施的基础上，针对水污染物减排、水环境改善以及饮用水安全保障等方面的特定需求，进一步加强水污染防治工作的力度。

本条借鉴了北京市大气污染治理工作的成功经验。2000 年北京市颁布的《北京市实施〈中华人民共和国大气污染防治法〉办法》第八条第三款规定，在大气环境质量达标以前，市人民政府可以采取更加严格的措施，重点对燃煤产生的污染、机动车排放污染和尘污染进行防治。正是依据这一规定的授权，北京市政府和环境保护主管部门连续开展了十六个阶段的控制大气污染措施，在措施的严厉程度上突破了《北京市实施〈中华人民共和国大气污染防治法〉办法》中的规定，收到了良好的效果，使北京市的大气环境质量逐步好转。本条例将这一成功经验借鉴到水污染防治领域有其必要性。

【参考规定】

《北京市实施〈中华人民共和国大气污染防治法〉办法》第八条第三款。

第二十六条　本市禁止下列行为:

（一）向水体排放油类、酸液、碱液或者剧毒废液;

（二）在水体清洗装贮过油类或者有毒污染物的车辆和容器;

（三）向水体排放、倾倒工业废渣、垃圾和其他废弃物;

（四）在河流、湖泊、渠道、水库最高水位线以下的滩地和岸坡堆放、存贮固体废弃物和其他污染物;

（五）利用渗坑、渗井、裂隙、溶洞排放、倾倒污水和其他废弃物;

（六）在砂石坑、窑坑、滩地等低洼地排放污水，倾倒、存贮垃圾、粪便及其他污染物，或者以漫流方式排放、倾倒污水;

（七）利用无防渗漏措施的沟渠、坑塘等输送或者存贮含有毒污染物的废水、含病原体的污水和其他废弃物;

（八）生产和销售含磷洗涤用品。

【条文主旨】

本条是本市水污染防治工作中的一般禁止性规定。

【条文解读】

本条是将《中华人民共和国水污染防治法》和原《北京市实施〈中华人民共和国水污染防治法〉办法》中禁止性规定进行归纳总结，以方便执行。

一、禁止向水体排放油类、酸液、碱液或者剧毒废液

本条第一项是防止油类、酸液、碱液或者剧毒废液污染水体的禁止性规定。油类、酸液、碱液或者剧毒废液排入水体，将对水环境造成严重危害。

“油类”是指任何类型的油及其炼制品。油类排入水体后形成油膜，油膜漂浮在水面会阻碍水的蒸发，影响水体复氧，降低水体自净能力；油膜还能降低水体的透明度，使水生植物的光合作用受阻；油污沾在鱼鳃上会引起鱼类死亡；某些油中的多环芳烃是致癌物质，能够通过食物链进入人体，危害人体健康。

“酸液、碱液”是指进入水体能够使水体 pH 值发生变化，从而抑制水生生物生长或导致其死亡、降低水体自净能力的物质。

“剧毒废液”是指含有国家有关法规确定的剧毒化学品成分的废液。我国对剧毒化学品毒性判定界限采用大鼠试验，经口 $LD_{50} \leqslant 50$ mg/kg，经皮 $LD_{50} \leqslant 200$ mg/kg，吸入 $LD_{50} \leqslant 500 \times 10^{-6}$（气体体积分数）或 2.0 mg/L（蒸气）或 0.5 mg/L（尘、雾），经皮 LD_{50} 的试验数据，可参考免试验数据。我国的剧毒化学品名录由国务院安全生产监督管理部门会同国务院公安、环保、卫生、质检、交通部门确定并公布。根据国家《剧毒化学品目录》（2002 年版）规定，剧毒化学品是指具有非常剧烈毒性危害的化学品，包括人工合成的化学品及其混合物（含农药）和天然毒素。接触或饮用含有剧毒物质的水通常会导致人类或其他生物中毒甚至死亡，某些剧毒物质也能够通过食物链高度富集后进入人体，引起人类中毒或死亡。例如：氰化物可能导致任何生物急性中毒；氟化物进入人体后与钙结合形成氟化钙，沉淀于骨骼组织中，使骨质硬化形成氟骨症、斑釉齿；酚类物质能够破坏鱼鳃，以至鱼腹腔出血死亡，人类误食被酚污染的鱼，轻者细胞变性，重者引起急性中毒死亡；有机氯农药能够在食物链中高度富集，进入人体后影响中枢神经系统，对肝脏和肾脏造成明显损害。

二、禁止在水体清洗装贮过油类或者有毒污染物的车辆和容器

本条第二项是防止油类和有毒污染物通过在水体中清洗装贮过油类或者有毒污染物的车辆和容器的途径进入水体造成污染的禁止性条款。（1）本项中“油类”的解释同本条第一项；（2）根据《中华人民共和国水污染防治法》第九十一条的解释，本项中“有毒污染物”是指直接或间接被生物摄入体内后，可能导致该生物或者其后代发病、行为反常、遗传异变、生理机能失常、机体变形或者死亡的污染物。

三、防止工业废渣、垃圾等固体废弃物或者其溶出物进入水体的规定

本条第三项是禁止向水体排放、倾倒工业废渣、垃圾和其他废弃物。关于工业废渣和生活垃圾的处置，《中华人民共和国固体废物污染环境防治法》中有明确规定，第三十三条规定，企业事业单位必须将工业固体废物贮存在按照国务院环境保护行政主管部门的规定建设的贮存场所，或者进行无害化处置；第四十条规定，生活垃圾应当按照环境卫生行政主管部门的规定，在指定地点放置，不得随意倾倒、抛洒或者堆放。

本条第四项是禁止在水体最高水位线以下的滩地、岸坡地堆放、存贮固体废弃物和其他污染物。在汛期和雨季，水位线上升后，可能会将工业废渣、垃圾等固体废弃物和其他污染物冲入河流、湖泊、水库、渠道中，污染水体。《中华人民共和国固体废物污染环境防治法》第十七条第二款规定，禁止任何单位或者个人向江河、湖泊、运河、渠道、水库及其最高水位线以下的滩地和岸坡等法律法规规定禁止倾倒、堆放废弃物的地点倾倒、堆放固体废物。从安全行洪的角度，《中华人民共和国防洪法》也对在滩地和岸坡堆放、存贮固体废弃物和其他污染物的行为进行了禁止，第二十二条第二款规定，禁止在河道、湖泊管理范围内建设妨碍行洪的建筑物、构筑物，倾倒垃圾、渣土，从事影响河势稳定、危害河岸堤防安全和其他妨碍河道行洪的活动。

四、禁止利用渗坑、渗井、裂隙、溶洞、砂石坑、窑坑、滩地、无防渗措施的沟渠和坑塘输送、储存、排放废水和废弃物

本条第五、第六、第七项的规定主要出于对地下水的保护，因为废水、废弃物在防渗性不佳的区域输送、储存、排放，会导致污染物垂向下渗，污染地下水。地下水一般水质优良，通常被优先作为饮用水水源，北京市地下水更是占到全市供水量的三分之二。地下水一旦被污染，消除污染将是十分困难，甚至根本不可能完成的工作。因此，为了保护地下水资源，维护饮用水安全，保障人体健康，本条规定禁止利用渗坑、渗井、裂隙、溶洞排放、倾倒污水和其他废弃物；禁止在砂石坑、窑坑、滩地等低洼地排放污水，倾倒、存贮垃圾、粪便及其他污染物，或者以漫流方式排放、倾倒污水；禁止利用无防渗漏措施的沟渠、坑塘等输送或者存贮含有毒污染物的废水、含病原体的污水和其他废弃物。

本条第六项的禁止性的行为在原《北京市实施〈中华人民共和国水污染防治法〉办法》中是限制性行为，是以往本市环境保护主管部门的一项行政许可。但是，由于直接在砂石坑、窑坑、滩地等低洼地倾倒、贮存垃圾、粪便及其他废弃物容易引起地下水污染，而且据调查，自 2002 年《北京市实施〈中华人民共和国水污染防治法〉办法》施行以来，本市环境保护行政主管部门从未批准过此项行政许可，所以，本条例将该行为列为禁止性行为。

本条第七项中的“病原体”是指能够引起疾病的微生物和寄生虫的统称，其中微生物占绝大多数，包括病毒、衣原体、立克次体、支原体、细菌、螺旋体和真菌；寄生虫主要有原虫和蠕虫。含病原体的污水一般来自从事疾病诊断、治疗活动的医院、卫生院、疗养院、门诊部、诊所、卫生急救站等医疗机构或从事病理研究的病理实验室、解剖室等研究机构。病原体是借助于外界环境中一定的物体从一个传染源经过外界环境传播到另一个易感个体，像伤寒、霍乱、痢疾、甲型病毒性肝炎、血吸虫病、钩端螺旋体病等许多肠道传染病和人畜共患传染病、寄生虫病是可以经过水体传播的。含病原体污水对人体健康危害严重，应严格防范其污染水体。

五、全市范围禁止生产和销售含磷洗涤用品

本条第八项的规定比《中华人民共和国水污染防治法》和原《北京市实施〈中华人民共和国水污染防治法〉办法》规定的含磷洗涤用品禁用范围有所突破，主要是基于以下三方面的考虑：第一，磷是造成水体富营养化的主要污染因子，洗涤用品中的含磷物质是水体中磷的主要来源之一，本市河湖由于上游来水少，普遍流速缓慢甚至根本不流动，富营养化风险较大，需要严格控制磷的排放；第二，全国多个省、市已经实现了全省、全市范围内禁用含磷洗涤用品，例如与北京市毗邻的河北省，在 2005 年修订的《河北省环境保护条例》第三十七条明确规定，禁止在经营活动中销售和使用含磷洗涤用品，北京市的水污染防治工作应该走在全国的前面，不应该落伍；第三，根据调查，目前本市境内规模较大的日化企业生产的洗涤用品均已采用无磷配方，城区商场内出售的洗涤用品基本上也是无磷配方，在全市范围内禁止生产和销售含磷洗涤用品已经具备条件，是充分可行的。

本条的叙述采用的是“禁止”的句式，相对于“应当”“必须”“不得”等其他法律用词，其要求程度是非常严格的，就是说上述行为是绝对不允许的。

【参考规定】

《中华人民共和国水污染防治法》第二十九条、第三十三条、第三十四条、第三十五条、第三十六条、第六十三条，《中华人民共和国固体废物污染环境防治法》第十七条第二款、第三十三条、第四十条，《中华人民共和国防洪法》第二十二条第二款。

第二十七条　本市严格控制有毒污染物的排放。

有毒污染物的名录由市环境保护行政主管部门会同有关部门根据水污染物的毒性、持久性、对人体健康和生物影响的性质和程度等因素确定，并向社会公布。

【条文主旨】

本条是对控制有毒污染物排放的规定。

【条文解读】

一、严格控制有毒污染物的排放

按照有机物、无机物来划分，有毒污染物包括有毒有机污染物和有毒无机污染物。（1）有毒有机污染物主要包括有机氯农药、多氯联苯、多环芳烃、高分子聚合物（塑料、人造纤维、合成橡胶）、染料等各类有机化合物。它们的共同特点是大多数为难降解有机物或持久性有机物。它们在水中的含量可能不高，但因在水体中残留时间长，有蓄积性，可造成人体慢性中毒、致癌、致畸、致突变等生理危害；（2）有毒无机污染物主要包括各种有毒金属及其氧化物、酸、碱、盐类、硫化物和卤化物等。

目前，环境中人工合成的或天然的有毒污染物种类繁多，根据浓度和毒性不同，有些有毒污染物可以短时间内导致被污染生物发病，甚至死亡，有些则在生物体内缓慢积累，达到一定程度才显示出其危害。根据《污水综合排放标准》（GB 8978—1996），我国将包括总汞、烷基汞、总镉、总铬、六价铬、总砷、总铅、总镍、苯并（a）芘、总铍、总银、总 α 放射性、总 β 放射性在内的 13 种能在水环境或动植物体内蓄积，对人体健康产生长远不良影响的有毒物质规定为第一类污染物，要求优先控制，规定第一类污染物不分行业和污水排放方式，也不分受纳水体的功能类别，一律在车间或车间处理设施排放口采样，其最高允许排放浓度必须达到标准要求。国外对有毒污染物的控制更为严格，欧盟水框架指令 2000/60/EC 和 2008/105/EC 指令提出了 33 种“重点物质”，即环境优先污染物（Priority Pollutants），要求对这些重点有害物质设定更为严格的排放标准。与国内相比，欧盟的标准增加了对甲草胺、阿特拉津、苯、多溴联苯醚、氯代烷烃（C10-13）、毒虫畏、毒死蜱、1,2-二氯乙烷、二氯甲烷、邻苯二甲酸二（2-乙基己基）酯、敌草隆、硫丹、荧蒽、六氯苯、六氯丁二烯、六氯环己烷、异丙隆、萘、4-壬基酚、对特辛基苯酚、五氯苯、五氯酚、总多环芳烃、苯并[b]荧蒽、苯并[k]

荧蒽、苯并[g,h,i]芘、苯并[1,2,3-cd]芘、西码津、三丁基锡、三氯苯、三氯甲烷、氟乐灵等污染物的限制要求。北京市的水污染防治工作一直处于全国领先水平，对于常规污染物的治理已经日渐完善、规范，但是对于有毒污染物的控制尚缺乏相应的地方规定，从深入开展水污染防治工作，切实保障人体健康和生态安全的角度来看，非常有必要加强有毒污染物的控制。

二、有毒污染物名录的制定

对于有毒污染物的控制首先应采取的措施就是制定名录，使排污单位、监管部门清楚哪些污染物属于有毒污染物，应该严格控制其排放。参考欧盟制定优先控制污染物名录的方法，制定有毒污染物名录时应根据水污染物的毒性、持久性、对人体健康和生物影响的性质和程度等因素确定。本条授权市环境保护行政主管部门会同有关部门制定有毒污染物名录，并要求向社会公布。

【参考规定】

欧盟《The EU Water Framework Directive》DIRECTIVE 2000 60 EC、DIRECTIVE 2008 105 EC environment quality standard。

> 第二十八条　禁止向水体排放、倾倒放射性固体废物或者含高放射性和中放射性物质的废水。
>
> 向水体排放含低放射性物质废水的，应当符合有关放射性污染防治的规定和标准。

【条文主旨】

本条是对排放放射性固体废物或含放射性物质废水的规定。

【条文解读】

本条规定向水体排放、倾倒放射性固体废物、含高放射性和中放射性物质废水三类物质的行为是禁止性行为；向水体排放含低放射性物质废水的行为是限制性行为。

一、禁止向水体排放、倾倒放射性固体废物或者含高放射性和中放射性物质的废水

本条第一款中“放射性固体废物”，是指含有放射性核素或者被放射性核素污染，其浓度或比活度大于国家确定的清洁解控水平，预期不再使用的固体废弃物。放射性废物中的放射性物质在水中容易溶解或者加速释放，从而污染水体，危害水生生物和人体健康，所以这类污染物是禁止倾倒、排放的。国家对放射性固体废物的处置有明确的法定要求。《中华人民共和国放射性污染防治法》第四十三条规定，低、中水平放射性固体废物在符合国家规定的区域实行近地表处置；高水平放射性固体废物实行集中的深地质处置；α 放射性固体废物依照前款规定处置；禁止在内河水域和海洋上处置放射性固体废物。

本条第一款中“含高放射性物质的废水”是指每升所含放射能超过 10^{-2} Ci（居里）的废水。“含中放射性物质的废水”是指每升含放射能 10^{-5}～10^{-2} Ci 的废水。由于这类废水中的放射性物质半衰期一般大于 30 年，排入水体后会严重污染环境并可能通过食物链进入人体，严重损害人体健康，所以本条将其列为禁排对象。

二、向水体排放含低放射性物质废水的，应当符合有关放射性污染防治的规定和标准

本条第二款中“含低放射性物质的废水”是指每升所含放射能低于 10^{-5} 居里的废水。该类废水所含放射能比含高、中放射性物质的废水少，危害程度相对较小，所以被列为限制排放对象，一般情况下应该少排或者不排，在确需排放时，必须严格执行国家有关放射性污染防治的规定。《电离辐射防护与辐射源安全基本标准》（GB 18871—2002）对向环境排放放射性物质进行了具体规定：（1）排放不超过环境保护主管部门认可的限值，包括排放总量和浓度限制；（2）有适当的监控设备，排放是受控的，放射性废液采用槽式排放；（3）按照 GB 18871 的有关要求使排放的控制最优化。

【参考规定】

《中华人民共和国环境保护法》第二十四条，《中华人民共和国水污染防治法》第三十条，《中华人民共和国放射性污染防治法》第四十三条，《电离辐射防护与辐射源安全基本标准》（GB 18871—2002）。

第二十九条　学校、科研院所、医疗机构、企业等单位的实验室、检验室、化验室产生的废液应当按照国家和本市关于危险废物的有关规定单独收集，进行安全处置，禁止排入排水管道或者直接排入水体。

市和区、县环境保护行政主管部门应当按照有关规定加强对实验室、检验室、化验室废液处理的监督管理，为有关单位依法处理废液提供指导。

【条文主旨】

本条是要求学校、科研院所、医疗机构、企业等单位对实验活动产生的废液进行收集、处理的规定。

【条文解读】

一、强调实验室废液应当单独收集，进行安全处置，禁止排入排水管道或者直接排入水体

实验室、检验室、化验室产生的废液（以下简称实验室废液）中污染物成分复杂，可能包括如下污染物：（1）《国家危险废物名录》（2008 年）中所列出危险废物；（2）能够腐蚀或引起污水管道破坏的物质，如强酸、强碱；（3）重金属；（4）病原微生物；（5）放射性物质；（6）受纳集中污水处理设施不能够处理的、能够造成生物或人体损害或死亡的物质。

北京市的学校、科研院所、医疗机构等单位数量较多，这些单位进行实验、化验和检验时必将产生含有毒物质的废液。这些有毒有害物质能够破坏污水收集系统、影响集中污水处理设施污泥的无害化利用或者无法被污水集中处理设施处理，进入环境对周边的土壤和水体造成污染，影响人体健康。但是，目前本市对于实验室有毒有害废液的监管仍是薄弱环节。为了进一步加强污染源监管，本条制定了加强实验室废液排放监督管理的规定。

在《国家危险废物名录》（2008 年）中，多类危险废物均可能来源于实验、化验、分析、测试，为了严格控制实验室废液带来的污染，本条第一款规定实验室废液应单独收集，并按照危险废物的有关管理规定进行安全处置，目前我国适用于危险废物的管理法规主要是《中华人民共和国固体废物污染环境防治法》和《危险废物转移联单管理办法》。

二、加强实验室废液的监管与指导

本条第二款规定了实验室废液的监管部门是市（区、县）环境保护行政主管部门，并要求市和区、县环境保护行政主管部门对实验室、检验室、化验室废液的处理提供指导。市和区、县环境保护行政主管部门提供的指导主要包括指导产生实验室废液的企业事业单位单独收集和储存实验室废液；指导有危险废物处置资质的单位对实验室废液进行收集、转移和安全处置；指导产生实验室废液的企业事业单位制定实验室废液管理的规章制度，确定实验室废液管理责任人。

【参考规定】

《国家危险废物名录》（2008 年）、《中华人民共和国固体废物污染环境防治法》第五十五条、《教育部、国家环境保护总局关于加强高等学校实验室排污管理的通知》（教技[2005]3 号）、《北京市教育委员会、北京市环境保护局转发教育部、国家环境保护总局关于加强高等学校实验室排污管理文件的通知》（京教研[2005]7 号）。

第二节　工业水污染防治

> 第三十条　本市鼓励工业企业进行技术改造，推行清洁生产，采用先进的废水处理技术，减少水污染物排放量。

【条文主旨】

本条是要求工业企业通过推行清洁生产和采用先进废水处理技术减少水污染物排放量的规定。

【条文解读】

一、推行清洁生产，注重源头控制

我国工业水污染控制在控制环节和控制途径方面的观念更新和升级是随着工业技术的进步、经济实力的提高、环境和资源状况的发展变化而逐渐展开的。在工业发展的初期，产品技术含量低，企业依赖廉价劳动力和无节制的资源消耗来生存，生产过程向环境排放大量污染物，单一的末端治理模式消耗巨大财力，许多企业自身并没有足够的经济实力来治理污染，从而陷入高消耗、高污染的恶性循环。进入 21 世纪，我国经济经历长期的高增长以后，环境污染和资源匮乏的双重压力明显加重，通过实施清洁生产来减少资源消耗、控制环境污染、提高经济效益逐渐成为共识。2003 年《中华人民共和国清洁生产促进法》的颁布施行成为我国推行清洁生产的里程碑。

根据《中国 21 世纪议程》的定义，清洁生产是指既可满足人们的需要又可合理使用自然资源和能源并保护环境的实用生产方法和措施，其实质是一种物料和能耗最少的人类生产活动的规划和管理，将废物减量化、资源化和无害化，或消灭于生产过程之中，同时对人体和环境无害的绿色产品的生产亦将随着可持续发展进程的深入而日益成为今后产品生产的主导方向。实际上，清洁生产就是要求企业在生产过程中选用低毒害原材料，采用资源利用率高的工艺及设备，对生产中产生的废弃物进行循环利用，减少污染物的排放。目前，全世界各国都非常重视清洁生产，纷纷立法推行清洁生产。因此本条要求工业企业进行技术改造，推行清洁生产。

二、采用先进的废水处理技术，减少水污染物排放

我国工业废水处理技术从 20 世纪的 70～80 年代开始起步，90 年代经历了较快发展，而从 2000 年开始，在处理程度、处理的污染物种类等各方面都得到了进一步提升和拓展。从历程上看，国内工业废水处理技术的发展、污染控制理念的进步，始终源于三个方面的推动作用：水环境污染的严峻压力、工业技术的飞速进步和经济实力的显著提升。在废水处理程度方面，进入 21 世纪以来，国

内水资源危机日益凸显，工业废水处理技术的进步已不仅仅体现在满足达标排放要求上，废水的深度处理回用技术的开发和应用受到普遍重视，近年来国家强化了推行循环经济的力度，推动了工业废水的再生回用技术向高端、规模化发展；在处理的污染物种类方面，迫于减排考核的压力，目前工业废水处理技术发展的重点仍然是去除以有机污染物为主的常规污染物，但是随着水体富营养化问题日益突出，考虑到受纳水体的环境容量，工业废水中氮、磷的排放控制技术已经成为研究开发和应用的热点，同时，为了尽量减小对水生态和人体健康的影响，工业废水中含有的重金属和一些微量、持久性有毒污染物的处理去除技术也逐渐受到重视。

工业废水具有水质水量波动大、成分复杂、污染物浓度较高等特点，因而处理难度较大，技术要求较高。目前国内工业废水处理的主流及热点技术包括厌氧生物处理技术、膜处理技术、高级氧化技术、脱氮除磷技术、生态处理技术等。工业企业采用先进的废水处理技术能够提高处理效率，改善出水水质，保证运行的稳定性和维护的方便性，降低废水处理能耗和成本。因此，本条规定本市鼓励工业企业进行技术改造，采用先进的废水处理技术，减少水污染物排放量。

【参考规定】

《中华人民共和国环境保护法》第二十五条、《中华人民共和国水污染防治法》第四十三条、《中华人民共和国清洁生产促进法》第十九条、《中华人民共和国循环经济促进法》第九条。

第三十一条　本市按照国家有关循环经济和清洁生产的要求推动工业园区建设，通过合理规划工业布局，引导工业企业入驻工业园区。

【条文主旨】

本条是对本市推进工业园区建设的规定。

【条文解读】

在工业化发展的初始阶段，工业企业的建设往往缺乏统一规划，企业是污染治理和接受监管的主体，工业水污染控制由各个分散的企业单独承担，这使得政府部门监管难度大，且企业受自身经济、技术条件的限制造成相当数量的中小型工业废水处理设施投入不足、设计不合理、建设不规范、运行管理水平低。从 20 世纪 90 年代开始，工业园区作为新兴的工业组织模式在我国逐渐兴起并迅速得到普及。工业园区不仅促进工业合理有序发展，而且实现污染控制的集约化。从污染物源头控制的角度，工业园区比分散企业更易于遵从循环经济的减量化、再利用、再循环的 3R 原则，不仅可以在园区内各成员企业内部实现清洁生产、减少污染物排放，还可以通过成员企业之间的联系、合作和参与，尽量减少园区对外界的污染物排放，实现经济和环境的协调发展；从废水末端治理的角度，园区废水集中处理有利于充分发挥资金、技术的优势，体现废水处理的规模效益，容易实现废水处理设施的市场化运营，主管部门对污染排放的监管也比较方便。因此，本条规定本市应当按照国家有关循环经济和清洁生产的要求推动工业园区建设，通过合理规划工业布局，引导工业企业入驻工业园区。

本条中“工业布局”是指在对水资源、水环境承载力以及工业生产地域分布现状与历史变化的分析基础上，对工业建设进行具体的地域安排，以及制定不同地区发展工业生产的有关政策。与其他影响因素相比，工业布局对水环境的影响具有长远性、战略性、全局性。在经济相对发达、生态较为脆弱、污染比较严重的地区，要想解决经济发展和环境保护之间的尖锐矛盾，必须在谋划工业布局的时候，充分考虑区域环境的容量和特点，才能实现经济与环境的协调、可持续发展。

【参考规定】

《国务院关于落实科学发展观加强环境保护的决定》、《关于开展国家生态工业示范园区建设工作的通知》（环发[2007]51 号）、《中华人民共和国循环经济促进法》第二十九条第二款、第三款。

第三十二条　建设工业园区，应当配套建设废水集中处理设施。

> 工业园区未建设废水集中处理设施或者集中处理设施废水排放不达标的，环境保护行政主管部门应当暂停审批该工业园区新增水污染物排放总量的建设项目的环境影响评价文件，发展和改革、规划等项目审批部门不得批准其建设，建设单位不得开工建设。

【条文主旨】

本条是对工业园区水污染防治的一般性规定。

【条文解读】

一、工业园区应配套建设废水集中处理设施

本条第一款是对工业园区废水处理设施建设的基本要求，即必须配套建设废水集中处理设施。首先，工业园区与其他工业企业排污单位一样，只要排放废水就必须通过建设废水处理设施使排水达到相关标准后才能排放；其次，工业园区内有多个工业企业，每个企业都单独自建废水处理设施不利于体现废水处理规模效益，会导致废水处理的投资和运行成本整体上升，不符合节能减排要求；再有，在有毒污染物在车间排放口得到有效控制的前提下，不同类型企业排放的工业废水进行合并处理，往往可以调和水质，改善废水的可生化性，降低处理难度，有利于实现达标排放；此外，工业园区建设集中的废水处理设施，大大提高了环境保护行政主管部门的监管效率。因此，本条规定建设工业园区必须配套建设废水集中处理设施。

二、工业园区限批

本条第二款关于工业园区限批的规定是本条例的创新点之一，将工业园区的废水处理和达标情况作为园区新入驻企业环境准入的依据，意图在于促进地方政府和工业园区管理部门加强水污染防治工作。一方面，如果工业园区没有建设废水集中处理设施或者集中处理设施出水不达标，意味着该园区在水污染防治上已经欠账了，按照《国务院关于落实科学发展观加强环境保护的决定》规定的“不欠新账，多还旧账”的原则，在原有问题没有解决之前，就不应该在园区内再批准建设新增水污染物排放的项目；另一方面，工业园区是地方财政收入的重要来源之一，限制水污染防治工作没有做好的工业园区新增企业，将使该园区的招商引资工作无法正常开展，地方政府的财政收入将受到影响，这对于不重视水污染防治工作的地方政府及其职能部门能起到很好的震慑作用，必将促使工业园区管理部门积极加强废水处理设施的建设与运行管理，确保废水达标排放。

环境影响评价是建设项目立项前应进行的必要程序，是环境保护行政主管部门实施监管的重要抓手，但是如果没有发展和改革、规划等相关职能部门的通力配合，限批的力度和效果可能会受到影响。因此，本条规定环境保护行政主管部门应暂停审批未建设废水集中处理设施或者集中处理设施废水排放不达标的工业园区新增水污染物排放总量的建设项目的环境影响评价文件，同时要求发展和改革、规划等项目审批部门不得对其立项、用地等许可进行批准，建设单位也不得开工建设，以此来要求工业园区排放废水必须达到国家或者地方规定的标准。

【参考规定】

《中华人民共和国环境影响评价法》第二十五条、《中华人民共和国循环经济促进法》第二十九条、《国务院关于落实科学发展观加强环境保护的决定》。

> 第三十三条　本市应当采取措施，对高污染、高耗水行业加以限制。禁止新建、扩建制浆、制革、电镀、印染、有色冶炼、氯碱、农药合成、炼焦等对水体有严重污染的项目。对现有排放含重金属废水的小型生产企业限期关停。
>
> 市经济和信息化行政主管部门应当会同市环境保护、水行政、发展和改革及其他相关行政主管部门，根据本市水污染防治工作的需要，制定鼓励、限制、禁止的行业和产品名录，报市人民政府批准后公布实施。

【条文主旨】

本条是对本市限制、禁止发展的产业的规定。

【条文解读】

一、采取措施，限制高污染、高耗水行业

本条第一款规定了本市应该限制、禁止新建和扩建、限期关停的行业和企业类别。首先，北京市水资源匮乏，水污染严重，从监管层面，通过提高环境准入门槛，限制高污染、高耗水行业，是提高水资源利用效率、控制工业水污染的有效途径，同时也有利于实现产业结构的调整和优化；其次，《中华人民共和国水污染防治法》第四十二条规定，国家禁止新建不符合国家产业政策的小型造纸、制革、印染、染料、炼焦、炼硫、炼砷、炼汞、炼油、电镀、农药、石棉、水泥、玻璃、钢铁、火电以及其他严重污染水环境的生产项目，本市除了应遵守这一规定外，结合本市产业发展特点和水污染防治要求，本条规定在本市范围内，制浆、制革、电镀、印染、有色冶炼、氯碱、农药合成、炼焦等对水体有严重污染的项目，无论规模大小都不允许新建、扩建；此外，含重金属的废水环境危害大、处理成本高，排放含重金属废水的小型生产企业自身不具备将所产生废水治理达标的经济条件，这些企业之所以能够盈利完全是以牺牲环境为代价，因此必须限期关停。

二、制定鼓励、限制、禁止的行业和产品名录

本条第二款规定了市经济和信息化行政主管部门会同市环境保护、水行政、发展和改革及其他相关行政主管部门制定鼓励、限制、禁止的行业和产品名录，其目的就是要从源头上对“高耗能、高污染、资源性”的行业和产品加以禁止或限制，对环境友好型行业和产品进行鼓励。“两高一资”产品的生产付出了较大的环境和资源代价，由于这些产品的价格、税收政策没有真实反映其环境成本，企业的利润在很大程度上是靠牺牲环境获得的。制定该名录，是落实国家和本市节能减排要求和建立环境经济政策体系的重要举措，有利于通过环保措施优化经济增长，更好地促进产业结构调整。本市应从宏观经济调控和环境管理需要出发，根据本市水污染防治工作的客观需求，结合国家相关产业政策、行业技术水平等因素，在充分协商和论证的基础上，形成本市鼓励、限制、禁止的行业和产品名录。

根据《北京市人民政府办公厅关于印发〈北京市经济和信息化委员会（北京市国防科学技术工业办公室）主要职责内设机构和人员编制规定〉的通知》（京政办发[2009]45 号），市经济和信息化委员会负责研究拟订并组织实施本市工业发展规划和产业政策，推进产业布局调整和产业结构优化升级，因此市经济和信息化行政主管部门是执行本款规定的主责部门。

【参考规定】

《中华人民共和国水污染防治法》第四十二条、《中华人民共和国循环经济促进法》第十八条、《北京市实施〈中华人民共和国水法〉办法》第十四条。

> 第三十四条　向公共污水处理设施排放工业废水的企业事业单位，应当在排污口建设取样井，并为水行政、环境保护行政主管部门和受纳废水的污水集中处理设施的运营单位提供取样、监测流量的便利条件。
>
> 污水集中处理设施的运营单位有权对汇水范围内排污单位的排水进行取样检测，发现排水水质超过排放标准的，应当及时告知排污单位，并报告水行政主管部门。

【条文主旨】

本条是规范向公共污水处理设施排放工业废水的排污单位的排污口设置的规定，同时也对污水集中处理设施的运营单位监测汇水范围内排污单位的排水情况提供授权。

【条文解读】

本条第一款规定，向公共污水处理设施排放工业废水的企业事业单位，应当在排污口建设取样井，并为水行政、环境保护行政主管部门和受纳废水的污水集中处理设施的运营单位提供取样、监测流量的便利条件。本市环境保护行政主管部门负责各类污染源的日常监管，当然也包括排水进入公共污水处理厂管网的排污单位，发现排污单位排入管网的工业废水超过规定的排放标准时，可以按照本条例第七十八条第一款的规定进行处罚；本市水行政主管部门负责城镇污水管网和城镇污水处理厂的建设、运行管理，出于保障污水管网和污水处理厂正常运行的需要，对排水不符合排水管理相关规定的排污单位，可以按照本条例第七十八条第二款的规定进行处罚；污水集中处理设施的运营单位，尽管没有对管网汇水范围内的排污单位进行监管、处罚的权力，但是，向公共污水处理设施排放工业废水的单位与受纳废水的污水集中处理设施的运营单位本质上是一种合同关系，运营单位为了保障汇入废水符合其处理工艺要求并保证污水处理设施出水达到排放标准，有必要也有义务了解汇水范围内各排污单位排水的水质、水量情况，因而有可能需要对排污单位排水情况进行监测。鉴于这些原因，向公共污水处理设施排放工业废水的企业事业单位有义务为环境保护、水行政等监管部门，以及污水集中处理设施的运营单位提供取样、监测流量的便利条件。

本条第二款规定，污水集中处理设施的运营单位有权对汇水范围内排污单位的排水进行取样检测，发现排水水质超过排放标准的，应当及时告知排污单位，并报告水行政主管部门。这一规定从法律上授权污水集中处理设施的运营单位对汇水范围内排污单位的排污情况进行监督，目的是为了防止污水集中处理设施汇水范围内排污单位排水水质超标，影响污水集中处理设施的出水水质。一旦发现排水水质超过规定的标准时，应当及时告知排污单位，并报告水行政主管部门。告知排污单位是为了提醒和要求排污单位停止超标排污行为，如果有委托处理的合同，可按合同规定履行各方义务；报告水行政主管部门是因为向污水管网超标排水属于违反排水许可的行为，排水许可证的颁发部门是水行政主管部门，根据本条例第七十八条第二款规定，可以由水行政主管部门对超标排污单位进行处罚。

【参考规定】

《排污口规范化整治技术要求（试行）》（环监[1996]470 号），

《北京市排水和再生水管理办法》（北京市人民政府令第 215 号）第四条第三款、第二十一条第一款。

第三节　城镇水污染防治

> 第三十五条　城镇污水应当集中处理。
>
> 本市各级人民政府通过政府投资或者其他方式筹集资金，统筹安排建设污水集中处理设施及配套污水管网，提高城镇污水的收集率和处理率。

【条文主旨】

本条是关于城镇污水集中处理的规定。

【条文解读】

目前，北京市中心城区城镇污水集中处理问题已经在一定程度上得到解决，未来的任务主要是进一步完善管网、提高处理率，以及通过升级改造提高污水处理水平。比较而言，郊区县的城镇污水集中处理工作相对滞后，乡镇集中式污水处理厂的建设和运营情况不容乐观。根据《2009 年北京市环境状况公报》，2009 年，北京市市区的污水处理率达到 94%，郊区县仅为 51%。“十二五”时期提高郊区县污水集中处理率仍然是本市水污染防治工作的重要内容之一。

一、城镇污水应当集中处理

城镇污水应当集中处理，这是城镇污水处理的基本原则。本款中的“城镇污水”是指纳入和尚未纳入城镇污水收集系统的城镇生活污水和工业废水之混合污水。提高城镇污水集中处理水平可以有如下几个优点：一是通过集中处理可以有效提高城镇污水的处理率，降低未经处理污水的排放量；二是污水集中处理有利于提高污染物去除效率，可以尽可能有效地降低水污染物的危害，提高城镇整体的水环境质量；三是通过集中处理，可以体现城镇污水处理的规模化效益，节省投资并有效降低处理成本。

二、发挥政府在建设城镇污水收集和处理设施中的主导作用

本市各级人民政府应主要通过政府投资手段建设城镇污水收集和处理设施。第一，城镇污水的收集、处理设施是为了保护和改善生态环境而建设的公益性基础设施，属于公共事业范畴，政府应该对此起主导作用，北京市的经济发展水平也使政府有能力承担公共污水处理项目。因此，本款强调城镇污水收集和处理设施建设的投资主体是本市各级人民政府；第二，目前北京市部分乡镇通过新农村建设、水源地保护等渠道筹集资金建设了乡镇污水处理厂，但是由于没有落实污水管网的资金和解决管网建设问题，导致污水处理厂闲置。为了防止盲目建设污水处理厂而忽略相关污水管网建设的情况发生，本款将"配套污水管网"同"污水集中处设施"建设并列提出，要求政府统筹安排资金进行建设；第三，本款中的"政府投资"是指在本市范围内使用政府性资金进行的固定资产投资活动。政府性资金主要包括财政预算内投资资金、各类专项建设基金、国家主权外债资金和其他政府性资金。

【参考规定】

《中华人民共和国水污染防治法》第四十四条第一款、第二款。

第三十六条　城镇污水集中处理设施的运营单位按照国家有关规定提供污水处理的有偿服务。

城镇用水单位和个人应当按照国家有关规定缴纳污水处理费。污水处理费应当用于污水管网和城镇污水集中处理设施的养护、运行、保护和建设，不得挪作他用。

乡镇污水集中处理设施的运营单位取得的污水处理费不能满足污水处理设施正常运行的，不足部分由区、县人民政府统筹安排。

【条文主旨】

本条是关于城镇污水处理有偿服务、污水处理费缴纳和使用，以及解决乡镇污水处理设施运行经费的规定。

【条文解读】

一、城镇污水集中处理设施提供有偿服务

根据《中华人民共和国水污染防治法》第四十四条规定，城镇污水集中处理设施的运营单位按照国家规定向排污者提供污水处理的有偿服务，收取污水处理费用，保证污水集中处理设施的正常运行。城镇污水集中处理设施的运营单位的服务性质是有偿服务，要求排污者支付污水处理费用，是根据“污染者付费”的原则，这也是世界各国水污染防治工作的通用原则。

二、污水处理费的缴纳与使用

本条第二款要求城镇用水单位和个人应缴纳污水处理费，同时强调污水处理费专款专用。本款需要做如下几点说明。

第一，本款规定应缴纳的污水处理费是按照“国家有关规定”收取的。《中华人民共和国水污染防治法》第四十四条第五款规定，城镇污水集中处理设施的污水处理收费、管理以及使用的具体办法，由国务院规定。因此，本款中的“国家有关规定”应指国务院的规定。但是，目前国务院对污水处理费征收标准、管理使用办法还没有统一的规定。《国务院关于落实科学发展观加强环境保护的决定》仅是原则上要求污水处理费收费标准应在保本微利的水平。实际上，我国污水处理费征收标准一直由各地价格行政主管部门确定，许多省市都已经制订了本地区的污水处理费征收使用管理办法，例如《河北省城市污水处理费收费管理办法》《辽宁省城市污水处理费征收使用管理办法》《湖北省城市污水处理费征收使用暂行办法》等。目前，北京市污水处理费用的征收标准是依据《北京市发展和改革委员会关于调整本市居民用水水资源费和污水处理费的通知》（京发改[2009]2555 号）确定的，北京市有些区县已经制订了污水处理费征收使用管理办法，例如《通州区污水处理费征收使用管理办法》。

第二，根据《北京市排水和再生水管理办法》第二十三条第一款规定，污水处理费包括污水管网维护管理、污水处理、污泥处置等费用。因此，本市污水处理费的征收标准应按照补偿污水管网和污水处理设施的运行维护成本，并合理盈利的原则核定。一般污水管网、污水处理厂的运行维护费用主要包括污水排放和集中处理过程中发生的动力费、材料费、输排费、维修费、折旧费、人工工资及福利费和税金等。

第三，目前本市的污水处理费是随自来水供水进行征收的，即凡是城镇用水单位和个人，不论是否向城镇污水集中处理设施排放污水，均一律缴纳污水处理费。对此国家也有相关规定，原国家计委、原建设部、原国家环保总局《关于加大污水处理费的征收力度建立城市污水排放和集中处理良性运行机制的通知》（计价格[1999]1192 号）中指出，没有建成污水处理厂的城市，加收的污水处理费，经当地人民政府批准，可以用于补充排污管网和污水处理厂的建设资金，但必须在 3 年内建成污水处理厂，并投入运行。截至目前，全国仅珠海市对排水未进入城镇污水处理厂的单位免征污水处理费，《珠海市排水条例》第五十二条第二款规定，直接向水体排放污染物的企事业单位和个体工商户，应当依法缴纳排污费，不再缴纳污水处理费。

第四，污水处理费应当专款专用。本市的污水处理费并不是直接由城镇污水处理厂的运营单位收取，而是实行“收支两条线”，收费单位将收费全额上缴财政，纳入财政专户管理，专款专用。

三、保证乡镇污水处理厂运行经费

本条第三款是要求区、县政府为因缺乏运营经费而不能正常运行的乡镇污水处理厂提供财政支持。农村水污染问题是本市今后水污染防治工作的重点内容。目前，本市农村地区的乡镇普遍没有征收污水处理费，许多乡镇污水处理厂因没有运行经费导致污水处理设施不能正常运转而闲置，使部分农村地区原先分散的面源污染变成污染强度更大的点源污染，因此，政府非常有必要对已建乡镇污水处理厂的运营经费以适当的形式予以补助。此外，《国务院关于落实科学发展观加强环境保护的决定》也明确指出，对于城市污水处理费收费不到位的地方，当地财政要对运营成本给予补助。本条也是对本条例第三条“统筹城乡”的水污染防治总体原则的细化条款，要求区、县人民政府统筹安排资金，对取得的污水处理费不能满足污水处理设施正常运行的乡镇污水集中处理设施进行补贴。

【参考规定】

《中华人民共和国环境保护法》第二十八条、《中华人民共和国水污染防治法》第四十四条第五款、《北京市排水和再生水管理办法》第二十三条第一款、《国务院关于落实科学发展观加强环境保护的决定》。

> 第三十七条　向公共污水处理设施排放水污染物，有下列情形之一的，应当在排入公共污水处理设施之前进行预处理，并达到规定的标准：
>
> （一）含有毒污染物名录内污染物的污水；
>
> （二）医疗卫生机构产生的含病原体的污水；
>
> （三）含难以生物降解的有机污染物的废水。

【条文主旨】

本条是对排入公共污水处理设施的排水单位按要求进行预处理的规定。

【条文解读】

发达国家非常重视对排入公共污水处理设施的排水单位的预处理监管。例如，美国自 20 世纪 70 年代开始，就提出并制定了预处理的法规和标准。美国《清洁水法》中明确说明公共污水处理厂是依据处理居民生活污水而设计（POTWs are designed to treat domestic sewage only），对于其他排水用户在向公共污水处理厂排水之前，其水质必须达到联邦或地方的预处理标准。美国还制定了专门的《预处理条例》，要求公共污水处理系统必须制定预处理计划，并且将获得批准的预处理计划纳入到公共污水处理系统的排污许可证要求中，赋予了公共污水处理系统管理和控制非居民排水用户间接排放的权利。同时，美国环保局根据各工业行业的特点分别制订了预处理标准，到 2005 年，已经制订了涵盖铝制品、电池生产、炭黑生产、垃圾处理、危险废物燃烧、涂装、畜牧养殖、铜制品、电子电器等 35 个行业的预处理标准。相比之下，我国的预处理规定和标准还不是十分明确和完善。《中华人民共和国水污染防治法》中仅要求“向城镇污水集中处理设施排放水污染物，应当符合国家或者地方规定的水污染物排放标准”；而《污水综合排放标准》（GB 8978—1996）中不分行业，要求所有排入二级污水处理厂的污水执行统一的三级排放标准，对某些特殊行业的特征污染物存在监管漏洞。

本条明确指出排放几类污染物的排污单位在排入污水管网前必须对污水进行预处理，达到相关标准后才能向公共污水处理设施排放污水。实际上，公共污水处理设施根据不同设计工艺，其自身处理能力是有限的，不能处理所有进入的污水和污染物，排水超过公共污水处理设施设计进水标准时，或者干扰污水处理厂的正常运行，或者可能穿透污水处理厂造成环境中污染物的积累。所以，要对公共污水处理设施处理不了的或可能影响污水处理设施正常运行的污水进行预先处理，以保证公共污水处理系统正常运转和排水达标。因此，本条从立法角度，确定了预处理的法律地位，规定含有毒污染物名录内污染物污水、医疗卫生机构产生的含病原体的污水、含难以生物降解的有机污染物的废水在排入公共污水处理设施之前必须进行预处理，并达到规定的标准。

本条中“预处理”是指采用物理、化学、生化等处理技术在污水排入污水管网前进行处理，使之达到国家或地方规定的排入污水管网（污水管网末端有污水处理设施）的排放标准，禁止污水处理厂不能处理的或“干扰”污水输送、处理、污泥处置的污染物排入污水管网。

【参考规定】

《中华人民共和国水污染防治法》第九条、《北京市排水和再生水管理办法》第十八条第四项、美国《清洁水法》《预处理条例》。

第三十八条　本市应当加强雨水的收集、处理和利用，采取措施，防止初期雨水造成污染。

任何单位和个人不得向雨水收集口、雨水管道排放或者倾倒污水、污物和垃圾等废弃物。

【条文主旨】

本条是对雨水利用、初期雨水处理、雨水口及雨水管道管理作出的规定。

【条文解读】

一、加强雨水的收集、处理与利用

雨水作为一种宝贵的资源，在城市水循环系统和流域水环境系统中起着十分重要的作用。由于人类的活动造成植被减少或破坏，城市发展中不透水面积增加，导致雨水流失量增加，水循环系统的平衡遭到破坏，可能引发一系列的生态环境问题。如果采取积极措施，对雨水进行收集、处理、利用，将大大减轻这种生态环境问题。雨水利用的益处主要表现在以下几个方面：（1）将雨水回补地下，能够补充地下水，适当提高地下水位，对于像北京这样地下水超采严重的城市来说尤其具有重要的意义；（2）雨水利用减少了城市街道雨水径流量，减轻城市排水的压力，同时有效降低雨污合流，减轻污水处理的压力；（3）雨水用于工农业用水和生活用水，为城市提供新的供给水源，缓解水资源供需矛盾，北京市水资源短缺，应当将雨水作为重要的水源。因此，应该对雨水进行充分收集、利用。

雨水的利用可以采取以下几种方式：（1）屋面雨水集蓄利用，利用屋顶做集雨面，用于家庭、公共和工业等方面的非饮用水，如浇灌、冲厕、冷却循环等中水系统；（2）屋顶绿化雨水利用，屋顶绿化是一种削减径流量、减轻污染和城市热岛效应、调节建筑温度和美化城市的有效手段；（3）园区雨水集蓄利用，绿地入渗，维护绿地面积，同时回补地下水；（4）雨水回灌地下水，在一些地质条件比较好的地方，进行雨洪回灌，人工补给地下水。国外在雨水利用方面已经有很多实践经验，例如丹麦从屋顶收集的降雨量占到了饮用水生产总量的 24%；新加坡几乎每栋楼顶都有专门用于收集雨水的蓄水池，经过专门的管道输送到全国 18 个水库储存，供城市利用。目前，北京市雨水利用工作还处在研究、示范阶段，有必要大力加强这方面的工作。

二、防止初期雨水污染

在推行雨水利用的同时也应该注意到，初期雨水流经城市道路、屋面，会夹带许多污染物进入水体，造成水体污染，就是所谓的“城市面源污染”。初期雨水的污染问题也应该得到足够重视。早在 1981 年，美国的相关研究就显示城市径流带入水体的生化需氧量约相当于城市污水经处理后的生化需氧量的排放总量，而且 129 种重点污染物中有约 50%在城市径流中出现。1990 年美国环保局公布了不同污染源（如农业、工业、城市污水等）对河流污染（包括化学毒物、沉积物、营养物等）的贡献比，其中城市雨水径流占了 9%。为了控制雨水污染，世界上已经建成了许多成功的初期雨水处理工程，如美国芝加哥的雨水储存处理工程用于控制芝加哥市雨水径流对密执安湖的污染；法国使用高密度沉淀池处理机场跑道雨水径流等。北京市降雨量偏少，降雨间隔时间长，导致形成径流的初期雨水中含有大量城市面源污染物，对受纳雨水的城市河湖污染十分严重，每逢降雨，城区河流水质急剧下降，因此，对初期雨水进行收集、处理是北京市改善城市水环境质量的必要手段。

三、不得向雨水收集口、雨水管道排放或者倾倒污水、污物和垃圾等废弃物

在本市的一些城区、城乡结合部地区，不同程度存在小型餐饮企业、路边早餐和烧烤摊点、洗车场、车辆维修点等单位或个体工商户利用雨水口排放污水、倾倒垃圾的现象，大量污染物沉积在雨水管道中，降雨时，将随雨水冲入河流、湖泊，严重污染水环境，同时也容易堵塞、损坏雨水排水管道和设施，因此应当严格禁止此类行为。

【参考规定】

《中华人民共和国水法》第二十四条，《北京市实施〈中华人民共和国水法〉办法》第十条，《北京市城市河湖保护管理条例》第三十二条、第三十六条。

> 第三十九条　对污水处理产生的污泥的处理处置，应当遵循源头削减和全过程控制原则，实现污泥的减量化、稳定化、无害化和资源化。
>
> 禁止采用倾倒、堆放、直接填埋的方式处置污泥。

【条文主旨】

本条是关于污泥处理处置原则及禁止行为的规定。

【条文解读】

城镇污水处理设施产生的污泥为含水率在 75%～99%不等的流体或固体状物质，其中固体成分主要是有机物残片、细菌菌体、胶体物质、无机颗粒以及污水处理过程中所用药剂等，污泥是一种以有机物为主，组分非常复杂的混合物，其中包含具备潜在利用价值的有机质、氮、磷、钾和各种微量元素。污泥处理是指将湿污泥经过物理、化学或生物处理，使污泥减容和稳定化的过程，污泥处理的主要方法包括浓缩、消化、脱水等。污泥处置是指以自然或人工手段使处理后的污泥或污泥产品能够达到长期稳定并对环境无不良影响的最终消纳方式，污泥处置的主要方法包括农用或土地利用、热处理（干化和焚烧）、填埋等。

北京市各类污水处理厂每年产生污泥超过 100 万 t，这么大量的污泥管理好了是资源，管理不好就成为污染源。由于污泥来源于污水处理过程，污泥处理处置不当会对地表、地下水环境造成污染，因此将污泥处理处置的规定纳入水污染防治条例是适当的。目前，《中华人民共和国固体废物污染环境防治法》《中华人民共和国水污染防治法》《中华人民共和国水法》等相关法律中均没有涉及污泥处理处置的条款，仅原《北京市实施〈中华人民共和国水污染防治法〉办法》第二十六条第二款中规定污水集中处理设施的运营单位应当对污水处理中产生的污泥进行无害化处理，但没有对污泥处理处置过程防止二次污染进行具体、系统的规定。从这个角度，本条例实际上填补了这方面的法律空白。

一、污泥的处理处置应当遵循源头削减和全过程控制原则

随着北京市污水处理设施的不断完善，城镇污水处理率逐年提高，污水处理产生的污泥量也有较大幅度增长，由此带来的污泥处理处置问题日益严峻和迫切。若污泥得不到妥善处理处置，将可能造成污染转移，污染地表水、地下水或土壤。为防止污泥处理处置过程中的二次污染，《城镇污水处理厂污泥处理处置及污染防治技术政策（试行）》1.4 中明确规定污泥处理处置是城镇污水处理系统的重要组成部分，污泥处理处置应遵循源头削减和全过程控制原则。另外《浙江省污泥处理处置及污染防治技术导则（试行）》7.3 环境管理中也明确规定污泥处理处置实行全过程管理。

污泥处理处置应当遵循源头削减原则。由于污泥处理处置的成本较高、技术难度较大，污泥消纳和综合利用的途径和数量往往受到各种客观条件的限制，因此解决污泥出路问题不能片面强调末端处理处置，而应当首先依赖源头削减，尽量减少污水处理厂污泥的产生量，减轻污泥处理处置和消纳的压力。污泥的体积、性状、稳定性等因素直接影响污泥处理处置和资源化利用的途径、技术、成本。污泥含水率越低，体积越小，则运输成本越低，运输过程发生遗撒、渗漏的可能性也越小，后续处理处置也就越容易；污泥越稳定，则后续处置发生臭味等二次污染的程度也会大大降低。因此，建设和运行污水处理厂应当统筹兼顾污泥处理处置问题，应尽量选择污泥产生量小的处理工艺技术，达到一定规模或具备条件的污水处理厂要在厂内对污水处理过程中产生的污泥进行浓缩、消化、脱水等处理，使出厂污泥尽可能减量化和稳定化，以便于污泥运输和后续的处置消纳和综合利用，同时减少处置消纳成本。

污泥处理处置应当遵循全过程控制原则。从污泥造成污染的情况来看，污染存在于污泥的运输、处理、处置等各个环节。污泥在运输过程中可能会由于运输车辆密封不严存在渗漏、遗撒等而对环境造成污染；污泥处理处置过程中可能由于缺乏有效监管，存在污泥随意倾倒、填埋等现象，造成环境污染；污泥土地利用、土壤改良等综合利用过程中也可能存在二次污染的问题。因此，污泥处理处置环节中不管哪个环节处理和监管不当，都可能会对环境产生危害，所以污泥处理处置应当遵循全过程控制原则。

二、污泥的处理处置应当实现减量化、稳定化、无害化和资源化

减量化、稳定化、无害化、资源化是污泥处理处置的四个基本准则。减量化是指在处理处置过程中尽量减小污泥的体积，使污泥易于运输、消纳和综合利用，污泥减量的主要途径是降低污泥的含水率和氧化分解污泥中含有的有机质；稳定化是指通过生物处理过程使污泥中的有机质降解达到稳定，使污泥不易腐化，减小污泥臭味，同时避免在利用过程中产生恶臭污染，保障环境卫生；无害化是指将污泥中含有的、可能对生态环境造成危害的成分进行去除、转化，避免在污泥消纳和利用过程中造成环境危害；资源化是指将污泥中的有用组分，如肥分、热值等进行利用，将污泥变废物为资源的过程，污泥的资源化是污泥最终处置和消纳的最为科学、合理的方式，符合循环经济的理念。

实践证明，只有坚持污泥处理处置的减量化、稳定化、无害化和资源化，才能真正解决污泥问题。《城镇污水处理厂污泥处理处置及污染防治技术政策（试行）》1.5 规定，污泥处理处置的目标是实现污泥的减量化、稳定化和无害化；鼓励回收和利用污泥中的能源和资源。坚持在安全、环保和经济的前提下实现污泥的处理处置和综合利用，达到节能减排和发展循环经济的目的。《浙江省污泥处理处置及污染防治技术导则（试行）》1.1 中规定，防止污泥处理处置过程产生二次污染，实现污泥处理处置的减量化、稳定化、无害化和资源化。这些规定都是污泥处理处置多年实践经验的总结，因此，本条规定对污水处理产生的污泥的处理处置，应当遵循源头削减和全过程控制原则，实现污泥的减量化、稳定化、无害化和资源化。

三、禁止采用倾倒、堆放、直接填埋的方式处置污泥

城镇污水处理厂产生的污泥含水率高，有机物含量高，容易腐化，散发恶臭，并且含有寄生虫卵、病原微生物等致病成分，铜、锌、铬等重金属，以及多氯联苯、二噁英等难降解有毒物质。污泥若未经有效处置直接外运倾倒或堆放实际上是将未经处置的污泥直接暴露在环境中，会严重污染环境，并且污泥腐化带来的恶臭、蚊蝇滋生等问题会严重影响环境卫生，因此应当严格禁止。填埋尽管是污泥处置消纳的可用途径之一，但是湿污泥填埋之前必须进行消化、干化、焚烧等前处理，使其减量化和稳定化。这是因为污水处理厂外运的湿污泥含水率一般达到 80%甚至更高，而且污泥中有机质没有经过充分的稳定化，如果直接进行填埋，一方面由于污泥体积大，将占用大量的土地，这在北京市是不可想象的；另一方面，直接填埋将产生大量的渗沥液和填埋气，如不进行妥善处理则会对环境造成严重危害，因此污泥直接填埋也列为本条例的禁止行为。

【参考规定】

《中华人民共和国固体废物污染环境防治法》第三条、第四条、第五条第一款，《北京市排水和再生水管理办法》第十八条第四项，《城镇污水处理厂污泥处理处置及污染防治技术政策（试行）》1.4、1.5。

> 第四十条　本市各级人民政府应当通过政府投资或者其他方式筹集资金，统筹安排建设污泥处理处置设施，将污泥处理处置规划纳入本市排水和再生水规划。
>
> 市水行政主管部门应当会同有关部门建立污泥收集、运输、处理和处置的技术标准体系和运营监管体系，规范污泥的处理处置及综合利用。

【条文主旨】

本条是有关污泥处理处置规划及建立技术标准体系和运营监管体系的规定。

【条文解读】

一、将污泥处理处置规划纳入本市排水和再生水规划

污泥是在污水处理过程中产生的一种固体废弃物，污泥处理处置设施是城镇污水处理系统的重要组成部分，在制定城镇污水处理厂规划的同时应当制定污泥处理处置规划。污泥问题是否得到很好解决，在很大程度上影响着水污染控制的成效。能否解决好污泥处理处置问题，避免二次污染，是水环境治理成功与否的关键之一。以前由于对污泥的危害认识不足，污水处理界一直存在“重水轻泥”的现象，片面追求污水处理率，没有将污泥的处理处置与污水处理厂同步进行规划和建设，使得目前本市缺乏污泥处理处置统一规划。“十二五”期间，北京市不再单独制定城镇污水处理厂规划，而是将其纳入到正在制定的北京市城市排水和再生水利用规划，污泥处理处置规划也应当纳入其中。《北京市排水和再生水管理办法》第六条第二款中明确规定，排水和再生水规划应当包括现状分析、排水量预测、排水模式、污水处理原则、设施布局和规模、再生水利用目标、污泥处置和资源化等内容。

污泥处理处置是公益事业，投资大，运行成本高，目前还难以按照完全市场化的方式运作；在项目建设实施过程中还易受到规划选址、征地拆迁、市政配套等外部不确定因素影响，因此，还需加强政府在污泥处理处置设施建设过程中的主导作用。《城镇污水处理厂污泥处理处置及污染防治技术政策（试行）》总则中 1.6 第一款规定地方人民政府是污泥处理处置设施规划和建设的责任主体。本条例第三十五条第二款规定本市各级人民政府通过政府投资或者其他方式筹集资金，统筹安排建设污水集中处理设施及配套污水管网，提高城镇污水的收集率和处理率。污泥处理处置是城镇污水处理系统的组成部分，因此，各级人民政府也应当通过政府投资或者其他方式筹集资金，统筹安排建设污泥处理处置设施。

二、建立污泥收集、运输、处理和处置的技术标准体系和运营监管体系

由于长期以来污泥处理处置没有引起足够的重视，导致污泥处理处置的监管体系还很不健全。本市还缺乏对污泥泥质的系统监测，没有将所有污水处理厂污泥纳入监测体系，同时监测指标也不全面；由于缺乏法律依据和技术标准，污泥处理处置责任不清，造成对污水处理厂污泥处理处置的监督和执法力度严重不足。此外，本市还尚未形成对污泥处理处置的全过程监管体系。

技术标准体系是运营监管体系的前提和手段，因此应当同时建立污泥处理处置的技术标准体系。我国现行污泥标准按照级别可分为国家标准和城市建设行业标准；根据标准的执行性质，可分为强制性标准和推荐性标准。污泥强制性标准主要是排放和控制标准，而我国近期颁布的一系列污泥泥质标准多为推荐性的产品标准，供污水处理厂等污泥产生单位参照执行。目前，国家涉及污泥监管的主要强制性标准包括《城镇污水处理厂污染物排放标准》（GB 18918—2002）、《农用污泥中污染物控制标准》（GB 4284—84），部分强制性标准包括《城镇污水处理厂污泥泥质》（GB 24188—2009），推荐性标准包括《城镇污水处理厂污泥处置园林绿化用泥质》（GB/T 23486—2009）、《城镇污水处理厂污泥处置混合填埋用泥质》（GB/T 23485—2009）。城市建设行业推荐性标准包括《城市污水处理厂污泥检验方法》（CJ/T 221—2005）、《城镇污水处理厂污泥处置分类》（CJ/T 239—2007）、《城镇污水处理厂污泥处置制砖用泥质》（CJ/T 289—2008）、《城镇污水处理厂污泥处置单独焚烧用泥质》（CJ/T 290—2008）、《城镇污水处理厂污泥处置土地改良用泥质》（CJ/T 291—2008）、《城镇污水处理厂污泥处置农用泥质》（CJ/T 309—2009）、《城镇污水处理厂污泥处置水泥熟料生产用泥质》（CJ/T 314—2009）。

尽管国家已经出台了一系列污泥相关标准，但是还没有形成污泥处理处置全过程污染防治的技术标准体系。近年来制定的污泥焚烧用泥质、污泥填埋用泥质等一系列泥质标准，仅限于生产运行规范，仅对采用焚烧和填埋等处置方式的污泥的性质和用量作出了规定，未对处理处置过程的污染控制作出规定。这些标准是多数国家和行业推荐性标准，并非强制性要求，在执行效力上无法满足污泥监管的需求。污泥处理处置技术标准体系应当包括污水处理厂污泥出厂控制标准，以及污泥的运输、贮存、填埋、焚烧、综合利用等污泥处理处置各环节的污染控制标准，还应包括适用于不同处置方式的污泥泥质等产品标准、污泥检验方法标准等。通过建立污泥处理处置的监管体系、技术标准体系来规范污泥的处理处置及综合利用。

市水行政主管部门是污水处理厂及再生水厂的行业主管部门，因此，由市水行政主管部门会同有关部门建立污泥收集、运输、处理和处置的技术标准体系和运营监管体系。

【参考规定】

《北京市排水和再生水管理办法》第三条、第六条第二款，《城镇污水处理厂污泥处理处置及污染防治技术政策（试行）》1.6。

第四十一条　污水处理单位对所产生的污泥的贮存、运输、处理、处置全过程承担污染防治责任，并对处理处置后的污泥的去向、用途、用量等进行跟踪、记录，不得造成二次污染。污水处理单位将产生的污泥委托其他单位处置的，应当与被委托单位约定双方的污染防治责任。

【条文主旨】

本条是关于污水处理单位对污泥处理处置全过程承担污染防治责任的规定。

【条文解读】

污水处理单位对所产生的污泥承担全过程污染防治责任主要有两方面理由。一方面，根据“谁污染谁治理”的原则，污泥是在污水处理过程中产生的，污水处理单位作为产生并外运污泥的单位，有责任解决污泥处理处置过程的污染控制问题。《中华人民共和国固体废物污染环境防治法》第十六条规定，产生固体废物的单位和个人，应当采取措施，防止或者减少固体废物对环境的污染；另一方面，污水处理单位的职责是从污水中去除污染物，减小向环境排放的污染物量，但是从污水中去除的污染物，其中相当一部分是转移到了污泥中，如果污泥没有得到无害化处置，这部分污染物最终还是要进入环境，从本质上并没有被真正去除，因此污水处理单位有责任保证从污泥出厂到最终消纳的整个过程中污泥中的污染物不会进入环境，对环境带来危害。为了加强污泥处理处置过程的污染防治，便于环境监管，分清污染防治责任，从增加条例可操作性的角度，本条规定了污泥全过程污染防治的具体方式，即污水处理单位应当对处理、处置后污泥的去向、用途、用量等进行跟踪、记录。此外，污水处理单位因为场地、污水处理规模、技术水平、经济等方面的原因，有可能自身不具备将污泥无害化消纳的客观条件，因此应当允许没有条件进行污泥处理处置的污水处理单位委托有相关资质的单位对所产生的污泥进行处理处置，但是委托处理处置并不能免除污水处理单位对污泥处理处置过程中污染防治的责任，为了便于分清污染防治责任，本条同时规定，污水处理单位将产生的污泥委托其他单位处置的，应当与被委托单位约定双方的污染防治责任。

【参考规定】

《中华人民共和国固体废物污染环境防治法》第十六条、《北京市排水和再生水管理办法》第二十二条第二款。

> 第四十二条　新建、改建、扩建污水处理设施，应当按照规划确定配套的污泥处理工艺或者措施。现有污水处理设施不能达到污泥处理标准的，应当限期进行改造完善。

【条文主旨】

本条是对污水处理设施配套污泥处理工艺或措施的规定。

【条文解读】

本条实际上是对本条例第三十九条规定的污泥源头削减原则的具体细化措施。迫于水环境质量改善的要求和国家重点污染物减排考核的压力，近年来北京市明显加快了城镇污水处理厂建设的步伐，污水处理率逐年提高，先后建成了酒仙桥、清河、高碑店、小红门等多座大型城市污水处理厂，2009 年中心城的污水处理率已经达到 94%，郊区污水处理率达到 51%。但是，在污水处理设施快速建设的同时，配套的污泥处理处置设施却相对薄弱。一方面，目前北京市大多数规模化城镇污水处理厂配套的污泥处理设施不够完善，仅仅是简单的浓缩和脱水，污水处理厂出厂污泥含水率一般达到 80%，体积庞大而且高度不稳定。2008 年，北京全市湿污泥年产量已达 106 万 t，仅次于东京，位居世界第二，而且“十二五”时期，随着本市污水处理率的继续提高，污泥产生量还会继续增加。另一方面，本市目前对污水处理厂出厂湿污泥的处置、消纳能力非常有限，尽管已经建成了庞各庄、北京水泥厂等污泥无害化处置和综合利用设施，但是设施消纳污泥的能力与污泥产生量相比，缺口仍然相当大。这种湿污泥产生量过大、消纳能力严重不足的矛盾，使得大量的湿污泥无法找到有效的出路，给环境带来严重的威胁。解决这一问题的途径有两个：一是强化污泥的厂内减量化措施，即源头削减，二是统筹安排并加快污泥无害化消纳和综合利用设施的建设，鼓励使用污泥产品。本条是针对第一个途径进行的法律规定，下面的第四十三条是针对第二个途径的法律规定。

污泥的厂内处理设施是规模化城镇污水处理厂不可或缺的组成部分。为了减小污泥末端处置消纳的压力，同时在污泥的储存、运输环节降低成本、减小环境影响，强化污泥在污水处理厂内的减量化、稳定化处理措施是非常关键的。根据欧美发达国家的经验，在大型城镇污水处理厂的总投资中，有 30%以上是用在污泥处理设施上，有时候甚至达到 50%。由于城镇污水处理厂生物处理工艺的剩余污泥含水率高达 99%以上，初沉污泥含水率也在 98%左右，污泥体积非常大，呈流体状态，因此达到一定规模的城镇污水处理厂都配套有污泥的浓缩、脱水设施，可以将污泥的含水率降低到 80%左右，污泥体积减小 10～20 倍以上，成为固体或半固体状态。而对于大型城镇污水处理厂来说，由于污泥产生的总量较大，仅有浓缩、脱水设施是不够的，应当进一步配套厌氧消化等生物处理措施。厌氧消化通常可以将污泥中的有机物减量 40%以上，使污泥基本实现稳定化，有毒污染物含量达标的消化污泥脱水、干化后一般可以直接进行土地利用或农用，同时厌氧消化还可以产生大量的沼气，通过沼气发电回收能源，减小污水处理厂的能耗，是一种符合循环经济原则、低碳、绿色的污泥减量化、稳定化方式。

鉴于北京市目前污泥处理处置面临的严峻形势，应当要求未来新建、改建、扩建的污水处理厂将污泥处理设施一步规划、建设到位，现有城镇污水处理设施的污泥处理措施应当进一步完善，达到污泥处理相关标准。借鉴《城镇污水处理厂污泥处理处置及污染防治技术政策（试行）》的相关规定，本条规定，新建、改建、扩建污水处理设施，应当按照规划确定配套的污泥处理工艺或者措施。现有污水处理设施不能达到污泥处理标准的，应当限期进行改造完善。应当说明的是，本条中的“污泥处理标准”目前主要是指《城镇污水处理厂污染物排放标准》（GB 18918—2002）、《城镇污水处理厂污泥泥质》（GB 24188—2009）等国家标准，控制的项目主要是污泥含水率、污泥中有机质含量等减量化、稳定化指标。此外，如本市制定相关的地方污泥处理标准，则首先应达到地方标准的要求。

【参考规定】

《城镇污水处理厂污泥处理处置及污染防治技术政策（试行）》2.4 条，《中华人民共和国固体废物污染环境防治法》第二十一条。

第四十三条　本市鼓励和支持通过资源综合利用方式，采用循环经济模式对污泥进行处置。

在农林、建材等生产领域利用经无害化处理的污泥的，享受国家和本市资源综合利用相关优惠政策。

政府投资的沙荒地治理、园林绿化、土壤改良等项目实施政府采购的，应当优先采购符合国家和本市相关标准的污泥衍生产品。

【条文主旨】

本条是关于鼓励污泥综合利用的规定。

【条文解读】

要解决好污泥问题，除了抓好污泥处理处置设施的建设以及设施运行中的污染控制监管以外，还应当拓宽污泥消纳的渠道，增加污泥消纳的能力，为无害化处置后的污泥和污泥产品找到最终的出路。本条规定了污泥消纳和综合利用的鼓励、引导措施。

一、鼓励和支持污泥资源综合利用

资源综合利用是我国经济和社会发展中一项长远的战略方针和重大的技术经济政策，对提高资源利用效率，保护环境，发展循环经济，建设节约型社会具有十分重要的意义。常规的污泥处置方式主要有土地利用、农用、填埋、焚烧以及其他方式的综合利用等。污泥的合理处置技术首先应根据污泥的性质、产生量，结合当地的经济发展水平、消纳途径和消纳能力的实际情况来确定，同时应当优先采用资源综合利用方式。推广污泥建材利用、热值利用、土地利用、农用等资源化综合利用措施符合循环经济的发展模式和建设环境友好型社会的要求，对此应当给予鼓励和支持。

《中华人民共和国固体废物污染环境防治法》第三条第一款规定，国家对固体废物污染环境的防治，实行减少固体废物的产生量和危害性、充分合理利用固体废物和无害化处置固体废物的原则，促进清洁生产和循环经济发展；第二款规定，国家采取有利于固体废物综合利用活动的经济、技术政策和措施，对固体废物实行充分回收和合理利用。根据国家法律的这些要求，本条规定本市鼓励和支持通过资源综合利用方式，采用循环经济模式对污泥进行处置。鼓励和支持的具体方式可以体现在政策、技术、资金、税收等各个方面。

二、利用经无害化处理的污泥的，享受国家和本市资源综合利用相关优惠政策

污泥综合利用已经列入国家《资源综合利用目录（2003 年修订）》，目录中第 22 项：利用工矿废水、城市污水及处理产生的污泥和畜禽养殖污水生产的肥料、建材产品、沼气、电力、热力及燃料。2006 年发布的《国家鼓励的资源综合利用认定管理办法》对国家层面的资源综合利用认定的程序、办法进行了详细的规定，北京市于 2008 年发布了《北京市贯彻落实国家鼓励的资源综合利用认定管理办法实施细则》（京发改[2008]1101 号），规定获得资源综合利用认定后可以享受国家有关资源综合利用优惠政策。国家现行的资源综合利用的优惠政策主要是税收优惠，依据是《关于企业所得税若干优惠政策的通知》（财税字[1994]001 号）、《财政部、国家税务总局关于资源综合利用及其他产品增值税政策的通知》（财税[2008]156 号）等文件。为了进一步推动资源综合利用，发展循环经济，国家和本市均有可能进一步研究、制定有关资源综合利用的价格、投资、财政、信贷等其他优惠政策。

对无害化处理的污泥和污泥产品进行资源综合利用，是解决污泥消纳问题的必需途径，符合循环经济和可持续发展理念，应当通过优惠政策来进行鼓励。因此，本条规定在农林、建材等生产领域利用经无害化处理的污泥的，享受国家和本市资源综合利用相关优惠政策。

三、政府采购应当优先采购符合国家和本市相关标准的污泥衍生产品

政府采购是指各级国家机关、事业单位和团体组织，使用财政性资金采购依法制定的集中采购目录以内的或者采购限额标准以上的货物、工程和服务的行为。《中华人民共和国政府采购法》第九条规定，政府采购应当有助于实现国家的经济和社会发展政策目标，包括保护环境、扶持不发达地区和少数民族地区、促进中小企业发展等。其中特别强调了政府采购应当有助于保护环境，而优先采购符合国家和本市相关标准的污泥衍生产品，就是解决污泥消纳问题，从而保护环境的重要举措。此外，《中华人民共和国清洁生产促进法》第十六条第一款规定，各级人民政府应当优先采购节能、节水、废物再生利用等有利于环境与资源保护的产品。污泥衍生产品正是属于废物再生利用类型的产品，政府应当优先采购。还有，《城镇污水处理厂污泥处理处置及污染防治技术政策（试行）》第 1.6 条第二款规定，地方人民政府应优先采购符合国家相关标准的污泥衍生产品。

根据国家上述相关法律、政策，本条规定，政府投资的沙荒地治理、园林绿化、土壤改良等项目实施政府采购的，应当优先采购符合国家和本市相关标准的污泥衍生产品。这里需要说明三点：其一，本条只针对政府采购行为，这是因为其他民间资金的采购属于市场行为，不宜进行人为干预；其二，本条特别强调了沙荒地治理、园林绿化、土壤改良等项目，这是因为这些项目特别适合采用污泥制成的肥料产品，消纳污泥的潜力比较大，而目前在这些项目中政府采购污泥产品的量还不够大，同时污泥的土地利用也是目前本市消纳污泥最主要的途径；其三，政府优先采购的前提是污泥衍生产品符合国家和本市相关标准，这里的“标准”，重点是指污泥衍生产品中重金属等有毒物质的含量，这是为了避免污泥产品中的有毒物质在污泥消纳过程中对土壤、水源造成污染。

【参考规定】

《中华人民共和国固体废物污染环境防治法》第三条第一款和第二款，《中华人民共和国政府采购法》第九条，《中华人民共和国清洁生产促进法》第十六条第一款，《中华人民共和国循环经济促进法》第四十一条第二款、第四十七条，《城镇污水处理厂污泥处理处置及污染防治技术政策（试行）》第 1.6 条，《北京市排水和再生水管理办法》第五条、第二十二条第三款。

第四节　农村和农业水污染防治

第四十四条　本市应当根据水资源承载力和水污染防治的要求，优化农村产业结构和产业发展布局，发挥农业的生态功能。

【条文主旨】

本条是关于农业水污染防治的原则和方向的规定。

【条文解读】

本条在产业结构和产业布局的宏观层面，从水资源承载力和水污染防治的角度，对农村和农业发展提出两个基本要求：一是要优化产业结构和布局；二是要发挥农业的生态功能。北京是严重缺水的城市，伴随而来的水污染问题也比较突出。农业既是耗水大户，也是水污染物排放大户，尽管农业的产值在 GDP 中占的比重非常小，但是由于关系着农产品保障和广大农民的生活水平，农业的重要性不言而喻。因此，如何在发展农业的同时，尽可能减小农业给水资源和水环境带来的压力，成为北京市未来相当长的时期内面临的严峻挑战。本条例在立法过程中，始终力求在农业水污染防治方面有所突破和创新，而本条关于农业水污染防治的原则性、方向性的规定，就是创新的重要内容之一。

一、优化产业结构和布局

产业结构是指各产业的构成及各产业之间的联系和比例关系，农村的产业结构是指在农村经济中第一、第二、第三产业的比例关系和结合形式，常用各产业的产值和各产业占用的劳动力数在农村经济总产值和农村总劳动力中所占的比重来反映，其中第一产业包括种植业、养殖业，第二产业包括农产品加工业以及其他乡镇企业，第三产业主要是农业服务业。本条要求农村产业结构需根据水资源承载力和水污染防治的要求进行优化，例如，在水资源条件相对好，或再生水使用方便的地区可以适度保持第一产业的比重；在水环境污染严重的地区要压缩第二产业，适度扩大第三产业比重。产业布局是指产业在一地区范围内的空间分布和组合的经济现象。产业布局在静态上看是指形成产业的各部门、各要素、各链环在空间上的分布态势和地域上的组合，在动态上，产业布局则表现为各种资源、各生产要素甚至各产业和各企业为选择最佳区位而形成的在空间地域上的流动、转移或重新组合的配置与再配置过程。农村的产业布局直接决定了水污染物排放的空间分布，布局的优化就是要促使水污染物排放的空间分布与当地水环境容量、水资源承载力的分布相吻合、相协调。

农业的结构、布局这两个基本要素的合理配置对提升农村水污染防治的总体水平相当关键。不同的产业结构和产业布局对水环境质量的影响也不同，通过优化农村产业结构和产业布局可以减少污染物排放，使污染物的空间分布适应环境和资源的特点，从而有利于水污染防治工作的开展，提高水环境质量。因此，本条规定本市应当根据水资源承载力和水污染防治的要求，优化农村产业结构和产业发展布局。

二、发挥农业的生态功能

实际上，农业具有许多方面的功能，以往人们往往只强调农业的生产功能，这样的结果就是只追求产量，不注重环境和谐，造成水资源、化肥、农药的浪费和面源污染的加剧。1999 年法国颁布的《农业指导法》首次提出了“多功能农业”，突出了农业的生态功能，强调农业不仅是一个产业部门，而且与国土整治、动植物保护、生态优化息息相关。比法国稍后，日本也提出“农业的多样化机能”，即农业不仅生产农产品，还有保护自然、稳定生态、使人与自然和谐相处等机能。《中华人民共和国农业法》第四条规定，国家采取措施，保障农业更好地发挥在提供食物、工业原料和其他农产品，维护和改善生态环境，促进农村经济社会发展等多方面的作用。其中强调了农业在维护和改善生态环境方面的作用。强调农业的生态功能，就是将农业变成人类与自然界的一个巨大的接口和缓冲带，使农业生产的负环境作用变成正环境效益。

从水污染防治的角度，发挥农业的生态功能包括两方面的含义，一是减少资源和能源消耗，通过提高水资源的利用率、营养物的吸收率、太阳能的固定率、生物能的转化率、废弃物的再循环率，促进物质和能量在农业生态系统内部的循环和重复利用，以尽可能少的消耗，求得尽可能多的产出，从而节约水资源，减少农业向水体排放的污染物；二是将农业作为一种生态工程，发挥其保持水土、涵养地下水、消纳污泥、净化水质，以及作为河湖生态屏障等生态功能。

【参考规定】

《中华人民共和国农业法》第四条、第十六条第六款、第五十七条第一款，《中华人民共和国循环经济促进法》第二十四条。

第四十五条 区、县和乡镇人民政府应当对未纳入城镇污水管网的村庄的生活污水进行治理，优先采用生态、低能耗、资源化的污水处理技术；对在饮用水源保护区、河道两侧等重点区域的村庄，应当建设集中污水处理设施，并保证建设及运转资金。

【条文主旨】

本条规定了农村生活污水治理的原则和要求。

【条文解读】

首先，明确规定未纳入城镇污水管网的村庄生活污水应当进行治理，在治理技术上强调生态、低能耗和资源化，在治理方式上要求对饮用水源保护区、河道两侧等重点区域的村庄，污水治理采取集中处理的方式；其次，明确规定区、县和乡镇人民政府在村庄生活污水治理中的职责，强调保证建设及运转资金。

一、因地制宜解决农村生活污水治理问题

目前，北京市已建成的村级污水处理站远远不能满足农村生活污水治理的需求，大量未经治理的村庄生活污水要么以面源污染的形式渗入地下，威胁地下水水质，要么通过沟渠进入地表水体，影响地表水环境质量。因此，必须对农村生活污水进行治理，本条首先明确区、县和乡镇人民政府应当对未纳入城镇污水管网的村庄的生活污水进行治理。同时，由于农村在自然环境、生产和生活方式、居民分布、经济水平等方面都与城市差别较大，因此农村生活污水在治理技术、治理方式上应当充分考虑农村的特点，体现因地制宜的原则。

在农村生活污水治理技术上应当优先采用生态、低能耗和资源化的污水处理技术。生态处理技术以土地处理、人工湿地、氧化塘等工艺为代表，这些技术切合农村的实际情况，普通农民就可以较好地进行处理设施的运行管理，还可以与农村生态建设相结合，而且建设和运行费用都比较低廉；低能耗处理技术的优势是节约运行能耗和成本，适合于经济水平相对不高、能源供给不充足的农村地区，有利于解决农村污水处理设施运行经费不足的问题；资源化处理技术主要是强调污水处理后回用于农业灌溉，这一方面有助于节约大量灌溉用的新鲜水，缓解本市水资源短缺的矛盾，另一方面污水中含有的氮、磷等营养物质可以补充土壤肥分，减少化肥的施用量，有助于农业面源污染防治，并且农村生活污水中一般不含有毒、持久性污染物，污水回用是安全的。

在农村生活污水治理方式上应当具体情况具体分析，集中处理和分散治理相结合，不宜搞一刀切。对饮用水源保护区、河道两侧等重点区域的村庄，应当将污水收集后采用集中处理的方式，建设污水集中处理设施，并将处理后的污水进行回用，这是保障饮用水安全和提升地表水体环境质量所要求的。而对于规模不大、住户分散、生活污水对饮用水源和地表水环境没有直接威胁的村庄，如果一味要求污水集中收集和处理，由于污水管网成本、处理设施的建设和运行成本都比较高，而能够收集到的污水量却非常有限甚至根本收集不到污水，污水治理资金的使用效率会非常低，对水污染防治工作来说是不利的。因此对这一类村庄，更适合通过推行改厕、建设沼气池等方式进行生活污水的分散治理。

二、明确政府职责，保证污水处理的建设及运转资金

本条明确规定了区、县和乡镇人民政府对村庄生活污水进行治理的职责。农村生活污水的治理，不仅是水污染防治的需求，也是社会主义新农村建设的重要内容，属农村公共事业，对提升农村环境质量、改善农民的生产生活环境具有重要意义，应当由政府主导进行。

目前本市农村生活污水治理率比较低，主要原因是建设和运行经费得不到保障。一方面，出于水环境安全保障的需求，农村污水治理的投资力度还需要加强；另一方面，农村地区没有征收污水处理费，村级污水处理设施的运行经费主要来源于村委会公共经费，由于农村地区财政经费本身不足，无法保证污水处理设施运行的稳定资金来源。在现阶段大多数农村无力通过自筹资金建设、运行污水处理设施的情况下，需要区、县和乡镇政府统筹解决。

【参考规定】

《加强农村环境保护工作意见》（国办发[2007]63号）。

第四十六条　市和区、县农业行政主管部门应当对畜禽养殖、水产养殖及种植业水污染防治进行监督管理，对农业生产环境进行监测，加强农业水污染防治的业务指导。

【条文主旨】

本条是对农业行政主管部门在农业水污染防治中的职责的规定。

【条文解读】

目前本市农业水污染主要来源于畜禽养殖业、水产养殖业和种植业，农业水污染物的排放量在全市水污染物排放量中所占比例较大。在当前工业和城镇水污染控制已经达到一定水平的情况下，农业水污染防治工作相对滞后，对水环境质量影响较大，可以说，不解决农业水污染问题，本市水环境质量很难得到根本改善。但是由于农业污染源分散、治理技术难度大、治理成本高、监管困难等方面的原因，使得农业水污染防治工作面临较大困难。多年的实践证明，片面强调污水处理达标排放的农业污染源末端治理模式很难收到实质成效，农业水污染控制应当重点强调源头削减和综合利用，应当将水污染控制贯彻于农业的生产过程中。

与环保部门相比，农业行政主管部门更加熟悉、掌握农业生产的各个环节，对农业水污染防治进行监管具有明显优势。如果农业行政主管部门能够配合农业生产指导开展水污染防治工作，将取得更佳效果。明确农业行政主管部门的水污染防治监管职责，将促使其在发展农业生产的同时加强水污染防治工作，有利于解决农业水污染问题。《中华人民共和国水污染防治法》第八条第三款规定，县级以上水行政、国土资源、卫生、建设、农业、渔业等部门以及重要江河、湖泊的流域水资源保护机构，在各自的职责范围内，对有关水污染防治实施监督管理。《国务院关于落实科学发展观加强环境保护的决定》规定，建设、国土、水利、农业、林业、海洋等有关部门要依法做好各自领域的环境保护和资源管理工作。因此，本条规定农业行政主管部门应当对农业水污染防治进行监督管理，对农业生产环境进行监测，加强农业水污染防治的业务指导。

【参考规定】

《中华人民共和国水污染防治法》第八条第三款，《中华人民共和国农业法》第六十六条，《国务院关于落实科学发展观加强环境保护的决定》。

> 第四十七条　本市鼓励畜禽养殖场、养殖小区采取生态养殖方式。建设规模化畜禽养殖场、养殖小区，应当符合本市农业水污染防治规划的要求，并配套建设集中式畜禽粪污综合利用设施或者无害化处理设施。规划禁养区内已有的畜禽养殖场、养殖小区项目，由所在地区、县人民政府限期拆除。
>
> 规模化畜禽养殖企业应当采取防渗漏、防流失、防遗撒措施，防止畜禽养殖废水、粪污渗漏、溢流、散落对环境造成污染。

【条文主旨】

本条是关于规模化畜禽养殖水污染防治的规定。

【条文解读】

畜禽养殖业水污染物排放量较大，对水环境造成严重威胁。因此畜禽养殖污染防治是本市水污染防治的重点工作。畜禽养殖有规模化和非规模化之分，非规模化养殖主要是家庭散养，由于其地点分散，对环境的威胁相对小，且无法单独配套污染治理设施，适合就地进行综合利用或通过农村环境综合整治、农村生活污染治理措施来解决其污染问题，因此本条只针对规模化畜禽养殖的水污染防治进行规定。"规模化畜禽养殖场"是指存栏量或出栏量达到国家或本市环境保护行政主管部门规定数量的养殖场。目前，国家《畜禽养殖业污染物排放标准》（GB 18596—2001）和《畜禽养殖污染防治管理办法》等文件对环境保护行政主管部门应监管的养殖场规模作了明确规定。"养殖小区"是指在远离村庄、居民生活区的地方划出的专门供养殖户从事畜禽养殖的区域，是集约化畜禽养殖的一种特殊形式，养殖小区不一定是一个养殖户拥有，可以是多个养殖户共同拥有。“规模化养殖小区”认定的养殖规模与“规模化畜禽养殖场”相同。

按照本条规定，规模化畜禽养殖水污染防治包括三个环节：一是鼓励采取生态养殖方式，实现污染物的源头控制；二是要求按照农业水污染防治规划的要求建设规模化畜禽养殖场和养殖小区，配套建设集中式粪污综合利用或无害化处理设施，规划禁养区内的项目限期拆除；三是采取措施防止生产过程和运输过程中畜禽粪污、废水对环境的污染。

一、鼓励生态养殖方式

由于养殖场排放的废水、粪污中污染物浓度较高，化学需氧量一般达到几千甚至上万毫克每升，与生活污水处理相比，养殖废水处理的技术难度、成本都很高。但是，养殖业是微利行业，又是国家重点扶持农民致富的一个行业，在目前的技术经济条件下，大部分养殖场都很难承担废水治理费用。而且，受区域、经济等条件限制，一般养殖场都不具备运营、维护废水处理设施的专业人员，即使建设废水处理设施，也不能保证养殖废水的达标排放。因此，养殖场的污染治理按照传统工业污染源末端治理、达标排放的治理模式是行不通的，应当首先强调污染物的源头控制，生态养殖就是重要的源头控制措施。本款中的“生态养殖方式”是指运用生态学原理，根据不同养殖生物间的共生互补原理，利用自然界物质循环系统，在一定的养殖空间和区域内，通过相应的技术和管理措施，使不同生物在同一环境中共同生长，以取得最佳的环境效益和经济效益的养殖方式。生态养殖贯彻了农业循环经济理念，在养殖生产环节控制污染，可以大大减少终端污染物的产生量，因此，本条规定本市鼓励畜禽养殖场、养殖小区采取生态养殖方式。

二、按照规划的要求来控制畜禽粪污的污染

畜禽养殖业本身的特点决定了必须改变传统的一味强调末端治理的污染控制模式，除了采用生态养殖方式进行污染物的源头控制以外，对养殖的结构和布局进行科学规划，以及建设粪污综合利用设施是另外两个关键的污染控制手段。本条例第十二条第四款规定，市农业行政主管部门应当会同有关部门，根据水污染防治专项规划，结合环境承载力和农产品保障的要求，编制农业水污染防治规划，确定畜禽、水产养殖及农业种植的规模、结构和布局等内容，并组织实施。根据这个要求，在制定农业水污染防治规划的时候，就应当科学谋划本市畜禽养殖的结构和布局，划定畜禽养殖的禁养区和限养区。为了保证规划落实到位，本条规定，建设规模化畜禽养殖场、养殖小区，应当符合本市农业水污染防治规划的要求，并配套建设集中式畜禽粪污综合利用设施或无害化处理设施，规划禁养区内已有的畜禽养殖场、养殖小区项目，由所在地区、县人民政府限期拆除。

三、防止畜禽养殖和粪污运输过程中的污染

本条第二款要求规模化畜禽养殖企业在养殖过程和畜禽粪污运输过程中要采取措施，防止畜禽排放的污染物对环境造成污染。畜禽养殖废水、粪污中污染物浓度高，因此，要严防其渗漏、溢流、散落对环境造成的污染。《畜禽养殖污染防治管理办法》（国家环保总局令第 9 号）第十三条规定，畜禽养殖场必须设置畜禽废渣的储存设施和场所，采取对储存场所地面进行水泥硬化等措施，防止畜禽废渣渗漏、散落、溢流、雨水淋失、恶臭气味等对周围环境造成污染和危害。畜禽养殖场应当保持环境整洁，采取清污分流和粪尿的干湿分离等措施，实现清洁养殖；第十六条规定，运输畜禽废渣，必须采取防渗漏、防流失、防遗撒及其他防止污染环境的措施，妥善处置贮运工具清洗废水。

【参考规定】

《中华人民共和国水污染防治法》第四十九条、《中华人民共和国农业法》第六十五条第三款、《中华人民共和国循环经济促进法》第三十四条、《中华人民共和国固体废物污染防治法》第二十条、《关于加强农村环境保护工作的意见》、《畜禽养殖污染防治管理办法》（国家环保总局令第 9 号）。

第四十八条　市和区、县人民政府应当制定政策，鼓励、引导建设集中式畜禽粪污综合利用或者无害化处理设施，引入市场化机制进行运营。

【条文主旨】

本条是关于集中式畜禽粪污综合利用或无害化处理设施的规定。

【条文解读】

一、政府主导鼓励对畜禽粪污集中处理和利用

目前北京市畜禽养殖业污染物排放量大，以规模化养殖场为例，2008 年产生的粪污约 584 万 t，已成为本市主要的面源污染物。畜禽养殖业粪污中污染物浓度高，对环境的危害十分严重，与此同时，本市的集中式畜禽粪污综合利用和无害化处理设施严重不足，更加剧了养殖粪污对环境的污染。畜禽粪污排入水体会造成严重的污染，但处理得当却是很好的资源，畜禽养殖产生的粪污是可以综合利用、变废为宝的，粪污通过厌氧生物处理能够产生清洁能源沼气，发酵残渣可以用于制造有机肥，畜禽粪污还可以通过好氧处理直接堆肥制造有机肥。但是，在实际中，畜禽粪便的综合利用率并不高，主要是因为目前小规模的畜禽粪污综合利用项目缺乏规模效益，一两个养殖场产生的沼气不足以供应更多农户需求，很难做到盈利模式。另外，与化肥相比，有机肥的价格、肥效方面不具备优势，农民使用意愿不高，导致有机肥的生产规模不大，综合利用粪污能力有限。从总体上来看，由于畜禽粪污综合利用缺乏鼓励和引导机制，普遍存在企业对投资畜禽粪污综合利用和无害化处理项目缺乏热情、农民对粪便无害化产品的使用积极性不高等问题，因此，需要政府主导，通过制定相关政策，鼓励和引导建设集中式粪污综合利用和无害化处理设施。

二、推进畜禽粪污综合治理设施的市场化运营

本条规定各级政府在畜禽粪污治理过程中要利用政策杠杆引入社会资金来建设和运营粪污综合利用、无害化处理设施。市场化机制进行设施运营的优势是显而易见的，不仅可以加快推进畜禽养殖业的水污染防治工作，改善水环境质量，而且能够减轻政府财政压力，发展农村经济，解决农村的能源问题，还可以通过竞争机制保障粪污处理的质量和效率。尽管目前畜禽粪污综合利用项目盈利较为困难，但是应该看到，农村地区有机肥、沼气等产品的潜在需求量还是很大的，经验证明，如果政府合理引导，畜禽粪污综合治理设施的运营完全可以做到盈利。因此，各级政府应当制定用地、价格、税收、信贷等方面的优惠政策，才能培育和促进畜禽粪污综合利用产业的发展，为农业畜禽养殖粪污的处置寻求出路。

【参考规定】

《中华人民共和国水污染防治法》第四十九条第一款。

第四十九条　水产养殖的排水直接排入地表水体的，应当达到受纳水体水环境功能区的要求。

【条文主旨】

本条是关于水产养殖业水污染控制的规定。

【条文解读】

为了严格控制水产养殖业污染物排放，本条要求水产养殖排水水质达到受纳水体水环境功能区的要求。这一要求尽管严格，但却是非常必要和充分可行的。从产业状况来看，目前本市水产养殖业总体规模不大，水产品产量稳定在 7 万 t 左右，只占全市消费量的 15%，大部分水产品需要从外地调运。水产养殖不仅容易造成水污染，而且是耗水大户，在水资源严重短缺的情况下，本市应当适度控制水产养殖的规模。出于饮用水源保护的需求，水库网箱养殖在本市范围内已经基本得到有效控制，目前本市水产养殖模式主要包括池塘养殖和流水养殖。池塘养殖可以通过适当措施做到基本不排放污水，而且池塘养殖多数位于城市中下游，受纳水体多为 V 类，即使排水也能够通过适当的技术措施将排水处理达到水环境功能区要求。而流水养殖多数是养殖虹鳟鱼等名贵冷水鱼，需要利用上游新鲜来水形成鱼塘内水体流动，以保证鱼塘中较高的溶解氧和较低的水温，所以流水养殖一般都建在水质较好的河流源头地区，流水养殖投放的鱼饵、鱼药和游客产生的生活污水如果得不到有效处理会严重污染这些环境敏感区的水质，威胁饮用水安全，因此必须从严进行污染控制。要求流水养殖的排水达到水环境功能区的水质标准，实际上是要求养殖户在获取经济效益的同时不得以牺牲环境为代价，不得恶化环境水质，从环境准入的角度，本条规定将有助于控制流水养殖业的无序发展。

【参考规定】

《中华人民共和国农业法》第六十三条第一款。

第五十条　本市鼓励种植业通过推行测土配方施肥、病虫害生物防治等措施，提高肥料使用效率，合理使用有机肥和化肥，减少化学农药施用量，防止污染水环境。

【条文主旨】

本条是防止种植业面源污染的规定。

【条文解读】

化肥、农药的使用在提高土地生产力和农作物产量的同时，也带来一系列的环境问题。实际上，对农田施用的化肥并不能全部被作物利用，对作物喷洒的农药也不能全部作用于害虫，残留在土壤中的化肥、农药随灌溉水或雨水径流进入水体或下渗到地下含水层，污染地表、地下水体。化肥中主要成分氮、磷是造成水体富营养化的主要原因。目前，本市化肥、农药普遍存在过量施用现象，农业面源污染已经成为水环境污染的主要问题之一。因此，要鼓励和引导对农药和化肥的合理使用，并尽量使用环境危害小的替代品。

对于农业环境保护，人们往往存在一个误区，就是有机肥好，化肥不好，其实，有机肥和化肥都是富含农作物生长所需氮、磷、钾元素的物质，过度施用都会造成水环境污染，因此，本条强调推行测土配方施肥措施，就是要提高肥料使用效率，合理使用有机肥和化肥，减少农业面源污染。本条中“测土配方施肥”是指以土壤测试和肥料田间试验为基础，根据作物需肥规律、土壤供肥性能和肥料效应，在合理施用肥料的基础上，提出氮、磷、钾及中量、微量元素等肥料的施用数量、施肥时期和施用方法。通俗地讲，测土配方施肥就是在农业科技人员指导下科学施用配方肥。测土配方施肥技术的核心是调节和解决作物需肥与土壤供肥之间的矛盾，同时有针对性地补充作物所需的营养元素，作物缺什么元素就补充什么元素，需要多少补多少，实现各种养分平衡供应，满足作物的需要，达到提高肥料利用率和减少用量，提高作物产量，改善农产品品质，节省劳力，节支增收的目的。

根据《农药管理条例》，农药是指用于预防、消灭或者控制危害农业、林业的病、虫、草和其他有害生物以及有目的地调节植物、昆虫生长的化学合成或者来源于生物、其他天然物质的一种物质或者几种物质的混合物及其制剂。本条中的“化学农药”是指利用化学品原料人工合成的农药，不包括生物农药和利用天然物质制造的农药，化学农药一般药效高、见效快、用途广，但是在环境中降解缓慢，环境危害大。本条中“病虫害生物防治”是指利用一种生物对付另外一种生物的病虫害防治方法，大致可以分为以虫治虫、以鸟治虫和以菌治虫三大类。病虫害生物防治主要利用了生物物种间的捕食、拮抗关系，以一种或一类生物抑制另一种或另一类生物的生长，能够有效降低杂草和害虫等有害生物种群密度。这种方法的最大优点是不污染环境，是农药等非生物防治病虫害方法所不能比拟的。因此，本条鼓励采用病虫害生物防治措施控制农业害虫，减少化学农药的施用量，减轻农业环境污染。

【参考规定】

《中华人民共和国环境保护法》第二十条，《中华人民共和国水污染防治法》第四十八条，《中华人民共和国农业法》第五十八条第一款、第六十五条第一款，《中华人民共和国循环经济促进法》第二十四条，《中华人民共和国清洁生产促进法》第二十二条第一款，《国务院关于加强农村环境保护工作的意见》。

第五节 水污染事故处置

> 第五十一条 本市各级人民政府负责组织突发水污染事故的应急准备、应急处置和事后恢复等工作。
>
> 造成水污染事故的单位和个人应当承担事故的处置和事后恢复责任，对受到损失的单位或者个人依法进行赔偿。

【条文主旨】

本条规定了应对和处理突发水污染事故中政府、责任单位和个人的职责。

【条文解读】

突发环境事件指突然发生，造成或者可能造成重大人员伤亡、重大财产损失和对全国或者某一地区的经济社会稳定、政治安定构成重大威胁和损害，有重大社会影响的涉及公共安全的环境事件。依据突发环境事件的发生过程、性质和机理，我国《国家突发环境事件应急预案》将突发环境事件分为三类：第一，突发环境污染事件，包括重点流域、敏感水域水环境污染事件，重点城市光化学烟雾污染事件，危险化学品、废气化学品污染事件，海上石油勘探开发溢油事件，突发船舶污染事件等；第二，生物物种安全环境事件；第三，辐射环境污染事件。本条例中突发水污染事故属于突发环境事件的一种类型。

一、政府负责组织突发水污染事故的应急准备、应急处置和事后恢复

本条第一款是要求本市各级人民政府做好突发水污染事件的应急准备、应急处置和事后恢复等组织工作，这也是《中华人民共和国突发事件应对法》的要求。政府组织的应急准备主要包括政府有关部门针对具体可能发生的水污染事故编制应急预案、组织应急演习、检查督促可能发生水污染事故的企业事业单位做好相关应急准备等工作；政府组织的应急处置主要包括立即上报本级政府，迅速采取措施遏制污染扩展，组织专业人员进行监测，根据需要适时发布预警信息等工作；政府组织的事后恢复主要包括依法追究肇事责任人的责任、对其进行处罚，督促责任人消除因事故所造成的影响，要求责任人对受到损失的单位或者个人依法进行赔偿等工作。

二、造成水污染事故的单位和个人的责任

本条第二款规定，一旦发生事故，造成水污染事故的责任单位和个人对事故处置、恢复和赔偿等工作承担责任。责任单位和个人对事故的处置、恢复和赔偿工作主要包括：采取措施阻止污染继续，采取措施消除污染引起的环境问题，对因水污染事故受到人身、财产损失的单位和个人依法进行赔偿，主动接受有关部门的处罚等。

【参考规定】

《中华人民共和国水污染防治法》第六十六条、第八十三条、第八十五条第一款，《中华人民共和国突发事件应对法》第七条第一款、第九条。

第五十二条　可能发生水污染事故的企业事业单位，应当制定有关水污染事故的应急方案，建设事故状态下的水污染防治设施，储备相应的应急救援物资，做好应急准备，并定期进行演练。

生产、使用、储存危险化学品的企业事业单位，应当在其储存场所建立防渗漏围堰，在厂区修建消防废水、废液的收集装置，采取措施防止在处理安全生产事故过程中产生的可能严重污染水体的消防废水、废液排入水体。

【条文主旨】

本条是关于可能发生水污染事故的企业事业单位做好水污染事故应急准备工作的规定。

【条文解读】

一、企事业单位的应急准备

关于本条中“可能发生水污染事故的企业事业单位”如何界定

的问题，《中华人民共和国突发事件应对法》第二十条作出了概括性规定，县级人民政府应当对本行政区域内容易引发自然灾害、事故灾难和公共卫生事件的危险源、危险区域进行调查、登记、风险评估，定期进行检查、监控，并责令有关单位采取安全防范措施。省级和设区的市级人民政府应当对本行政区域内容易引发特别重大、重大突发事件的危险源、危险区域进行调查、登记、风险评估，组织进行检查、监控，并责令有关单位采取安全防范措施。县级以上地方各级人民政府按照本法规定登记的危险源、危险区域，应当按照国家规定及时向社会公布。

本条的第一款是规定可能发生水污染事故的企事业单位要做好应急准备，应急准备主要包括以下几方面：

一是“应急方案”，指面对突发水污染事故的应急管理、指挥、救援的计划。应急方案一般有四种类型，（1）应急行动指南或检查表，是针对已辨识的危险制定应采取的特定的应急行动；（2）应急响应预案，是针对现场每项设施和场所可能发生的事故情况，编制的应急响应预案；（3）互助应急预案，是相邻单位为在事故应急处理中共享资源，相互帮助制定的应急预案；（4）应急管理预案，是综合性的事故应急预案，这类预案详细描述事故前、事故过程中和事故后何人做何事、什么时候做、如何做。

二是“建设事故状态下的水污染防治设施”，指建设为防止事故造成水污染的固定设施，例如消防废水、废液的收集装置。

三是“储备相应的应急救援物资”，指水污染事故处置阶段所需要的物资、设备等，一般包括通信设备、分析检测设备、消防器材、防毒防爆器具、机械和工具、运输设备、堵漏工具、警戒警示用品、医疗器材、药品、防护用品、被服及其他救援物资，以便救护人员迅速开展事故救急，减轻健康危害，控制环境污染。

四是“定期进行演练”，应急演练是为检验应急方案的有效性、应急准备的完善性、应急响应能力的适应性和应急人员的协同性而进行的一种模拟应急响应的实践活动，根据所涉及的内容和范围的不同，可分为单项演习、综合演习和指挥中心与现场应急组织联合进行的联合演习。

二、生产、使用、储存危险化学品的企业事业单位的应急准备的特殊要求

本条第二款是对生产、使用、储存危险化学品的企业事业单位的应急准备的特殊要求，规定其除按照本条第一款规定做好应急准备外，还应在储存危险化学品的场所建立防渗漏围堰，在厂区修建消防废水、废液的收集装置，防止爆炸或泄漏引发水体污染。这一款的提出主要是吸取吉林中石油双苯厂发生爆炸事故后消防废液进入城市污水管网导致松花江环境污染的教训。2005 年 11 月 13 日，中石油吉林石化公司双苯厂发生爆炸事故，由于未设消防废液收集池，大量含有苯类污染物的消防废液进入松花江水体，引发重大水环境污染事件。本款说明了“生产、使用、储存危险化学品的企业事业单位”一定是“可能发生水污染事故的企业事业单位”，必须按规定作好应急准备工作。

【参考规定】

《中华人民共和国水污染防治法》第六十七条，《中华人民共和国突发事件应对法》第十七条、第二十条。

第五十三条　企业事业单位发生事故或者其他突发性事件，造成或者可能造成水污染事故的，应当立即启动本单位的应急方案，采取应急措施，并向市或者区、县人民政府或者环境保护行政主管部门报告。环境保护行政主管部门接到报告后，应当及时向本级人民政府报告，并抄送有关部门。

环境保护行政主管部门应当会同水行政主管部门等相关部门及时对水污染事故可能影响的区域进行监测，督促造成事故的单位和个人妥善处理事故造成的水体污染。

【条文主旨】

本条是关于事故单位、环境保护主管部门、水行政主管部门在水污染事故发生后应该采取的应急措施的规定。

【条文解读】

本条规定，企业事业单位发生事故或其他突发事件，造成或可能造成水污染事故时，首先应立即启动应急预案，尽最大可能开展应急行动，减轻人员、财产损失以及环境污染，同时向人民政府或环境保护主管部门上报。环境保护主管部门接到上报，应立即向本级政府报告，并抄送有关部门。由于北京市已经将市非紧急救助服务中心、市应急指挥中心、市紧急报警服务中心等市级信息服务平台互相联网，形成了信息资源共享、互相配合、保障有力的城市减灾应急服务机制，所以，发生水污染事故时，向所在人民政府或环境保护主管部门报告都可以。

本条第二款规定了水污染事故发生后，环境保护主管部门要会同水行政主管部门开展相关环境监测。监测的目的是根据水污染事故的情况，对污染势态进行预测，为政府部门和责任单位采取水污染防治措施提供依据，对事故的环境污染程度和可能的危害范围作出判断，以便及时通知可能受到污染危害的单位和居民个人，减少事故影响。同时还应指导并督促造成事故的单位和个人妥善处理事故造成的水体污染。

【参考规定】

《中华人民共和国水污染防治法》第六十八条。

> 第五十四条　市和区、县人民政府及有关部门应当依法公开水污染事故的预警信息和应对情况，将事故信息和应当注意的事项及时告知可能受到影响的单位和个人。

【条文主旨】

本条是对政府部门发布水污染事故预警和应对情况的规定。

【条文解读】

污染事故预警，是对突发性水污染事件发生前的迹象或征兆进行监视、预测，并由此作出警示的活动。进行监测和及时预警可以使人们及时发现危机产生的迹象、征兆及其发展趋势，及时捕捉带有倾向性、潜在性问题，可以在突发水污染事件来临时为人们赢得一定的先机，及时制定、采取应对措施，减少突发事件带来的危害。

考虑到水污染事故可能给公众健康、单位利益带来危害，本条规定，市和区、县人民政府及有关部门应当依法公开水污染事故的预警信息和应对情况，将事故信息和应当注意的事项及时告知可能受到影响的单位和个人。这是为了保障公众对水污染事故的知情权，以便有关单位和个人提前采取应对措施，预防和减少水污染事故可能带来的公共危害以及人员、财产、环境的损失。

关于事故预警的具体方式，《中华人民共和国突发事件应对法》第四十二条规定，国家建立健全突发事件预警制度；可以预警的自然灾害、事故灾难和公共卫生事件的预警级别，按照突发事件发生的紧急程度、发展势态和可能造成的危害程度分为一级、二级、三级和四级，分别用红色、橙色、黄色和蓝色标示，一级为最高级别；预警级别的划分标准由国务院或者国务院确定的部门制定。同时，根据该法第四十三条之规定，只有“县级以上地方各级人民政府”才有权根据有关法律、行政法规和国务院规定的权限和程序，发布相应级别的警报，决定并宣布有关地区进入预警期，其他单位或个人无权发布事故预警信息。

【参考规定】

《中华人民共和国突发事件应对法》第四十二条、第四十三条。

第四章　饮用水水源与地下水保护

本章是关于饮用水水源与地下水保护的规定，共 11 条，主要内容包括饮用水水源保护区的划分，饮用水水源保护区和准保护区内建设项目及其他活动的限制措施，对地下水开采、地热资源开发利用、人工回灌补给地下水以及其他活动的污染控制措施。

> 第五十五条　本市实行饮用水水源保护区制度。饮用水水源保护区分为一级保护区和二级保护区；在饮用水水源保护区外围可以划定一定区域作为准保护区。
>
> 跨区、县供水的饮用水水源保护区和准保护区的划定，由市环境保护行政主管部门会同市水行政、国土资源、规划、卫生、住房和城乡建设、园林绿化等相关行政主管部门提出方案，报市人民政府批准。其他饮用水水源保护区和准保护区的划定，由区、县人民政府提出方案，报市人民政府批准。
>
> 市人民政府可以根据饮用水水源保护的需要，调整饮用水水源保护区和准保护区的范围，确保饮用水安全。

【条文主旨】

本条是对饮用水水源保护区制度的规定。

【条文解读】

饮用水水源保护区制度是我国饮用水水源保护的基本制度。饮用水水源保护区是指为防止饮用水水源地污染、保证水源地环境质量而划定，并要求加以特殊保护的一定面积的水域和陆域。饮用水水源保护区分为地表饮用水水源保护区和地下饮用水水源保护区，地表饮用水水源保护区包括一定面积的水域和陆域，地下饮用水水源保护区指地下饮用水水源地的地表区域。

本条对本市实行饮用水水源保护区制度的有关内容进行了规定，主要有三个方面：一是饮用水水源保护区分级；二是饮用水水源保护区划定的责任部门和程序；三是饮用水水源保护区的调整。

本市集中式饮用水水源地包括地表饮用水水源地和地下饮用水水源地。目前在用地表饮用水水源地水质总体良好，密云水库和怀柔水库水质一直保持在《地表水环境质量标准》（GB 3838—2002）中的Ⅱ类标准。地下饮用水水源地水质基本符合《地下水质量标准》（GB/T 14848—93）中的Ⅲ类标准。本市的集中式饮用水水源地均已划分了保护区。

一、饮用水水源保护区分级

饮用水水源保护区制度是国内外普遍采用的饮用水水源保护制度，实践证明，对保护饮用水水源发挥了重要作用。《中华人民共和国水污染防治法》第五十六条第一款明确规定了我国实行饮用水水源保护区制度，并且规定保护区分为一级保护区和二级保护区，此外还规定在饮用水水源保护区外围可划定准保护区。不同级别的保护区要求的水质不同，采取的保护管理措施也不同。对保护区实行分级管理，体现宽严有别，实现保护与发展的协调。饮用水水源保护区的科学划定是保护区分级管理的基础，如果水源保护区的划定不合理，那么分级管理制度就毫无意义。科学合理地划定保护区对于水源保护区的污染防治至关重要，应当根据《饮用水水源保护区污染防治管理规定》和《饮用水水源地保护区划分技术规范》（HJ/T 338—2007）的相关规定，按照不同的水质标准和防护要求，对水源保护区进行科学划定。

北京市 20 世纪 90 年代就划分了地表和地下饮用水水源保护区，将地表饮用水水源保护区划分为一、二、三级保护区，地下饮用水水源保护区划分为核心区、防护区和补给区，并对保护区实行分级管理，使饮用水水源得到了很好的保护。但是目前本市的保护区名称、批准机关与新颁布的《中华人民共和国水污染防治法》规定不一致，加之北京市十几年来水污染防治和饮用水水源保护的形势和特点也有所变化，因此需要对全市集中式饮用水水源保护区进行重新划定。

二、饮用水水源保护区划定的责任部门和程序

《中华人民共和国水污染防治法》第五十六条第二款规定：饮用水水源保护区的划定，由有关市、县人民政府提出划定方案，报省、自治区、直辖市人民政府批准；跨市、县饮用水水源保护区的划定，由有关市、县人民政府协商提出划定方案，报省、自治区、直辖市人民政府批准，协商不成的，由省、自治区、直辖市人民政府环境保护主管部门会同同级水行政、国土资源、卫生、建设等部门提出划定方案，征求同级有关部门的意见后，报省、自治区、直辖市人民政府批准。依据这一规定，考虑到本市饮用水水源地的实际情况，本条第二款规定，跨区、县供水的饮用水水源保护区和准保护区的划定，由市环境保护行政主管部门会同市水行政、国土资源、规划、卫生、住房和城乡建设、园林绿化等相关行政主管部门提出方案，报市人民政府批准；其他饮用水水源保护区和准保护区的划定，由区、县人民政府提出方案，报市人民政府批准。实际上，本市饮用水水源地可分为两类：一类是为中心城供水的水源地，如密云水库、水源八厂等水源地，尽管这些水源地分布在全市的不同区县，但均承担着为中心城供水的任务，而且北京市中心城区目前已经实现了联网供水。本款所说的跨区县供水的饮用水水源指的即是这类饮用水水源地，这些水源地的供水管理均由北京市统一进行管理，因此本款规定跨区、县供水的饮用水水源保护区和准保护区的划定方案，是由市环境保护行政主管部门会同其他相关部门提出。另一类为区县内部的供水水源地，如各新城的饮用水水源地。本款中的“其他饮用水水源”系指区、县内部的供水水源地，这些水源地一般由各区县进行管理，因此其保护区和准保护区的划定，由区、县人民政府提出方案，报市人民政府批准。

需要说明的是，《中华人民共和国水污染防治法》第五十六条第三款中还规定了跨省的饮用水水源保护区的划定程序，本市也有跨省的饮用水水源地官厅水库。但是，根据本条例第二条的规定，本条例仅适用于本市行政区域内的水污染防治以及其他相关活动，

因此本条中没有规定跨省的饮用水水源保护区和准保护区的划定程序，这方面只需依照《中华人民共和国水污染防治法》的规定执行即可。

三、饮用水水源保护区的调整

随着经济社会的发展，饮用水水源保护区内的水污染形势、用地结构、取水量等条件都在不断发生变化，不可避免会出现保护区不适应饮用水水源保护需要的情况。因此，本条第三款规定，市人民政府可以根据饮用水水源保护的需要，调整饮用水水源保护区和准保护区的范围，确保饮用水安全。“市人民政府”作为调整保护区和准保护区的主体，与本条第二款关于饮用水水源保护区批准主体的规定相一致。

【参考规定】

《中华人民共和国水污染防治法》第五十六条，《饮用水水源保护区污染防治管理规定》第三条，《饮用水水源地保护区划分技术规范》。

> 第五十六条　禁止在饮用水水源一级保护区内新建、改建、扩建与供水设施和保护水源无关的建设项目。已建成的与供水设施和保护水源无关的建设项目，由市或者区、县人民政府责令拆除或者关闭。
>
> 禁止在饮用水水源一级保护区内从事旅游、垂钓或者其他可能污染饮用水水体的活动。

【条文主旨】

本条是对饮用水水源一级保护区管理的规定。

【条文解读】

饮用水水源一级保护区是在取水口附近划定的一定水域和陆域，包括取水口在内。地表饮用水水源一级保护区是在地表饮用水水源取水口附近划定的一定水域和陆域。地下饮用水水源一级保护区位于开采井的周围，其作用是保证集水有一定滞后时间，以防止一般病原菌的污染；直接影响开采井水质的补给区地段，必要时也可划为一级保护区。

地表饮用水水源一级保护区内的水质基本项目限值不得低于《地表水环境质量标准》（GB 3838—2002）中的Ⅱ类标准，且补充项目和特定项目应满足该标准规定的限值要求。地下饮用水水源一级保护区内的水质标准不得低于《地下水质量标准》（GB/T 14848—93）中的Ⅲ类标准。一级保护区受到污染实际上就是饮用水水源直接受到了污染。因此，必须在饮用水水源一级保护区内采取最严格的污染控制措施。

一、关于饮用水水源一级保护区内建设项目管理的规定

本条第一款采用了《中华人民共和国水污染防治法》第五十八条第一款的规定。饮用水水源一级保护区的水质标准和防护要求最高，为防止污染，本条第一款规定禁止建设与供水设施和保护水源无关的建设项目。建设项目包括新建、改建、扩建项目。已建成的与供水设施和保护水源无关的建设项目，由县级以上人民政府责令拆除或者关闭。

二、关于从事可能污染饮用水水体的活动的规定

本条第二款规定了禁止在饮用水水源一级保护区内从事旅游、垂钓或者其他可能污染饮用水水体的活动。在一级保护区内从事旅游、垂钓等活动会直接对水体造成污染，因此应当严格禁止。无论是集体还是个人，无论是经营性的还是非经营性的，只要在一级保护区内进行旅游、垂钓等可能污染饮用水水体的活动，都是违法的。

【参考规定】

《中华人民共和国水污染防治法》第五十八条，《地表水环境质量标准》《地下水质量标准》，《饮用水水源地保护区污染防治管理规定》第七条、第八条、第十三条、第十五条。

第五十七条　禁止在饮用水水源二级保护区内新建、改建、扩建排放污染物的建设项目。已建成的排放污染物的建设项目，由市或者区、县人民政府责令拆除或者关闭；建设项目未拆除或者关闭前，应当采取有效措施，达到饮用水水源保护的要求。

在饮用水水源二级保护区内从事旅游等活动的，应当按照规定采取措施，防止污染饮用水水体。

【条文主旨】

本条是对饮用水水源二级保护区管理的规定。

【条文解读】

饮用水水源二级保护区是在一级保护区外划定的一定水域和陆域，其作用是保证饮用水水源一级保护区内的水质达到规定的标准。地表饮用水水源二级保护区的水质基本项目限值不得低于《地表水环境质量标准》中的Ⅲ类标准，并保证流入一级保护区的水质满足一级保护区水质标准的要求。地下饮用水水源二级保护区内的水质标准不得低于《地下水质量标准》中的Ⅲ类标准。

饮用水水源二级保护区相对于一级保护区的水质标准和防护要求稍低，在保护和管理措施上也放松了一些。本条规定，在饮用水水源二级保护区内禁止新建、改建、扩建排放污染物的建设项目。在饮用水水源二级保护区内从事旅游等活动是允许的，但应当采取措施，防止污染饮用水水体。

一、关于饮用水水源二级保护区内建设项目管理的规定

本条第一款规定在饮用水水源二级保护区内禁止新建、改建、扩建排放污染物的建设项目。“排放污染物的建设项目”指建设项目建成投产后，排放废气、废水或固体废弃物等污染物可能会对水体造成污染的项目。本款规定是说饮用水水源二级保护区内只要是排放污染物的建设项目都不得建设，即使是符合水污染物排放标准和重点水污染物排放总量控制指标的建设项目，也不得建设。已建成的排放污染物的建设项目，由县级以上人民政府责令拆除或关闭。

二、关于对旅游等活动要求的规定

根据本条第二款规定，在饮用水水源二级保护区内从事旅游等活动的，应当按照规定采取措施，防止污染饮用水水体。饮用水水源二级保护区内可以从事小规模的非水上生态旅游活动，这有利于增加地方政府财政和当地居民的收入，改善保护区内人们的生活，但需要采取有效的措施，保证饮用水水源地不受污染，不威胁到饮用水的安全。

【参考规定】

《中华人民共和国水污染防治法》第五十九条，《地表水环境质量标准》《地下水质量标准》，《饮用水水源地保护区污染防治管理规定》第九条、第十三条和第十六条。

> 第五十八条　禁止在饮用水水源准保护区内新建、扩建对水体污染严重的建设项目。改建建设项目，不得增加排污量。
>
> 本市各级人民政府应当根据保护饮用水水源的实际需要，在准保护区内采取工程措施或者建造湿地、水源涵养林等生态保护措施，防止水污染物直接排入饮用水水体，确保饮用水安全。

【条文主旨】

本条是对饮用水水源准保护区管理的规定。

【条文解读】

饮用水水源准保护区是根据需要，在饮用水水源二级保护区外划定的一定水域和陆域。饮用水水源准保护区不属于饮用水水源保护区，是饮用水水源保护区和其他地区之间的过渡地带，对饮用水水源保护起着重要的作用。

一、关于饮用水水源准保护区内建设项目管理的规定

本条第一款采用《中华人民共和国水污染防治法》第六十条的规定，针对饮用水水源准保护区内的建设项目，规定了两方面的内容：一是禁止在饮用水水源准保护区内新建、扩建对水体污染严重的建设项目；二是在饮用水水源准保护区内改建建设项目，不得增加排污量。这一规定较饮用水水源二级保护区内的规定更放宽了。饮用水水源准保护区一方面要保证饮用水水源保护区的水质能满足规定的标准；另一方面还要适当发展经济，提高当地人民群众的生活水平，因此只是禁止新建、扩建对水体污染严重的建设项目，改建项目不得增加排污量，即要求准保护区内的污染物排放量不增加，各相关行政主管部门在审批建设项目时需把握这一原则。

二、对饮用水水源准保护区生态保护措施的规定

本条第二款采用了《中华人民共和国水污染防治法》第六十一条的规定，将“县级以上地方人民政府”拓展为“本市各级人民政府”。饮用水水源准保护区的作用是保证二级保护区的水质能满足规定的标准或者保护水源地补给水源的水量和水质。为确保饮用水水源准保护区发挥其应有的污染缓冲作用，要求本市各级人民政府在准保护区内采取工程措施或者生态保护措施，防止水污染物直接排入饮用水水体。

本条中规定的工程措施是指通过采取工程手段来防止水污染物直接排入饮用水水体，常用的工程措施包括截污、污水处理及回用、农村改厕、农村环境综合治理、河湖整治清淤、植树绿化等。

本条中规定的生态保护措施主要包括建造湿地、建造水源涵养林、建设河（湖）、库滨带生物屏障、生物多样性保护等，本条特别强调了建造湿地和水源涵养林。湿地是位于陆生生态系统和水生生态系统之间的过渡性地带，湿地的类型多种多样，通常分为自然和人工两大类。自然湿地包括沼泽地、泥炭地、湖泊、河流、海滩和盐沼等，人工湿地主要有水稻田、水库、池塘等。湿地是具有多种独特功能的生态系统，它不仅为人类提供大量食物、原料和水资源，而且在维持生态平衡、保持生物多样性和珍稀物种资源以及涵养水源、蓄洪防旱、降解污染、调节气候、补充地下水、控制土壤侵蚀等方面均起到重要作用。本条提出建造湿地这一生态措施，主要是因为湿地具有去除污染的功能。沼泽湿地像天然的过滤器，它有助于减缓水流的速度，当含有毒污染物和杂质的废水或污水经过湿地时，流速减慢有利于有毒污染物和杂质的沉淀和排除。同时，一些湿地植物能有效地吸收水中的有毒污染物。沼泽湿地中相当一部分的水生植物包括挺水性、浮水性和沉水性的植物，能够富集重金属等有毒污染物，具有很强的清除污染物的能力。例如，水葫芦、香蒲和芦苇等被广泛地用来处理污水，用来吸收污水中浓度很高的重金属镉、铜、锌等。水源涵养林是指调节、改善水源流量和水质的一种防护林，也称水源林，是以涵养水源，改善水文状况，调节区域水分循环，防止河流、湖泊、水库淤塞，以及保护饮用水水源为主要目的的森林、林木和灌木林。一般分布在河川上游的水源地区。水源涵养林的作用主要有水土保持、调节坡面径流、调节地下径流、减少含沙量等，它是湖库环境的重要保护屏障。

实践中保护饮用水水源的工程措施和生态保护措施是多种多样的，不同饮用水水源地适合的措施也不尽相同。各级人民政府应当根据当地实际情况，因地制宜地进行选择和实施。

【参考规定】

《中华人民共和国水污染防治法》第六十条、第六十一条，《饮用水水源地保护区污染防治管理规定》第十条、第十七条。

第五十九条　地表饮用水水源保护区内禁止下列行为：

（一）装载有毒污染物的车辆驶入；

（二）从事网箱养殖；

（三）从事水上旅游、游泳或者其他可能污染水源的活动。

地表饮用水水源准保护区内禁止从事网箱养殖。

【条文主旨】

本条是对地表饮用水水源保护区和准保护区内禁止行为的规定。

【条文解读】

由于水源的赋存条件、污染物迁移转化途径和规律、保护区划分技术方法等各方面的差异，地表饮用水水源和地下饮用水水源的保护措施也不尽相同。本条是针对地表饮用水水源保护区和准保护区做出的规定。

一、关于装载有毒污染物的车辆的要求

地表饮用水水源保护区内不可避免有道路通过，并且水库库区公路常常沿库修建，甚至有桥梁等穿库而过。道路交通意外引发的水源地水污染事故屡有发生。运输有毒物品的车辆如发生交通意外，污染物可以直接进入水源水体或者随地表径流进入水源水体，将会对水源水质安全造成无法估量的影响。对于因交通事故引发的水源地水环境污染事故，首先应当做好预防工作。因此规定，地表饮用水水源一级和二级保护区内禁止装载有毒污染物的车辆进入。

二、关于网箱养殖的要求

网箱养殖投喂大量饵料，过量饵料使水体混浊、透明度降低，饵料沉入水底后使淤积物增多，大量淤积物在水底腐烂，释放污染物；同时，由于养殖密度大，养殖鱼类的排泄物得不到收集和及时清除，大量营养物质造成水体富营养化，恶化水环境质量，严重影响饮用水安全。《中华人民共和国水污染防治法》第五十八条、第五十九条规定：饮用水水源一级保护区内禁止从事网箱养殖，二级保护区内从事网箱养殖的，应当采取措施防止污染饮用水水体。在本市，通过多年的努力，目前地表饮用水水源地已经基本取消了网箱养殖，因此结合这一实际情况，本条对网箱养殖采用了比国家严格得多的禁止范围，规定地表饮用水水源保护区和准保护区内均禁止进行网箱养殖。

三、关于水上旅游、游泳等活动的要求

水上旅游带来生活垃圾和其他水污染物，游泳由于人体自身产生以及洗浴等活动带来污染物，这些污染物会直接进入水体，对地表饮用水水源造成直接影响。《中华人民共和国水污染防治法》第五十八条、第五十九条规定：禁止在饮用水水源一级保护区内从事旅游、游泳等活动，饮用水水源二级保护区内从事旅游等活动的，应当按照规定采取措施，防止污染饮用水水体。为了更加严格地保护地表饮用水水源，本条对旅游、游泳等活动也采用了比国家更严格的禁止范围，规定地表饮用水水源保护区内禁止从事水上旅游、游泳和其他可能污染水源的活动。

【参考规定】

《中华人民共和国水污染防治法》第五十八条、第五十九条。

第六十条　地下饮用水水源保护区内禁止下列行为：
（一）堆放和贮存易溶、含有毒污染物的废弃物；
（二）堆放垃圾、粪便及其他可能污染地下饮用水水源的固体废弃物；
（三）新建贮存液体化学原料、油类或者其他含有毒污染物质的地下工程设施。
在地下饮用水水源准保护区内禁止堆放和贮存易溶、含有毒污染物的废弃物。

【条文主旨】

本条是对地下饮用水水源保护区和准保护区内禁止行为的规定。

【条文解读】

北京市饮用水水源中地下水在用量上占了大约 70%的比例，因此地下饮用水水源的保护尤其重要。鉴于这个原因，为了区别地表和地下饮用水水源保护的不同特点，突出地下饮用水水源保护的重要性，本条例分别设立不同条款对地表、地下饮用水水源保护区和准保护区的禁止行为进行了规定，在这点上与《中华人民共和国水污染防治法》是不同的。

由于地下水具有的埋藏性和系统的复杂性，污染问题不如地表水污染表现直观和突出，不易受到关注。地下水从开始污染到污染严重，乃至达到不能饮用的地步，有一个从量变到质变的过程，特别是一旦发现地下水中某些污染物超标，再进行治理就比较困难了。因此对地下饮用水水源的保护应始终贯彻预防为主的原则，做好污染防治和资源保护工作。

易溶、含有毒污染物的废弃物，以及垃圾、粪便及其他可能污染地下饮用水水源的固体废弃物在堆存过程中，由于有毒污染物、垃圾渗滤液、细菌等都可能因为渗漏或降雨淋滤而随下渗水进入地下，使地下水受到污染，因此在地下饮用水水源保护区应当禁止堆放这些废弃物。由于易溶、含有毒污染物的废弃物危害比上述的其他废弃物危害更大，因此在地下饮用水水源准保护区内也要禁止堆放和贮存。

贮存液体化学原料、油类或含有毒污染物的地下工程设施都存在渗漏的风险，一旦渗漏发生将会对地下水造成严重威胁，为保证地下饮用水水源的安全，地下饮用水水源保护区内应当禁止新建这类地下工程设施。

【参考规定】

《饮用水水源地保护区污染防治管理规定》第十九条。

> 第六十一条　饮用水水源受到污染可能威胁供水安全的，环境保护行政主管部门应当责令有关单位采取停止或者减少排放水污染物等措施，当地人民政府应当视情况采取停止取水等应急措施。

【条文主旨】

本条是关于饮用水水源受到污染，威胁供水安全时应采取措施的规定。

【条文解读】

近年来，由于企业违法排污、安全生产事故、交通事故等多种原因，一些省市突发性环境事件时有发生，突发性环境事件造成的水污染严重威胁饮用水水源安全。此外，其他一些非突发性的因素也有可能造成饮用水水源受到污染。为了在饮用水水源受到污染时不至于危及供水安全，危害广大人民群众的身体健康，《中华人民共和国水污染防治法》第六十二条规定，饮用水水源受到污染可能威胁供水安全的，环境保护主管部门应当责令有关企业事业单位采取停止或者减少排放水污染物等措施。此规定特别授权环境保护部门采取强制性应急措施，责令有关企业事业单位采取停止或者减少排放水污染等措施，消除对供水安全的威胁。本条依照《中华人民共和国水污染防治法》的规定，授权环保部门采取强制性应急措施，并增加了人民政府的责任。如果采取停止或减少排放水污染物的措施还不足以保证群众的饮用水安全，当地人民政府必须采取停止取水等进一步的应急措施。

本条规定环境保护行政主管部门采取的主要措施有两种：一种是责令有关单位停止排放污染物；另一种是责令有关单位减少排放污染物。具体采取何种措施，环境保护行政主管部门要根据当时具体情况确定，有关单位必须立即采取措施，停止或减少污染物排放，避免造成更大污染。

按照本条的规定，必须是在饮用水水源受到污染可能威胁供水安全的情况下，才可采取强制性应急措施。“可能威胁供水安全”的情况，由环境保护行政主管部门根据当时的具体情况，如污染物的种类、浓度、排放量以及饮用水水源取水和供水情况等进行判断。

【参考规定】

《中华人民共和国水污染防治法》第六十二条。

第六十二条　建设、使用垃圾填埋场或者贮存液体化学原料、油类等地下工程设施的单位，应当对地下工程采取防止渗漏的有效措施，并配套建设地下水监测井等水污染防治设施，定期向环境保护行政主管部门提交地下水水质监测报告，防止污染地下水。

【条文主旨】

本条是对建设、使用地下工程设施的单位应当采取防止污染地下水的措施的规定。

【条文解读】

根据《中华人民共和国水污染防治法》第三十八条、第四十六条，同时参考原《北京市实施〈中华人民共和国水污染防治法〉办法》第五十条，本条规定了建设、使用垃圾填埋场或者贮存液体化学原料、油类等地下工程设施应当采取的防治地下水污染的措施。

垃圾填埋场给地下水带来威胁的主要是渗滤液。垃圾在其自身分解以及雨水淋溶等作用下会产生含有高浓度污染物的渗滤液，渗滤液的成分十分复杂，有机物含量高，还含有重金属等有毒物质。如果不采取防渗漏措施，由于渗滤液浓度高，渗漏持续时间长，对土壤和地下水均会造成污染，国内外有关垃圾渗滤液污染地下水的事故屡有发生。因此垃圾填埋场的防渗非常重要，要求垃圾填埋场必须设置防渗漏设施，防止渗滤液渗漏造成对地下水的污染。《生活垃圾填埋场污染控制标准》（GB 16889—2008）、《生活垃圾卫生填埋技术规范》（CJJ 17—2004）等标准和技术规范都对生活垃圾填埋场的防渗进行了详细的规定。

化学原料及油类的地下贮存设施也存在渗漏危险，化学原料和油类贮存设施一旦渗漏，化学原料或油类渗入土壤，会由此下渗进入地下水，对地下水造成污染。因此，对化学原料和油类的地下贮存设施也必须采取有效的防渗漏措施。对于埋地油罐的防渗漏要求本市已有地方标准《埋地油罐防渗漏技术规范》（DB 11/588—2008）。

对垃圾填埋场、化学原料、油类等地下贮存设施不仅需要采取防渗措施，为了预警，还要监视这些设施的渗漏情况，要求这些设施附近必须配套建设地下水监测井，以对附近的地下水定期抽样监测，并对地下水的水质进行跟踪，以便及时发现渗漏情况。为了加强监管，要求将监测数据定期上报环境保护行政主管部门。

【参考规定】

《中华人民共和国水污染防治法》第三十八条、第四十六条，《埋地油罐防渗漏技术规范》，《生活垃圾填埋场污染控制标准》，《生活垃圾卫生填埋技术规范》。

> 第六十三条　多层地下水的含水层水质差异较大的，应当分层开采；对已受污染的潜水和承压水，不得混合开采。因过量开采地下水导致水质恶化、不宜继续开采的，市水行政主管部门应当会同市国土资源行政主管部门向市人民政府报告。市人民政府应当责成有关部门采取措施，停止或者限制开采地下水。

【条文主旨】

本条是关于合理开采地下水的规定。

【条文解读】

北京市水资源量与用水量多年呈现不平衡态势，用水量远大于水资源量。由于近些年的持续干旱，地表水源的上游来水量减少，只能靠持续超量开采地下水来维持城市的供水。地下水的长期超量开采，会带来一系列的环境和地质问题。因此，如何合理开采地下水，防止地下水污染成为本市面临的长期任务。

一、地下水分层开采，受污染潜水和承压水不得混合开采

由于含水层的水质差异较大，在开采地下水的时候，对于半咸水、咸水、卤水层，已受到污染的含水层，含有毒有害元素并超过生活饮用水卫生标准的水层以及有医疗价值和特殊经济价值的地下热水、温泉水和矿泉水，如果不分层开采，会造成串层污染，使开采出来的水达不到相应的使用标准。此外，已受污染的潜水和承压水如混合开采会造成交叉污染。因此，本条规定多层地下水的含水层水质差异较大的，应当分层开采；对已受污染的潜水和承压水，不得混合开采。

二、应对超采引发的地下水水质恶化

地下水的长期超量开采会带来区域性地下水水位下降，地下水降落漏斗不断扩展，地下水资源亏损严重等问题；同时会加重地下水水质污染。由于地下水超采，打破了地下水资源的采补平衡，改变了地下水流场，并造成地下水化学场的变化，可能引起部分化学组分超标，使地下水质量下降。因此对过量开采地下水造成水质恶化、不宜继续进行开采的，需采取相应的措施。按照《北京市人民政府机构改革方案》《北京市人民政府办公厅关于印发〈北京市水务局主要职责内设机构和人员编制规定〉的通知》（京政办发[2004]44 号）和《北京市人民政府办公厅关于印发〈北京市国土资源局主要职责内设机构和人员编制规定〉的通知》（京政办发[2004]53 号），市水行政主管部门负责统一管理本市水资源（包括地表水、地下水、再生水、外调水），指导饮用水水源保护工作，市国土资源行政主管部门负责地下水环境监测。因此，本条规定，对于地下水过量开采导致水质恶化、不宜继续开采的，由市水行政主管部门会同市国土资源行政管理部门向市人民政府报告。市人民政府根据实际情况，责成有关部门采取有效措施，停止或限制开采地下水。

【参考规定】

《中华人民共和国水污染防治法》第三十七条。

第六十四条　从事地下热水资源开发利用或者使用水源热泵、地源热泵的，应当采取有效措施，防止地下水污染。市国土资源行政主管部门和市水行政主管部门应当依法加强监督管理和指导。

【条文主旨】

本条是对地下热水资源开发利用以及水源热泵、地源热泵使用过程中防止污染地下水的规定。

【条文解读】

本条参考了原《北京市实施〈中华人民共和国水污染防治法〉办法》第四十二条的规定，增加了对水源热泵和地源热泵的管理规定，并明确了部门职责。

一、地下热水资源开发利用中的环境问题

地下热水资源作为一种能源矿产，已广泛应用于生活及医疗卫生领域。利用地热水进行医疗和洗浴在我国有十分悠久的历史，同时利用地下热水供暖，不仅节省了大量煤炭，还减少了大气污染。但大规模开发利用地热水资源也会带来一些环境问题，如地面沉降、地热水资源衰减、地热水有害成分污染、热污染等。

北京市目前地下热水资源利用的主要方式有温泉、洗浴、采暖、医疗保健、农业温室种植等。北京市针对地热开发利用中存在的问题，颁布了《北京市地热资源管理办法》。为了减少水资源的浪费，规定开发单位应当创造条件进行地热采暖弃水的人工回灌。地热水形成于高温、深循环的深部岩层中，往往具有特殊的化学成分和高矿化度，利用后未经处理长期排放或直接回灌，必将带来土壤和地下水的污染，因此对地下热水资源的开发利用以及利用之后废水的去向必须加强监管。

二、水源热泵和地源热泵使用中的环境问题

热泵系统是利用低温热源进行供热制冷的新型能源利用方式，与使用煤、气、油等常规能源的供热制冷方式相比，具有清洁、高效、节能的特点，近年来在国内发展迅速。北京是我国应用热泵技术对建筑物进行供暖制冷开始较早且发展较快的城市，近几年有大规模应用。

本条所指的水源热泵主要是地下水源热泵。地下水源热泵从地下含水层中抽取地下水，利用其中的热量或冷量。对规模较大的热泵系统要求对利用后的水进行回灌，但实际应用中由于监管不到位，回灌措施难落实，很多用户不重视回灌工作，造成水资源的浪费；同时，由于管网的铁锈、垢层、设备的油污、空气的污染等，回灌水在地面受到污染，如果直接灌入地下，将造成地下水的污染。

本条所指的地源热泵主要是指土壤源热泵。地源热泵运行过程中与土壤进行热量的交换，造成土壤中温度改变，可能改变土壤环境，造成未知的污染威胁。此外，地源热泵的传热介质可能在使用过程中渗漏而对土壤和含水层造成污染。《地源热泵系统工程技术规范》（GB 50366—2005）对地源热泵的设计、施工、验收等进行了规定。为支持和引导热泵的合理开发利用，北京市发展和改革委员会、北京市国土资源局、北京市水务局、北京市环境保护局等九个委办局联合发文《关于印发关于发展热泵系统的指导意见的通知》（京发改[2006]839 号），对热泵系统的合理使用、管理等相关问题做了规定。要求热泵系统的使用单位必须确保所抽取的地下水全部回灌，并定期对回灌水进行取样送检并记录在案。

鉴于在地下热水资源开发利用、水源热泵和地源热泵的使用过程中存在对地下水污染的问题，本条规定在地下热水资源开发利用、水源热泵和地源热泵的使用过程中必须采取有效的措施，防止地下水污染。

根据《北京市人民政府办公厅关于印发〈北京市国土资源局主要职责内设机构和人员编制规定〉的通知》，市国土资源局负责本市矿产资源和地质勘查的监督管理，地下热水资源属矿产资源，其开发利用由市国土资源行政主管部门监管。《关于印发关于发展热泵系统的指导意见的通知》规定了各相关部门对热泵开发利用的监管职责，市水务局负责办理水源井、地热井的凿井审批手续，负责热泵系统运营后的地下水抽灌和地下水水质的监测和管理工作；市国土资源局负责监督水井质量以及组织抽、灌井的竣工验收工作。因此本条规定了市国土资源行政主管部门和市水行政主管部门应对地下热水资源的开发利用、热泵的使用加强监督管理和指导。

【参考规定】

《北京市地热资源管理办法》《关于印发关于发展热泵系统的指导意见的通知》《地源热泵系统工程技术规范》。

第六十五条　人工回灌补给地下水的，不得恶化地下水水质。

进行地下勘探、采矿、工程降排水、地下空间的开发利用等可能干扰地下含水层的活动，应当采取防护性措施，防止地下水污染。

大口井、废弃机井的产权单位应当采取合理的封井措施和工艺，防止造成地下水污染。

【条文主旨】

本条是对人工回灌以及其他活动中防止地下水污染的管理措施的规定。

【条文解读】

人工回灌补给地下水、干扰地下水层的勘探和施工、大口井和废弃机井的封井是可能造成本市地下水污染的典型活动。

一、人工回灌补给地下水的管理规定

本条第一款采用了《中华人民共和国水污染防治法》第三十九条的规定：人工回灌补给地下，不得恶化地下水质。所谓“不得恶化”，就是指回灌水的水质应当优于灌入处现有地下水的水质。由于大量开采地下水，北京市地下水水位逐年降低，同时地下水超采还会导致地面沉降、植被干枯、地下水水质变差，甚至引发地质结构变化。为维持地下水的合理水位，人工回灌地下水是补充地下水的一种必然选择。而人工回灌补充地下水时可能带来的地下水污染是普遍关注的问题，尤其在北京市，由于地表水资源的短缺，回灌水源必须重点考虑再生水。人工回灌补给地下水要以保护地下水资源、维持甚至改善地下水水质为基本原则，不得加重现有地下水水质的污染程度。

二、干扰地下含水层活动的管理规定

本条第二款参考了《中华人民共和国水污染防治法》第三十八条的相关规定，增加了对工程降排水、地下空间开发利用等可能干扰地下含水层的活动的管理规定。由于进行地下勘探、采矿、工程降排水、地下空间的开发利用等活动可能对地下水含水层造成干扰，对地下水水质产生负面影响，如不采取有效的防护性措施，可能造成地下水的污染。因此，从预防为主的原则出发，建设、施工等单位应当在技术和管理上采取有效措施，防止污染事故的发生。例如，勘探结束后对勘探井等及时封井，防止地表水下渗污染地下水和各含水层间的串层影响；对采矿产生的含重金属等有毒污染物的废水、废弃物以及工程降排水和地下空间开发利用过程中产生的废水和废弃物妥善收集、处理，防止污染地下水。从事上述活动的单位和个人还应严格管理，规范操作程序，明确岗位责任制，加强地下水污染防范意识。

三、大口井、废弃机井的管理规定

本条第三款是对大口井、废弃机井的管理规定。目前，北京农业机井混层开采现象较为普遍，混层开采导致浅层水通过水井通道直接污染深层水。因此，要依据地下水环境功能对农业机井的开采层位进行调查和管理，对不符合要求的农业机井、大口井要依据水文地质条件、机井成井结构等因素确定封井工艺，禁止随意填埋，避免造成地下含水层串层污染。

【参考规定】

《中华人民共和国水污染防治法》第三十八条、第三十九条。

第五章　生态环境用水保障与污水再生利用

本章是关于生态环境用水保障与污水再生利用的规定。本条例总则中第二条规定，本条例适用于本市行政区域内地表水体和地下水体的污染防治，以及与水污染防治相关的水资源管理和再生水利用等相关活动。强调了与水资源管理和再生水利用相关的生态环境用水保障是解决北京市水污染问题的关键。本章是针对北京市水环境管理和水污染防治的这一特点而设立的，共包括 10 条，分别对保障生态环境用水量及水资源配置、重点河湖最低生态环境用水量的确定及保障、生态环境用水及景观用水水源、水体生态修复、跨河流调水、公共再生水设施的规划和建设，以及再生水使用的原则、范围、指标、水质标准、风险控制等方面进行了规定。

> 第六十六条　本市坚持水资源开发利用与水污染防治相结合，实行用水总量控制，鼓励污水再生利用，逐步保障生态环境用水，实现用水量与水资源量的平衡，恢复地表、地下水体合理的水量、水位。
>
> 水行政主管部门在制定水资源利用规划或者进行水资源调配时，应当统筹考虑再生水与地表水、地下水的利用，在保障城乡居民生活用水的基础上，统筹兼顾生态环境、工业、农业用水。

【条文主旨】

本条是关于保障生态环境用水量及水资源优先配置顺序的相关规定。

【条文解读】

由于水环境容量极度有限，北京市水环境质量的改善在很大程度上依赖于生态环境用水保障；但是与高速发展的经济、快速扩张的城市规模、持续增长的人口相比，北京市水资源的总量极度有限，如果生态环境用水量的比重提高，则很容易影响到生活、生产用水。因此应当在节水和实施用水总量控制，加大再生水回用力度的基础上，统筹兼顾各方面的用水需求，逐步保障水环境改善所需要的生态环境用水量。

一、坚持水资源开发利用与水污染防治相结合

目前，造成本市水环境质量没有得到根本改善的主要原因是缺乏生态环境用水和污染物排放量大于环境容量。一方面，由于城市下游河道得不到新鲜水补充，环境容量十分有限，水生态环境脆弱，使城市中下游河道基本达不到水环境功能区要求；另一方面，水环境污染使水体降低了使用功能，减少了可用水资源量，反过来加剧了水资源的短缺。因此，要彻底改善本市水环境质量，必须统筹考虑水质和水量，坚持水污染物削减和生态环境用水保障并重。所以，本条规定本市坚持水资源开发利用与水污染防治相结合。

本条例首次明确提出坚持水资源开发利用与水污染防治相结合，使得本市改善水环境质量的指导思想更加明确，管理措施更加具体，对于本市建立和完善水污染防治工作机制，改善水环境质量，加快实施“三个北京”战略，建设具有中国特色的世界城市具有重要意义，是本条例的亮点之一。

二、实行用水总量控制

北京市水资源严重短缺，由于过度开发水资源，大量挤占生态环境用水，导致部分河流断流、湖泊萎缩、水库水源枯竭、湿地消失。地下水超采严重，引发地下水位下降、地面沉降、水质恶化。目前，密云水库、官厅水库蓄水量和上游来水均大幅度减少，低于警戒水位。同时地下水情况也不容乐观，2009 年的地下水储量比 1960 年减少 106.9 亿 m^3。2009 年末平原区地下水平均埋深为 24.07 m，与 1960 年比较，地下水位下降 20.88 m。2009 年 6 月末地下水平均埋深达到 24.38 m，是自 1978 年有观测资料以来的最大值。2009 年地下水严重下降区（埋深大于 10 m）的面积为 5 369 km^2，较 2008 年增加 118 km^2；地下水降落漏斗（最高闭合等水位线）面积 1 047 km^2，比 2008 年增加 18 km^2。近十年北京市人均水资源量不足 200 m^3，不到国际公认的缺水下限 1 000 m^3 的 1/5。在人均水资源量严重不足的同时，经济还需继续发展，人口还将继续增加，从水资源永续利用的角度看，实行用水总量控制制度非常必要。《中华人民共和国水法》及《北京市实施〈中华人民共和国水法〉办法》均对用水总量控制进行了规定。《中华人民共和国水法》第四十七条第一款规定，国家对用水实行总量控制和定额管理相结合的制度。《北京市实施〈中华人民共和国水法〉办法》第三十八条规定，市发展与改革行政主管部门会同市水行政主管部门，根据用水定额、经济技术条件以及水量分配方案确定的可供本行政区域使用的水量，制订年度用水计划，对全市的年度用水实行总量控制。

三、鼓励污水再生利用，逐步保障生态环境用水

在水资源严重短缺的形势下，北京市坚持开源与节流并重，鼓励污水再生利用，实现水资源的优化配置。污水再生利用是解决资源型缺水和水质型缺水的最佳手段：一方面可以通过提高排放标准削减污染物的排放量；另一方面再生水水源稳定，可以作为水资源重新利用，缓解水资源紧张的局面，为逐步增加生态环境用水提供更大的空间。目前北京市污水排放量超过 13 亿 m^3，2009 年利用再生水 6.5 亿 m^3，占供水总量的 18%左右，对于严重缺水的北京而言，污水再生利用已经成为可观的、稳定的水资源之一。《中华人民共和国水法》和《北京市实施〈中华人民共和国水法〉办法》中均明确规定鼓励使用再生水。《中华人民共和国水法》第五十二条规定：城市人民政府应当因地制宜采取有效措施，推广节水型生活用水器具，降低城市供水管网漏失率，提高生活用水效率；加强城市污水集中处理，鼓励使用再生水，提高污水再生利用率。《北京市实施〈中华人民共和国水法〉办法》第二十六条规定：鼓励使用再生水；使用再生水的，享受优惠价格。

四、维护地表、地下水体合理的水量、水位

水量是决定水体水质和水体生态功能的重要因素之一，水量越充沛则水体的环境容量越大，自净能力越强，水质就越易于得到改善，从而有利于水体生态功能的维持。因此，开发、利用、调节、调度水资源时，必须考虑河流的合理流量和湖泊、水库及地下水体的合理水位。国际上通行的标准是河流本身水量开发利用率不得超过 40%，否则将造成生态环境的破坏。有关维持江河的合理流量和湖泊、水库以及地下水体的合理水位，《中华人民共和国水污染防治法》和《中华人民共和国水法》均做了明确规定。《中华人民共和国水污染防治法》第十六条规定：国务院有关部门和县级以上地方人民政府开发、利用和调节、调度水资源时，应当统筹兼顾，维持江河的合理流量和湖泊、水库以及地下水体的合理水位，维护水体的生态功能。《中华人民共和国水法》第三十条规定：县级以上人民政府水行政主管部门、流域管理机构以及其他有关部门在制定水资源开发、利用规划和调度水资源时，应当注意维持江河的合理流量和湖泊、水库以及地下水的合理水位，维护水体的自然净化能力。

结合北京市的实际情况，本条第一款规定：实行用水总量控制，鼓励污水再生利用，逐步保障生态环境用水，实现用水量与水资源量的平衡，恢复地表、地下水体合理的水量、水位。

五、水资源调配应当统筹考虑再生水与地表水、地下水的利用，在保障城乡居民生活用水的基础上，统筹兼顾生态环境、工业、农业用水

《北京市实施〈中华人民共和国水法〉办法》第四条规定：本市严格保护水资源，实行城乡全面规划、统一管理，地表水、地下水和再生水统一调度，优化水资源配置。《北京市排水和再生水管理办法》第二十四条也明确规定：本市将再生水纳入水资源统一配置，实行地表水、地下水、再生水等联合调度、总量控制。由于再生水已经成为北京市稳定可靠的水源之一，因此水行政主管部门在制定水资源利用规划或者进行水资源调配时，应当统筹考虑再生水与地表水、地下水的利用，将再生水纳入水资源统一配置，实行地表水、地下水、再生水联合调度。

有关水资源优先配置顺序问题，《中华人民共和国水法》第二十一条规定：开发、利用水资源，应当首先满足城乡居民生活用水，并兼顾农业、工业、生态环境用水以及航运等需要。北京市在制定《北京市实施〈中华人民共和国水法〉办法》时根据北京市的实际情况，调整了工业、农业和生态环境用水的顺序，其中第十三条规定：本市应当合理开发、利用地表水和地下水，充分利用雨水和再生水，优先保障城乡居民生活用水，统筹兼顾生态环境、工业、农业用水。这体现了北京市对生态环境用水的迫切需求。2002—2009年本市生态环境用水量逐年增加，但是与生态环境需水量相比仍有较大差距，2009年全市生态环境用水量与需求量相比还存在4.4亿～8.4亿 m^3 的缺口，这制约了本市水环境质量的根本改善。针对本市生态环境用水量严重不足的现状，水资源配置时还应当继续坚持本市现行的水资源优先配置顺序，充分考虑水污染防治对生态环境用水的需求，维护环境的生态需水量。因此，本条例采用了现行有关水资源优先配置的排序，规定水行政主管部门在制定水资源利用规划或者进行水资源调配时，应当统筹考虑再生水与地表水、地下水的利用，在保障城乡居民生活用水的基础上，统筹兼顾生态环境、工业和农业用水。

【参考规定】

《中华人民共和国水污染防治法》第十六条，《中华人民共和国水法》第二十一条、第三十条、第四十七条第一款、第五十二条，《北京市实施〈中华人民共和国水法〉办法》第四条、第十三条、第二十六条、第三十八条，《中华人民共和国循环经济促进法》第十三条、第二十七条，《北京市排水和再生水管理办法》第二十四条。

第六十七条　市水行政主管部门会同市环境保护行政主管部门确定本市重点河段和重点湖泊最低生态环境用水量，在流域综合整治规划中提出具体生态用水保障方案并组织实施。

【条文主旨】

本条是关于重点河湖最低生态环境用水量确定及保障的规定。

【条文解读】

一、重点河段和重点湖泊最低生态环境用水量

生态环境需水量是决定河湖水体水质和水体生态功能的因素之一，河湖具体需要多少水量能够维系河湖的水环境质量达标和河湖的生态功能，需要根据当地的具体情况、综合水质和污染物的排放量等因素来测算河湖的最低生态环境需水量，从而确定最低生态环境用水量，并采取措施保障生态环境用水量。

对于确定河湖最低生态环境用水量的要求，相关法律、法规规定较少。《中华人民共和国水污染防治法》第十六条、《中华人民共和国水法》第三十条均是规定维持江河的合理流量和湖泊、水库、地下水的合理水位。其他省市地方法规中仅《湖南省实施〈中华人民共和国水法〉办法》第二十三条中提及确定水环境需要的最小流量、水位。

由于北京市连年干旱少雨，上游入境水量减少，加上经济快速发展和人口持续增加，用水量不断增长，河湖水量明显减少，使中下游大部分河流出现断流，生态功能退化。同时，由于缺少生态环境用水，污染物得不到稀释和降解，中下游大部分河道水环境质量不达标，丧失生态功能。干涸和环境质量不达标的河道，丧失了其美化环境、改善气候等原有的功能，而经济社会的发展和人们生活水平的提高又对河道生态环境提出了更高的要求。因此，北京市亟须从本市河湖水生态环境现状为出发点，确定北京市城市河湖的最低生态环境用水量。在水资源短缺、无法满足全部河段的生态环境用水量的情况下，应当保障重点河段和重点湖泊的最低生态环境用水量，并在流域综合整治规划中提出具体生态环境用水保障方案和具体措施并付诸实施。

二、保障生态环境用水量的责任主体

根据《北京市人民政府办公厅关于印发〈北京市水务局主要职责内设机构和人员编制规定〉的通知》，北京市水务局负责统一管理本市水资源（包括地表水、地下水、再生水、外调水），会同有关部门拟订水资源中长期和年度供求计划，并监督实施；负责组织实施水资源论证制度和取水许可制度；负责本市河道、水库、湖泊、堤防的管理与保护工作以及水务工程的建设与运行管理。因此，应当由市水务部门牵头会同市环境保护部门确定重点河段和重点湖泊最低生态环境用水量，在流域综合整治规划中提出具体生态用水保障方案并组织实施。

【参考规定】

《中华人民共和国水污染防治法》第十六条，《中华人民共和国水法》第三十条。

> 第六十八条　本市生态环境用水应当优先使用雨水和再生水。严格限制使用地下水和自来水作为城市景观用水。
>
> 住宅小区、单位内部景观用水和市政杂用水具备使用雨水或者再生水条件的，应当使用雨水或者再生水，不得使用地下水和自来水。
>
> 各类工程施工降水的抽排水应当综合利用，优先用于施工现场及城市景观用水。
>
> 前三款所列各项用水的具体管理办法由市人民政府制定。

【条文主旨】

本条是有关生态环境用水水源的规定。

【条文解读】

一、优先使用雨水和再生水的原则

在合理开发利用地表水、地下水的同时，积极开发利用多种水源，增加可用水量，是缓解缺水矛盾、改善生态环境的重要途径。对水资源严重短缺的北京而言，雨水和再生水是十分宝贵的资源。通过集水工程技术措施，可以集蓄利用雨水资源。污水处理以后的再生水可以作为工业、农业、城市绿化用水，也可以回灌地下水或作为河道用水等生态环境用水。

北京市的自来水 2/3 来自地下水。鉴于地下水资源短缺、地下水水位下降严重，应当尽可能减少和控制地下水和自来水的使用。根据“优水优用、低水低用”的水资源合理配置的原则，自来水、地下水应当优先用做对水质要求较高的生活用水。水质相对要求不高的生态环境用水应当优先使用雨水和再生水，严格限制使用地下水和自来水作为城市景观用水。住宅小区、单位内部景观用水和市政杂用水对水质要求不是很高，正常情况下雨水和再生水水质均满足其需要。因此，住宅小区、单位内部景观用水和市政杂用水具备使用雨水或者再生水条件的，应当使用雨水或者再生水，不得使用地下水和自来水。

国家法律中没有关于再生水使用领域的规定。部分地方法规对应当使用再生水的场合做了详细明确的规定。《北京市实施〈中华人民共和国水法〉办法》第五十二条规定：园林绿化、环境卫生用水应当采用节水技术，充分利用再生水，收集利用雨水。《北京市排水和再生水管理办法》第二十五条规定：再生水主要用于工业、农业、环境等用水领域。新建、改建工业企业，农田灌溉应当优先使用再生水；河道、湖泊、景观补充水优先使用再生水；再生水供水区域内的施工、洗车、降尘、园林绿化、道路清扫和其他市政杂用用水应当使用再生水。《天津市城市排水和再生水利用管理条例》（修订）第三十五条规定：在再生水供水区域内再生水水质符合用水标准，有下列情形之一的，应当使用再生水：（一）城市绿化、冲厕、道路清扫、车辆冲洗、建筑施工等城市杂用水；（二）冷却用水、洗涤用水、锅炉用水、工艺用水、产品用水等工业生产用水；（三）观赏性景观的环境用水、湿地用水等环境用水。农、林、牧、渔业用水，应当优先使用再生水。再生水用户应当按照规定交纳再生水水费。对有本条第一款规定情形的，市节约用水办公室在核定用水计划指标时，应当核定使用再生水。此外，《城市污水再生利用技术政策》也对有关住宅小区、单位内部景观用水和市政杂用水使用雨水或者再生水有所规定；其中第 2.4 条规定：城市景观环境用水要优先利用再生水；工业用水和城市杂用水要积极利用再生水；再生水集中供水范围之外的具有一定规模的新建住宅小区或公共建筑，提倡综合规划小区再生水系统及合理采用建筑中水；农业用水要充分利用城市污水处理厂的二级出水。

结合北京市水资源严重短缺及地下水位下降严重的现状，为了节省新鲜水资源，本条对本市生态环境用水水源做了明确规定，规定：本市生态环境用水应当优先使用雨水和再生水；严格限制使用地下水和自来水作为城市景观用水；住宅小区、单位内部景观用水和市政杂用水具备使用雨水或者再生水条件的，应当使用雨水或者再生水，不得使用地下水和自来水。

二、各类工程施工降水的抽排水应当综合利用，优先用于施工现场及城市景观用水

本款参考了《北京市建设工程施工降水管理办法》（京建科教[2007]1158 号）第十一条第二款的规定。长期以来，在各类地下工程施工过程中，为保证工程顺利进行，需要在建筑基坑周边打几十至上百口竖井，把地下水抽出作业区。工程施工降水周期一般是从基坑开挖到建筑架构基本形成，通常需 6～8 个月。若遇到事故、技术难题等特殊情况，工程降排水周期会更长。虽然建设部已经规定，施工降排水应回灌到地下，但由于缺乏执法监督，企业不愿增加成本，基本上均未进行回灌，而是将其抽出的水排放，造成地下水资源的严重浪费。为保护地下水资源、减少浪费，2007 年北京市建委发布了《北京市建设工程施工降水管理办法》，明确要求北京市行政区域内各类工程限制进行施工降水。必须采取降水施工的，施工单位应当安装抽排水计量设施，并按有关规定缴费；施工单位须采取有效措施，防止污染地下水和地表水。同时《北京市建设工程施工降水管理办法》第十一条第二款规定：施工现场应综合利用工地抽排的全部地下水，减少资源浪费。降水应优先用于工地钢筋混凝土的养护、降尘、冲厕、工地车辆的洗刷等方面；剩余部分，施工单位应主动与园林、环卫部门和居民社区联系，将其用于周边指定绿地、景观及环境卫生。

北京市的地下水水位下降严重，水资源严重短缺；而施工降排水，由于直接取自地下，水质一般较好，可以满足多种用途。因此，本条规定：各类工程施工降水的抽排水应当综合利用，优先用于施工现场及城市景观用水。

三、前三款所列各项用水的具体管理办法由市人民政府制定

本条规定的“严格限制使用地下水和自来水作为城市景观用水”、“住宅小区、单位内部景观用水和市政杂用水具备使用雨水或者再生水条件的，应当使用雨水或者再生水，不得使用地下水和自来水”、“各类工程施工降水的抽排水应当综合利用，优先用于施工现场及城市景观用水”等措施，均是一些原则规定，在具体落实过程中需要进一步制定具体细化的管理办法，包括具体的适用条件、审批程序、监督管理等。以上三款所列各项用水的具体管理办法可能涉及多个部门，因此本条例规定由市人民政府制定。

【参考规定】

《中华人民共和国水法》第二十四条，《中华人民共和国循环经济促进法》第二十七条，《北京市实施〈中华人民共和国水法〉办法》第五十二条，《北京市排水和再生水管理办法》第二十五条，《北京市建设工程施工降水管理办法》第十一条第二款，《城市污水再生利用技术政策》第 2.4 条。

第六十九条 市水行政主管部门应当将水体生态修复纳入流域综合整治规划，通过采取生态保护措施，改善水体水质。

【条文主旨】

本条是关于水体生态修复的规定。

【条文解读】

生态修复是指采用适当人工措施，充分发挥生态系统的自我组织、自我调节能力，以减轻、消除人类活动或其他因素对生态系统的干扰和不利影响，使生态系统向有序、良性循环方向发展，恢复生态功能的过程。根据本市水环境的实际情况，水体生态修复主要有两方面的含义：一是借助工程手段，充分发挥水体本身的稀释、净化能力，转化、降解、去除污染物，净化改善水质，强化水体对污染物的耐受能力，提高水环境容量；二是通过引入、恢复水体中原有的生物物种，重新形成自我维持并保持后代持续性的生物群

落，重建水体的生态功能。实际上这两方面是相辅相成、不可分割的，因此本条在关于水体生态修复的规定中，重点强调了“采取生态保护措施，改善水体水质”。

目前国家法律中关于水体生态修复的规定还基本上是空白，地方法规中有一些可以参考的规定。《江苏省长江水污染防治条例》第三十七条规定，沿江地区各级人民政府应当加强长江生态功能的保护和修复，采取建设生态保护带、生态隔离带等保护措施，维护长江生态安全，对已经遭受污染和破坏的生态功能保护区进行生态修复。《山东省南水北调工程沿线区域水污染防治条例》第三条规定：沿线区域的水污染防治工作应当遵循预防为主、防治结合、全面规划、综合治理的方针，坚持污染治理、水资源循环利用、生态修复与保护并举的原则。《江苏省太湖水污染防治条例》第四十八条规定，太湖流域各级地方人民政府应当加强太湖生态功能的保护和修复，有计划、有步骤地实施退耕、退渔、退养，还林、还湖、还湿地，建设生态保护带、生态隔离带，维护太湖生态安全。为加强重点湖泊水环境保护工作，原国家环保总局等部门《关于加强重点湖泊水环境保护工作的意见》（国办发[2008]4 号）中指出加强生态保护和修复。要求合理开发湖泊水资源，保证生态用水，增强水体自净能力；采取生物控制、放养滤食鱼类、底栖生物移植等措施修复水域生态系统，加强生态湖滨带和水源涵养林等生态隔离带的建设与保护；对主要入湖泊河道、河口进行综合治理，实施生态恢复；选择不同类型的湖泊开展污染防治和生态修复试点。

由于北京市河流、湖泊缺少新鲜水补给，水环境容量极其有限，水环境质量对污染物的排放量十分敏感，单靠提高排放标准和强化污染源治理难以使水生态系统恢复良性循环，因此还应该辅以恢复植被、引种水生植物、增殖放流、营造湿地、设置生态浮床、生态清淤、强化水体循环等生态修复手段改善水体水质、重建水体生态功能。

水体生态修复方法很多，应当根据河湖的特点，采取合适的生态修复和保护措施，使水体能够恢复生态功能，从而改善水环境质量。市水行政主管部门应当将水体生态修复纳入流域综合整治规划，在规划中给予工程、资金等各项保障，使各项生态修复措施落到实处。

【参考规定】

《关于加强重点湖泊水环境保护工作的意见》（国办发[2008]4号）。

第七十条 跨河流调配水资源的，应当充分论证，统筹兼顾水资源利用和水污染防治的需要，防止对生态环境产生不利影响。

【条文主旨】

本条是关于跨河流调水的规定。

【条文解读】

跨河流调水是水资源开发利用的手段之一。《中华人民共和国水法》第二十二条规定：跨流域调水，应当进行全面规划和科学论证，统筹兼顾调出和调入流域的用水需要，防止对生态环境造成破坏。本条参照这一规定，结合本市实际情况，提出了跨流域调水要统筹兼顾水污染防治的需要。

北京市处于海河流域，共有五大水系，水资源时空分布不均，实施跨河流调水、进行河流间的水资源合理配置，对改变河流与区域间水资源分布不均、缓解重点缺水地区的水资源供需矛盾，具有现实的意义。实施跨河流调水将对调入区和调出区的生态环境和水资源形势带来影响，需要对跨河流调水进行全面规划、科学论证，统筹考虑调入区和调出区的用水需求和水污染防治需求，保障河流生态需水量，绝不能造成调入区或调出区的生态环境恶化。所以本条在保留《中华人民共和国水法》相关条款部分内容的基础上提出并强调跨河流调水要统筹兼顾水污染防治的需求。

【参考规定】

《中华人民共和国水法》第二十二条。

第七十一条　市和区、县水行政主管部门应当按照管理权限组织编制排水和再生水规划，经规划行政主管部门组织审查后报本级人民政府批准实施。

本市各级人民政府依据有关规划，通过政府投资或者其他方式筹集资金，统筹安排建设公共再生水设施，逐步扩大再生水输配管网的覆盖范围。

【条文主旨】

本条是关于排水和再生水规划以及统筹安排建设公共再生水设施、管网的规定。

【条文解读】

一、排水和再生水规划的编制、审查与批准实施

2004年《北京市实施〈中华人民共和国水法〉办法》中就有制定排水、污水处理、再生水利用规划的相关规定。该办法第十条规定：水资源保护、供水、排水、节约用水、污水处理、再生水利用、雨水利用、灌溉等专业规划由市和区、县水行政主管部门编制，征求有关部门意见后，报同级人民政府批准。由于在当时的条件下，排水、污水处理、再生利用的关联性还不是很强，且这些职责归属于不同的管理部门，因此规定分别制定排水、污水处理、再生水利用专业规划。近年来，随着北京市污水处理厂、再生水厂建设的快速发展，以及污水处理厂的升级改造，排放标准的提高，排水、污水处理和再生水关联性增强，成为不可分割的整体。2004年北京市成立了水务局，统一管理供水、排水、再生水。因此，2009年《北京市排水和再生水管理办法》将排水、污水处理和再生水利用规划合为一体，要求制定排水及再生水利用规划，并且规定排水和再生水规划应当包括现状分析、排水量预测、排水模式、污水处理原则、设施布局和规模、再生水利用目标、污泥处置和资源化等内容。

《北京市排水和再生水管理办法》第三条规定：市和区（县）水行政主管部门组织编制本行政区域排水和再生水规划与建设计划并组织实施，负责排水和再生水的监督和管理工作。第六条规定：

全市排水和再生水规划、中心城排水和再生水规划由市水行政主管部门组织编制，经市规划行政主管部门审查后，报市人民政府批准实施。中心城以外地区的区（县）排水和再生水规划，由区（县）水行政主管部门组织编制，经主管部门会同规划行政主管部门审核后，报本区（县）人民政府批准实施。中心城、区（县）的排水和再生水规划，应当符合全市排水和再生水规划。

因此，本款规定市和区、县水行政主管部门应当按照管理权限组织编制排水和再生水规划，经规划行政主管部门组织审查后报本级人民政府批准实施，以法律的形式将这一做法固定下来。

二、政府统筹安排建设公共再生水设施，逐步扩大再生水输配管网的覆盖范围

本款是关于建设公共再生水设施和扩大再生水输配管网的规定。再生水设施分为自有设施和公共设施两类。自有再生水设施是再生水使用单位自行建设使用的设施，包括通常所称的建筑中水设施、小区中水设施，以及工矿企业自建的工业再生水设施等。自有再生水设施作为节水措施是非常必要的，但是由于其规模较小、服务范围有限、回用用途单一、水源稳定性得不到保障，因此从节水量上来看是远远不够的，作为城市尺度的大规模再生水利用必须依赖公共再生水设施。公共再生水设施的水源是城镇污水处理厂，通常是将城镇污水处理厂出水经过进一步的深度净化和消毒，达到再生水水质标准后输送入城市公共再生水管网，因此水源和水质都有保障。由于北京市水资源短缺的形势十分严峻，目前中心城大型城镇污水处理厂都已经完成或正在进行升级改造，即将污水处理厂改建、扩建为再生水厂。

同时，仅有公共再生水的生产能力是不够的，还应当配套建设完善的公共再生水管网，扩大公共再生水输配管网的覆盖范围，将公共再生水保质保量地输送给尽量多的用户，未来北京市的公共再生水管网应当是和自来水管网并列的另一个完善的供水系统。

无论是公共再生水设施还是管网，均属于市政公用设施，应当由政府主导，根据规划的要求统筹安排筹措资金进行建设。因此本条第二款规定，本市各级人民政府依据有关规划，通过政府投资或者其他方式筹集资金，统筹安排建设公共再生水设施，逐步扩大再生水输配管网的覆盖范围。

【参考规定】

《北京市实施〈中华人民共和国水法〉办法》第十条，《北京市排水和再生水管理办法》第三条、第六条。

> 第七十二条　本市各级人民政府应当制定政策，采取措施，发展工业再生水用户，鼓励工业企业的废水处理后循环使用，扩大农业再生水灌溉范围，推动再生水回补地下水的技术研究和应用。
>
> 再生水输配管网覆盖范围内的园林绿化、环境卫生、工程施工等用水应当使用再生水。
>
> 再生水输配管网覆盖范围以外的地区新建、改建、扩建的建设项目，可回收水量较大的，应当配套建设再生水利用设施。

【条文主旨】

本条是有关扩大再生水使用范围，以及再生水管网覆盖范围内、外地区利用再生水的规定。

【条文解读】

近年来北京市大力发展再生水利用。再生水用量由2003年的2.1亿m^3增加到2009年的6.5亿m^3，按规划要求“十二五”期间再生水用量还将继续逐年增加。

一、扩大再生水使用范围

目前，北京市再生水主要用途按用水量大小依次为：农业灌溉、景观用水、工业冷却水、市政杂用。以2008年为例，北京市再生水用量约为6亿m^3，其中，农业再生水用量约2.8亿m^3，重点用于通州、大兴再生水灌区；景观再生水用量约1.8亿m^3，主要是向奥运湖、圆明园、小月河、南护城河等城市河湖补水；工业再生水用量约1.2亿m^3；园林绿化、市政杂用利用再生水约0.2亿m^3。

1．工业再生水利用

2008 年，工业用水中再生水仅占 23%，全市用于工业的再生水占再生水总量的 20%，主要用于热电厂等大企业的循环冷却水。根据《北京中心城城市污水处理厂污水再生利用总体规划研究》，北京市工业用再生水主要用于电厂冷却水的补水，中心城规划热电厂总需水量为 1.79 亿 m^3/a。仅热电厂就有 0.59 亿 m^3 的再生水使用潜力，如果充分挖掘用水量大的行业使用再生水，再加上“十二五”期间新建的电厂，工业再生水利用的潜力还将有所增加。

企业内部同时也要加强水的循环利用，减少新鲜水用量。北京市工业万元增加值耗水为 24.1 m^3，规模工业用水重复利用率 93%，处于国内先进水平，但是与发达国家万元增加值耗水 10 m^3 的水平还有一定差距，因此，需要继续大力采取节水技术，增加废水处理后循环使用率并增加循环用水次数，提高水的重复利用率。

2．农业再生水利用

从发达国家再生水综合利用的经验来看，利用再生水进行农业灌溉是经济、有效的再生水回用途径，美国有 60%以上的再生水直接回用于农业。北京市再生水灌溉利用区划总体上将北京市再生水灌溉利用分为 3 个区域：严格控制灌溉区、控制直接灌溉区与适宜直接灌溉区，其中北京市适宜直接灌溉区农田灌溉面积为 9.33 万 hm^2，按照亩均灌溉定额 400 m^3 计算，再生水灌溉利用潜力为 5.6 亿 m^3。

目前，本市农业利用再生水 2.8 亿 m^3，仅占农业用水的 23%，全市农业用再生水占再生水总量的 47%左右。如果北京市适宜灌溉区全部实现再生水灌溉，农业再生水利用潜力还有 2.8 亿 m^3。因此，需要进一步扩大农业再生水灌溉范围。

3．环境用水和市政杂用再生水利用

2008 年北京市生态环境用水量 3.2 亿 m^3，再生水用量占 56%，全市用于环境用水的再生水占再生水总量的 30%。生态环境用水还存在 4.8 亿～8.8 亿 m^3 的缺口，使用再生水还有较大潜力。本条例第六十八条已有规定，本市生态环境用水应当优先使用雨水和再生水；严格限制使用地下水和自来水作为城市景观用水；住宅小区、单位内部景观用水和市政杂用水具备使用雨水或者再生水条件的，应当使用雨水或者再生水，不得使用地下水和自来水。

2008 年，北京市环境绿化和市政杂用利用再生水仅 0.2 亿 m^3，仅占再生水总量的 3%左右。根据《北京中心城城市污水处理厂污水再生利用总体规划研究》，市政杂用水主要用于道路浇洒、洗车、建筑冲厕等方面，中心城市政杂用水再生水用量潜力约为 1.05 亿 m^3/a。根据《北京市区绿化系统规划》和《北京中心城城市污水处理厂污水再生利用总体规划研究》，北京市区绿地需水量约 0.98 亿 m^3/a，可以用再生水替代。因此，环境绿化和市政杂用还有利用再生水的潜力。

4．地下水回灌

再生水用于地下水回灌，有利于水源的涵养，是维护健康良性的水生态循环的一种有益途径。国外已经有许多再生水回灌的实例，如英国、以色列、德国等国家，以及美国的洛杉矶、德克萨斯州、加利福尼亚州等地区均有污水处理厂出水回灌地下的实例。实践证明，地下水回灌是解决地区水资源短缺、缓解和控制地下水位下降、防止地面沉降的有效措施。

北京市地下水资源严重短缺，由于大量开采地下水，地下水水量急剧减少，地下水位逐年降低，导致地面下降、植被干枯和荒漠化，甚至引发地质结构变化。从水资源可持续发展的角度，在地下水开采过量的地区，再生水用于地下水回灌可以补充枯竭的地下水资源，增加地下水资源的储量。但是如果回灌不当，也可能存在污染地下水的风险。因此，《中华人民共和国水污染防治法》第三十九条规定：人工回灌补给地下水，不得恶化地下水质。本条例第六十五条也做了同样的规定。另外，《天津市水污染防治管理办法》第四十条规定：人工回灌补给地下饮用水的水质，应当符合生活饮用水水源的水质标准，并经卫生行政主管部门批准。本条规定旨在推动再生水回补地下水的技术研究和应用。

污水再生利用是本市维持水资源可持续利用、控制水污染的重要举措，而拓展再生水的使用范围应当由政府主导，因此本条第一款规定，本市各级人民政府应当制定政策，采取措施，发展工业再生水用户，鼓励工业企业的废水处理后循环使用，扩大农业再生水灌溉范围，推动再生水回补地下水的技术研究和应用。

二、再生水管网覆盖范围内、外地区的再生水利用

本条第二款规定：再生水输配管网覆盖范围内的园林绿化、环境卫生、工程施工等用水应当使用再生水。这是因为这几个方面用水量大、对水质的要求相对不高，完全可以使用再生水替代新鲜水，因此除非用水地点不在再生水管网覆盖范围之内、没有再生水水源，否则必须使用再生水。北京市园林绿化、环境卫生、工程施工方面还有较大的再生水使用潜力，这一强制性规定可以较好地起到节约水资源的作用。《北京市实施〈中华人民共和国水法〉办法》第五十二条规定：园林绿化、环境卫生用水应当采用节水技术，充分利用再生水，收集利用雨水。第五十四条规定：工程施工、园林绿化、环境卫生等需要临时用水的，应当向水行政主管部门申请临时用水指标；在再生水输配水管线覆盖范围内的，应当使用再生水。《北京市排水和再生水管理办法》第二十五条规定：再生水主要用于工业、农业、环境等用水领域。新建、改建工业企业，农田灌溉应当优先使用再生水；河道、湖泊、景观补充水优先使用再生水；再生水供水区域内的施工、洗车、降尘、园林绿化、道路清扫和其他市政杂用用水应当使用再生水。

本条第三款规定：再生水输配管网覆盖范围以外的地区新建、改建、扩建的建设项目，可回收水量较大的，应当配套建设再生水利用设施。这一款主要是针对一些离城市建成区距离较远，铺设公共再生水管道成本过高、经济上不合算，造成公共再生水管网难以覆盖的地区。这些地区具备一定规模的建设项目，因此通过自建再生水设施和管道进行再生水利用比使用公共再生水更经济合理。《北京市实施〈中华人民共和国水法〉办法》第二十三条第二款规定：再生水输配水管线覆盖范围外的地区新建、改建、扩建的建设项目，可回收水量较大的，应当建设再生水利用设施，与建设工程同时设计、同时施工、同时投入使用；具体办法由市人民政府制定。但是，“可回收水量较大”究竟应当是多大呢？应当说，这必须根据建设项目的不同情况，综合考虑经济、技术、水资源状况、项目本身的排水和用水特点等因素，具体问题具体分析。《北京市中水设施建设管理试行办法》（京政发[1987]60 号），北京市市政管理委员会、北京市规划委员会、北京市建设委员会联合发布的《关于加强中水设施建设管理的通告》（北京市市政管委 2001 年第 2 号）对新建工程需要配套建设中水设施的情形进行了规定，新建下列工程应配套建设中水设施：（一）建筑面积 20 000 m^2 以上的旅馆、饭店、公寓等；（二）建筑面积 30 000 m^2 以上的机关、科研单位、大专院校和大型文化、体育等建筑；（三）建筑面积 50 000 m^2 以上或可回收水量大于 150 m^3/d 的住宅区、集中建筑区等。并且，现有建筑属第（一）、（二）两项范围的，应根据条件逐步配套建设中水设施；应配套建设中水设施的建设项目，如中水来源水量或中水回用水量过小（小于 50 m^3/d），必须设计安装中水管道系统。这里的 150 m^3/d 可以作为参考指标，原则上可回收水量大于 150 m^3/d 应当建设再生水利用设施。

【参考规定】

《中华人民共和国水污染防治法》第三十九条，《北京市实施〈中华人民共和国水法〉办法》第二十三条第二款、第五十二条、第五十四条，《北京市排水和再生水管理办法》第二十五条。

第七十三条　市水行政主管部门应当根据用水规模，水质要求和经济、技术条件等因素，确定本市重点行业的再生水使用指标，报市人民政府批准施行。

重点行业的企业具备再生水利用条件的，市水行政主管部门应当将再生水用量纳入其用水指标；无正当理由未使用再生水的，由市水行政主管部门责令限期改正，逾期不改正的，由市水行政主管部门核减相应的用水指标。

【条文主旨】

本条是有关重点行业强制使用再生水的规定。

【条文解读】

一、确定重点行业的再生水使用指标

用水指标的制定要考虑地区的水资源情况、可用水量、经济技术条件、各行业不同用水户现状、单位产品的用水量等因素。用水指标的制定将用水、节水和单位的经济利益挂起钩来，这样才能层层落实节水责任，才能建立起节水型社会，才能实现水资源的高效利用、优化配置和全面节约，才能实现经济社会的可持续发展。如何保障和落实再生水的使用，可以借鉴北京市用水总量及用水定额指标的分配经验。《北京市实施〈中华人民共和国水法〉办法》第三十九条规定：区、县水行政主管部门根据年度用水计划和有关行业用水定额，核定本行政区域内用水单位的年度用水指标。特大用水单位和有特殊需要的用水单位的年度用水指标，由市水行政主管部门核定。

北京市已经实施地表水、地下水、再生水联调，再生水已经成为本市稳定的、可靠的水资源之一，扩大再生水用户和用量，既能节省新鲜水，减少地下水开采，又有利于本市水环境质量的改善。为了加强推广使用再生水的力度，扩大再生水的使用量，提高节水效率，应当本着全面推进、突出重点的原则，对于水资源消耗量较大或再生水使用潜力较大的重点行业，制订再生水使用指标，强制其使用再生水。此外，重点行业或企业能够使用多少再生水、怎么使用再生水，与其用水规模、对用水的水质要求、再生水净化和使用的技术条件、行业的经营和盈利情况等多方面因素有关，应当针对不同行业的实际情况区别对待，做到实事求是。因此，本条规定市水行政主管部门应当根据用水规模，水质要求和经济、技术条件等因素，确定本市重点行业的再生水使用指标，报市人民政府批准施行。

二、将再生水用量纳入用水指标

现行国家法律及地方法规中还没有明确规定将再生水用量纳入企业用水指标。《天津市城市排水和再生水利用管理条例》第三十五条规定：在再生水供水区域内再生水水质符合用水标准的城市绿化、冲厕、道路清扫、车辆冲洗、建筑施工等城市杂用水，市节约用水办公室在核定用水计划指标时，应当核定使用再生水。此外，《城市污水再生利用技术政策》第 8.3 条第一款规定：各地要逐步建立合理的水价体系和用水结构，引导用水单位积极利用再生水，同时强制部分行业使用再生水。

本条第二款规定：重点行业的企业具备再生水利用条件的，市水行政主管部门应当将再生水用量纳入其用水指标；无正当理由未使用再生水的，由市水行政主管部门责令限期改正，逾期不改正的，由市水行政主管部门核减相应的用水指标。本款是对重点行业强制使用再生水的具体操作性条款，要求将再生水用量纳入用水指标。这里需要说明五点，其一，这个规定只适用于本条第一款所规定的重点行业，这是因为重点行业的再生水使用潜力较大，能收到更好的效果。其二，本款中“具备再生水利用条件的”主要是指两种情况：第一种情况是该企业位于公共再生水输配管网的覆盖范围内，第二种情况是企业本身自建再生水利用设施在技术、经济等方面是合理的、可行的。其三，将再生水用量纳入用水指标，是指在原有新鲜水用水指标中，用再生水的用量来替代部分新鲜水用量，而不是保持原来的新鲜水用水指标，再增加一部分再生水用量指标。其四，对于无正当理由未使用再生水的，处罚是先责令限期改正，逾期不改正则核减用水指标，核减用水指标会对企业的生产经营造成较大影响：这一方面是为了制止企业在本可以使用再生水的情况下继续使用新鲜水，另一方面也对企业违法起到震慑作用。其五，执行本款强制性措施的主责部门为市水行政主管部门，区、县水行政主管部门是不具有这个权力的。

本条是现行国家及地方法规中首次明确提出将再生水用量纳入企业用水指标，也是本条例的亮点之一。将再生水用量纳入用水指标目的是促进节约用水，保障和加强再生水的使用，从而节约新鲜水资源，减少地表水和地下水资源的开采量，减少由于地表水和地下水过度开采带来的水体污染和生态破坏。

【参考规定】

《北京市实施〈中华人民共和国水法〉办法》第三十九条，《城市污水再生利用技术政策》第8.3条。

> 第七十四条　再生水用户应当根据不同用途，按照国家和本市规定的再生水水质标准使用再生水。
>
> 再生水设施运营单位应当加强设施的维护管理，保证其正常运行，并对再生水水质负责。

【条文主旨】

本条是有关再生水分质使用和再生水设施运营单位职责的规定。

【条文解读】

再生水必须达到相应的水质标准方可利用，再生水水质标准是保障再生水使用安全可靠和再生水生产单位选择生产工艺的基本依据。利用再生水不能对生活、生产和生态产生现实的和潜在的危害，再生水用户应当根据用途使用符合水质要求的再生水，以防止再生水的使用对人体健康、环境质量造成不良影响，用于生产时应当对产品质量无不良影响，对使用的管道、设备等不产生腐蚀、堵塞、结垢等损害。再生水可以用于多种用途，并且用途不同，要求的水质也不同，因此再生水应当根据其不同用途分别制订相应的水质标准，体现分质使用的原则。一个非常典型的例子是，景观环境用再生水出于防止水体富营养化的要求，需要将再生水中氮、磷的浓度进行严格控制，再生水生产时必须采用脱氮除磷工艺；然而，农业灌溉用再生水中含有的氮、磷能够补充土壤肥分，减少化肥的施用量，再生水生产时就不必进行脱氮除磷，生产成本也可以相应降低。可见，分质使用是经济、合理、科学使用再生水的必然要求。《北京市排水和再生水管理办法》第二十七条第二款明确规定：有特殊水质要求的，再生水用户应当根据再生水水质特点，制定相应的使用规程，采取必要的水质处理与维护措施，保证再生水使用安全。

目前我国已经本着分质使用的原则颁布实施了一系列再生水水

质国家标准，包括《城市污水再生利用 分类》（GB/T 18919—2002）、《城市污水再生利用 城市杂用水水质》（GB/T 18920—2002）、《城市污水再生利用 景观环境用水水质》（GB/T 18921—2002）、《城市污水再生利用 地下水回灌水质》（GB/T 19772—2005）、《城市污水再生利用 工业用水水质》（GB/T 19923—2005）。2006 年还制定了《再生水水质标准》（SL 368—2006），按工业用水、农林牧业用水、城市非饮用水、景观环境用水和地下水回灌用水五大类不同用途，分别规定了再生水回用的水质要求。而且，不排除北京市未来颁布再生水水质地方标准的可能性。因此本条第一款规定，再生水用户应当根据不同用途，按照国家和本市规定的再生水水质标准使用再生水。

本条第二款是关于再生水设施运营单位职责的规定。运营单位的主要职责，一是应当加强设施的维护管理，保证其正常运行；二是应当对再生水水质负责。再生水设施运营单位应当保证提供给用户满足要求的再生水，防止因水质、水量波动对用户的生产生活造成不利影响。《北京市排水和再生水管理办法》中对再生水的安全使用、再生水用户的职责以及再生水供水企业的职责做了相关规定，第二十六条规定：再生水供水企业供水应当与用户签订合同，供水水质、水压应当符合国家和本市的相关标准，不得擅自间断供水或者停止供水。因工程施工、设备维修等原因需要停止向用户供水的，应当提前 24 小时通知用户。发生灾害或者事故、突发事件的，再生水供水企业应当及时组织抢修，并通知再生水用户，报告水行政主管部门。发现再生水水质超标情况时，再生水供水企业应当停止供水，及时通知再生水用户并向水行政主管部门报告。

【参考规定】

《北京市排水和再生水管理办法》第二十六条、第二十七条第二款。

> 第七十五条　本市开展再生水利用的风险研究，建立再生水利用的监测和预警系统。

【条文主旨】

本条是关于控制再生水利用风险的规定。

【条文解读】

由于再生水客观上是将污水、废水进行回收、处理以后生产的，毕竟不同于新鲜水，即使达到了目前国家规定的再生水水质标准，其中也还含有一些有害成分，因此再生水利用过程中总是伴随着各种各样的风险，如再生水用于补充河湖时存在富营养化风险，再生水回灌地下时存在污染土壤、地下水的风险，再生水农业灌溉存在食品安全、破坏土壤结构和污染地下水的风险，再生水用于园林绿化时存在对植物造成损害的风险，低品质再生水误饮误接触以及传播疾病的风险等。

《城市污水再生利用技术政策》第 6.4 条规定：再生水生产设施及输配管道上应有明显的标识，使用再生水的区域及用水点都应设置醒目的警示牌；第 6.6 条规定：再生水生产和使用过程应确保公众和操作人员的卫生健康，消除病原体污染和传播的可能性；第 7.5 条规定：研究和开发再生水各种用水途径的水质监测技术、用水技术和安全性评价技术。这些规定对再生水使用的风险控制进行了规范，为确保再生水的安全使用提供了依据。

与日益扩大的再生水使用规模相比，目前北京市关于再生水使用的风险管理和研究还处于起步阶段，很多风险因素和识别因子还不十分明确，而且有些风险是潜在的，需要长期监测、跟踪和研究。因此，为了有效控制再生水利用的风险，不仅要开展再生水利用的系统、全面的风险研究，还要建立再生水利用的监测和预警系统。

【参考规定】

《城市污水再生利用技术政策》第 6.4 条、第 6.6 条、第 7.5 条。

第六章　法律责任

本章内容是关于违反本条例规定的行为应当承担的法律责任，共 18 条。原则上，《中华人民共和国水污染防治法》等国家法律对违法行为已经有明确处罚规定的，本章不再重复；国家法律对违法行为的处罚规定有必要根据北京市水污染防治工作的实际情况进行明确或细化的，本章在国家法律规定的范围内进行了更具操作性的处罚规定；对于违反本条例，国家法律没有规定法律责任的违法行为，本章新增了处罚条款。鉴于北京市水污染的严峻形势，本章在规定违法行为的法律责任时，重点突出了在法定的范围内从严处罚的原则。为了明确部门职责，提高执法效率，同时也着重强调了对各类违法行为进行处罚的主责部门。

> 第七十六条　对违反本条例规定的行为，有关法律、法规已经规定法律责任的，适用其规定；法律、法规没有规定的，适用本条例的规定。

【条文主旨】

本条是关于本条例的法律责任与有关法律、法规关系的规定。

【条文解读】

本条作为本章的第一条，是就本条例的法律责任与有关法律、法规的关系进行了原则性的规定，这里的“有关法律、法规”主要是指国家法律和行政法规。《中华人民共和国立法法》第六十三条规定，省、自治区、直辖市的人民代表大会及其常务委员会根据本行政区域的具体情况和实际需要，在不同宪法、法律、行政法规相抵触的前提下，可以制定地方性法规。强调了地方法规不可与国家宪法、法律、行政法规相抵触的原则。《中华人民共和国行政处罚法》第十一条第二款规定，法律、行政法规对违法行为已经作出行政处罚规定，地方性法规需要作出具体规定的，必须在法律、行政法规规定的给予行政处罚的行为、种类和幅度的范围内规定。依据国家法律的这些规定，本条明确规定，对违反本条例规定的行为，有关法律、法规已经规定法律责任的，适用其规定；法律、法规没有规定的，适用本条例的规定。

【参考规定】

《中华人民共和国立法法》第六十三条、《中华人民共和国行政处罚法》第十一条第二款。

> 第七十七条　市和区、县环境保护行政主管部门或者其他依照本条例规定行使监督管理权的部门有下列行为之一的，由任免机关或者监察机关依法对直接负责的主管人员和其他直接责任人员给予行政处分；构成犯罪的，依法追究刑事责任：
>
> （一）不依法作出行政许可或者办理批准文件的；
>
> （二）未按规定实施行政处罚或者违法采取行政措施的；
>
> （三）发现违法行为或者接到对违法行为的举报后不予查处的；
>
> （四）其他未依照本条例规定履行职责的行为。

【条文主旨】

本条是关于有关行政主管部门及其主管人员和直接责任人员违法应承担的行政和法律责任的规定。

【条文解读】

《中华人民共和国水污染防治法》第六十九条规定，环境保护主管部门或者其他依照本法规定行使监督管理权的部门，不依法作出行政许可或者办理批准文件的，发现违法行为或者接到对违法行为的举报后不予查处的，或者有其他未依照本法规定履行职责的行为的，对直接负责的主管人员和其他直接责任人员依法给予处分。本条是对这一规定的细化，一是明确了给予行政处分的执法主体为任免机关或者监察机关；二是根据《中华人民共和国水污染防治法》

第九十条之规定，强调了构成犯罪的依法追究刑事责任；三是突出了未按规定实施行政处罚或者违法采取行政措施的违法行为。

一、承担法律责任的主体

本条规定的承担法律责任的主体为环境保护行政主管部门或者其他依照本条例规定行使监督管理权的部门。根据本条例第五条规定，市和区、县环境保护行政主管部门对本行政区域内的水污染防治实施统一监督管理；市和区、县水行政主管部门对本行政区域内的水资源保护和再生水利用进行管理，负责污水处理和河道综合整治等方面工作；发展和改革、规划、农业、市政市容、国土资源、卫生、住房和城乡建设、园林绿化、工商、旅游等行政主管部门按照各自的职责，依法做好有关水污染防治工作。这些部门都是依法对水污染防治行使监督管理权的部门。本条中“直接负责的主管人员”是指环境保护行政主管部门或者其他行使监督管理权的部门中具体主管相关水污染防治工作的有关领导，“直接责任人员”是指水污染防治工作的具体执行和落实人员。

二、本条规定的违法行为

按照本条规定，环境保护主管部门或者其他依照本条例规定行使监督管理权的部门违反本条例规定，有下列行为之一的，应当承担本条规定的法律责任：

（一）不依法作出行政许可或者办理批准文件

按照《中华人民共和国行政许可法》第七十二条规定，行政机关及其工作人员对符合法定条件的行政许可申请不予受理的，由其上级行政机关或者监察机关责令改正；情节严重的，对直接负责的主管人员和其他直接责任人员依法给予行政处分。按照《中华人民共和国行政许可法》第七十四条规定，行政机关实施行政许可时，对不符合法定条件的申请人准予行政许可或者超越法定职权作出准予行政许可决定的，或者对符合法定条件的申请人不予行政许可或不在法定期限内作出准予行政许可决定的，由其上级行政机关或者监察机关责令改正，对直接负责的主管人员和其他直接责任人员依法给予行政处分；构成犯罪的，依法追究刑事责任。

本项违法行为主要涉及环境影响评价、“三同时”、排污许可等行政许可事项。水污染防治监督管理部门应当严格按照本条例及相关法律、行政法规的有关规定在法定期限内向符合条件的申请人作出行政许可或者办理批准文件，对不符合法定条件的单位不得作出行政许可或者办理批准文件。在行政许可和办理批准文件时，以下几种行为均构成违法，应当承担本条规定的法律责任：（1）水污染防治监督管理人员对不符合法定条件的申请人作出行政许可或者办理批准文件；（2）超越职权作出行政许可或者办理批准文件；（3）对符合法定条件的申请人不予作出行政许可或者办理批准文件；（4）不在法定期限内作出行政许可或者办理批准文件。

（二）未按规定实施行政处罚或者违法采取行政措施的

按照《中华人民共和国行政处罚法》第五十五条规定，行政机关实施行政处罚时，没有法定行政处罚依据的、擅自改变行政处罚种类和处罚幅度的、违反法定的行政处罚程序的、违反关于委托处罚相关规定的，由上级行政机关或者有关部门责令改正，可以对直接负责的主管人员和其他直接责任人员依法给予行政处分。

对违反建设项目“三同时”规定、拒报或谎报水污染物排污申报、未按规定安装水污染物自动排放监测设备或未按规定与环保部门的监控设备联网并保证监测设备稳定运行、不正常使用水污染物处理设施或未经许可擅自拆除或闲置水污染物处理设施、超标准或超总量指标排污、违反饮用水水源保护区相关规定等违法行为，环境保护行政主管部门或者其他依照本条例规定行使监督管理权的部门应当按照本条例规定，根据违法行为的情节轻重和污染损害作出相应的行政处罚或采取必要的行政措施，不实施行政处罚、行政处罚不符合法定程序，或采取的行政措施超越了法律规定的权限等行为，均构成违法，应当承担本条规定的法律责任。

（三）发现违法行为或者接到对违法行为的举报后不予查处的

按照《中华人民共和国行政处罚法》第三条规定，公民、法人或者其他组织违反行政管理秩序的行为，应当由行政机关依照法律、法规或者规章规定的程序给予行政处罚。第六十二条规定，执法人员玩忽职守，对应当予以制止和处罚的违法行为不予制止、处罚，致使公民、法人或者其他组织的合法权益、公共利益和社会秩序遭受损害的，对直接负责的主管人员和其他直接责任人员依法给予行政处分；情节严重构成犯罪的，依法追究刑事责任。

本条例明确了环境保护行政主管部门或者其他依照本条例规定行使监督管理权的部门在水污染防治工作中的监督管理职责，水污染防治监督管理部门应当严格依法履行职责，对发现的违法行为或者接到对违法行为的举报后应当立即予以查处。《中华人民共和国行政处罚法》第五条规定，实施行政处罚，纠正违法行为，应当坚持处罚与教育相结合，教育公民、法人或者其他组织自觉守法。对违法行为不予查处，听之任之，就无法起到处罚、教育的作用，容易造成恶劣的环境、社会影响，对水污染防治工作极为不利，对监督管理部门的这种玩忽职守、姑息迁就的行为必须进行处罚。因此，水污染防治监督管理部门依法应当作为而不作为的，即构成违法，应当承担本条规定的法律责任。

（四）其他未依照本条例规定履行职责的行为

本条例赋予了水污染防治监督管理部门在水污染防治工作中的监督管理职责，相关具有水污染防治监督管理职能的部门必须在水污染防治的各个方面、各个环节，切实做好监督管理工作。在本条规定的前三种违法行为之外，水污染防治监督管理部门有不依法履行监督管理职责的其他行为的，也应当承担法律责任。不依法履行监督管理职责的行为方式可以是不作为，也可以是不按规定作为。

三、违法行为人应承担的法律责任

按照本条规定，环境保护行政主管部门或者其他依照本条例规定行使监督管理权的部门凡是存在上述违法行为，任免机关或者监察机关应当依法对直接负责的主管人员和其他直接责任人员给予处分。处分，也称行政纪律处分，是指行政机关内部上级对下级以及监察机关按照行政隶属关系，对违法违纪的人员依法给予的一种法律制裁。依照《中华人民共和国公务员法》的规定，行政纪律处分包括：警告、记过、记大过、降级、撤职、开除。环境保护行政主管部门或者其他依照本条例规定行使监督管理权的部门，不依法作出行政许可或者办理批准文件的、未按规定实施行政处罚或者违法采取行政措施的、发现违法行为或者接到对违法行为的举报后不予查处的，或者有其他未依照本条例规定履行职责的行为的，应当由任免机关或者监察机关按照各自的管理权限，根据其错误性质、违法情节轻重、造成危害的严重程度以及本人对错误的认识态度，对直接负责的主管人员和其他直接责任人员给予处分。

《中华人民共和国刑法》第四百零八条规定，负有环境保护监督管理职责的国家机关工作人员严重不负责任，导致发生重大环境污染事故，致使公私财产遭受重大损失或者造成人身伤亡的严重后果的，处三年以下有期徒刑或者拘役。根据这一规定，如果违反本条规定构成犯罪的，应当依法追究其刑事责任。

【参考规定】

《中华人民共和国水污染防治法》第六十九条、第九十条，《中华人民共和国行政许可法》第七十二条、第七十四条，《中华人民共和国行政处罚法》第三条、第五条、第五十五条、第六十二条，《中华人民共和国刑法》第四百零八条。

> 第七十八条　违反本条例规定，排放水污染物超过国家或者本市规定的水污染物排放标准，或者超过重点水污染物排放总量控制指标的，由市或者区、县环境保护行政主管部门责令限期治理，并处应缴纳排污费数额二倍以上五倍以下的罚款。应缴纳排污费数额按年计算。
>
> 排放水污染物进入公共污水处理设施，水质不符合排水管理规定的，由水行政主管部门依法按照排水管理的有关规定予以处理。
>
> 城镇污水集中处理设施的运营单位排放水污染物超过水污染物排放标准的，由市或者区、县环境保护行政主管部门责令限期治理，并处一万元以上十万元以下的罚款。

限期治理期间，由环境保护行政主管部门责令限制生产、限制排放或者停产整治。被责令限期治理的单位应当向有关行政主管部门提交治理计划，定期报告治理进度，并按照规定期限完成治理任务。限期治理的期限最长不超过一年，逾期未完成治理任务的，报经有批准权的人民政府批准，责令关闭。

【条文主旨】

本条是关于超标和超总量排放水污染物的法律责任的规定。

【条文解读】

本条规定的违法行为包括两种情况，一是排放水污染物超过国家或者本市规定的水污染物排放标准，如果本市规定了地方排放标准就应当遵守地方排放标准，如果没有规定就应当遵守国家排放标准；二是排放水污染物超过重点水污染物排放总量控制指标。超标或超总量排污是危害水环境质量的最为普遍、监管最为困难，也是危害最大的环境违法行为之一，在不与上位法抵触的前提下，本着“过罚相当”的原则，针对本市水污染防治的实际需求，对超标或超总量排污行为规定具体的、合理的、操作性强的处罚措施是加强水环境监管、保证依法行政的重要环节。

《中华人民共和国水污染防治法》第七十四条规定，违反本法规定，排放水污染物超过国家或者地方规定的水污染物排放标准，或者超过重点水污染物排放总量控制指标的，由县级以上人民政府环境保护主管部门按照权限责令限期治理，处应缴纳排污费数额二倍以上五倍以下的罚款。在限期治理期间，由环境保护主管部门责令限制生产、限制排放或者停产整治。限期治理的期限最长不超过一年；逾期未完成治理任务的，报经有批准权的人民政府批准，责令关闭。本条在此规定的基础上进行了四方面的细化和调整，一是明确了对违法行为进行罚款的应缴排污费基数以年计；二是对执法主体分工进一步明确，规定排放水污染物进入公共污水处理设施，水质不符合排水管理规定的，由水行政主管部门进行处罚；三是明确了对城镇污水集中处理设施超标排污违法行为处罚的相关规定；四是明确了限期治理期间排污单位应当向有关行政主管部门提交治理计划，定期报告治理进度的法律规定，以防止和降低限期治理期间的环境损害。

一、超标和超总量排污即为违法行为

本条例第九条明确规定，排放水污染物，不得超过国家或者地方规定的水污染物排放标准和重点水污染物排放总量控制指标。违反该条规定，超过国家或者地方规定的水污染物排放标准或者超过重点水污染物排放总量控制指标排放水污染物的，即构成本条规定的违法行为，应当按照本条的规定承担相应的法律责任。

二、违法行为人应承担的法律责任

行为人只要实施了上述两种违法行为之一，就应当承担本条规定的法律责任，应当由区、县级以上环境保护行政主管部门依法给予行政处罚。本条规定的行政处罚方式有两种：一是责令限期治理并处罚款，二是责令关闭。

限期治理就是在有权作出限期治理决定的环境保护行政主管部门确定的期限内，限制生产、限制排放或者停产整治，通过技术改造、建设污染治理设施、淘汰造成严重污染环境的工艺、关闭造成严重污染的生产设备等方式，使其向水体排放的污染物符合国家和地方规定的排放标准或者使排放的重点水污染物符合总量控制指标。被责令限期治理的单位应当向有关行政主管部门提交治理计划，定期报告治理进度，并按照规定期限完成治理任务。限期治理的期限最长不超过一年。罚款是由区、县级以上环境保护行政主管部门或其他有处罚权的部门强制超标或超总量排污的违法行为人交纳一定数量货币作为行政处罚措施。2008 年新修订的《中华人民共和国水污染防治法》对超标和超总量排污罚款数额的计算方式进行了比较大的调整，由原来的直接规定罚款数额范围改变为按应缴排污费数额的倍数计算，在一定程度上体现了多排多罚的“过罚相当”原则。

对被责令限期治理而逾期未完成治理任务的，区、县级以上环境保护行政主管部门应当报经有批准权的人民政府批准，责令关闭，不让其继续污染环境。由于在实际生产过程中，造成排放水污染物超标的情况是十分复杂的，决定关闭企业涉及企业关闭后产生的一系列问题的处理。有批准权的人民政府一般是区、县级以上人民政府，可以协调解决企业关闭后的职工安置、债权债务处理等善后事宜。

三、处罚方式及执法主体

根据本市的实际情况，水污染物的排放有三种情况：排放水污染物直接进入环境、排放水污染物进入公共污水处理设施、公共污水处理设施向环境排放水污染物。由于排放类别不同，其水污染物排放的特征以及对水环境的影响程度也不同，因此其超标排污违法行为应承担的法律责任、执法主体、处罚方式也不尽相同。

（一）排放水污染物直接进入环境的超标和超总量排污行为

本条第一款是对超标和超总量排污的一般性处罚规定，主要是针对排放水污染物直接进入环境的，同时也包括工业园区公共污水处理设施以及向公共污水处理设施排放水污染物的超标和超总量排污行为。执法的主体是区、县级以上环境保护行政主管部门。

《中华人民共和国水污染防治法》规定对超标排污的违法行为，由县级以上人民政府环境保护主管部门按照权限责令限期治理，处应缴排污费数额二倍以上五倍以下的罚款，但并未明确应缴排污费数额是按月计、按季计还是按年计。从立法的初衷来讲，之所以没有明确排污费基数的计费时间段，原本是要按违法持续时间来计算应缴排污费，即从超标违法开始到接受处罚的时间段内的应缴排污费数额作为处罚计费的排污费基数，这一初衷看似符合“过罚相当”的原则，但是在实际操作中，超标违法的开始时间通常是无法界定的，因此实施起来非常困难。针对这一问题，2008 年 6 月 13 日，在现行《中华人民共和国水污染防治法》刚刚开始施行的时候，国家环境保护部就发布了《关于执行〈水污染防治法〉第 73 条和第 74 条“应缴纳排污费数额”规定有关问题的通知》（环发[2008]52 号），将“应缴排污费数额”规定为按月度排污费计算。然而，由于近年来北京市提高环境准入门槛和关停重污染企业的力度比较大，目前现存的除城镇污水处理厂以外的排污企业排污量普遍不大，如果应缴排污费数额按月计算，则计算出来的超标排污罚款数额非常有限，常常只有几十元到数百元，与违法行为造成的环境损害后果相比极度不相称，而且加剧了“守法成本高、违法成本低”的不合理现象，对违法行为人不仅起不到惩戒、教育的作用，反而会在一定程度上纵容违法企业逃避治理水污染的责任。

鉴于此，本条例针对本市的实际情况，本着从严处罚的原则，规定应缴排污费数额按年计算。一方面，这一规定符合《中华人民共和国水污染防治法》严格控制水污染的立法精神，与该法第七十四条关于超标排污处罚的规定并不抵触；另一方面，环发[2008]52号文件仅仅是部门文件，并不构成对《中华人民共和国水污染防治法》的司法解释，《北京市水污染防治条例》作为北京市人民代表大会审议通过并发布的地方性法规，其法律效力应当高于环保部的部门文件，可以不受其约束。因此，本条例颁布实施后，本市范围内对超标排污处罚数额的计算应当适用本条例的规定。

（二）排放水污染物进入公共污水处理设施的超标和超总量排污行为

本条第二款是专门针对排放水污染物进入公共污水处理设施，排水水质不符合排水管理规定的违法行为。需要说明的是，《中华人民共和国水污染防治法》第四十五条第一款规定，向城镇污水集中处理设施排放水污染物，应当符合国家或者地方规定的水污染物排放标准。本市颁布地方标准《水污染物排放标准》（DB 11/307—2005），对排放水污染物进入城镇污水处理设施的排污行为专门规定了污染物排放限值，超过这个标准向城镇污水处理设施排放水污染物，包括超标排放该标准规定的、应当在车间或车间处理设施排放口进行监管的第一类污染物，应当适用本条第一款的处罚规定，可以由环境保护行政主管部门进行处罚。因此，本条第二款的规定并不免除环境保护行政主管部门对超标排放水污染物进入公共污水处理设施的违法行为进行处罚的权力和责任。

但是，《中华人民共和国水污染防治法》第四十四条第四款规定，向城镇污水集中处理设施排放污水、缴纳污水处理费用的，不再缴纳排污费。因此如果机械地按照本条第一款的规定来计算这种情况下的“应缴排污费数额”就会遇到困难。本款规定了对排放水污染物进入公共污水处理设施的超标排污行为的简单明确的处罚措施，应当视为对上位法的有益补充。

北京市污水处理率较高，尤其是中心城和新城，大部分污水汇入公共污水处理设施经处理后排入环境，这些污水不会直接对水环境造成影响，但其水质和水量会对污水处理厂的运行产生影响和冲击，间接影响水环境质量。为保证公共污水处理设施的正常运转，《北京市排水和再生水管理办法》明确了向排水管网排放超标污水等损害排水和再生水设施的行为责令限期改正，处一万元以上三万元以下罚款。本款规定排放水污染物进入公共污水处理设施，水质不符合排水管理规定的，按照排水管理的有关规定予以处理。此外，本市水行政主管部门是对公共排水设施行使监督管理权的部门，是排水许可证的审批和管理部门，同时也是本市污水管网和公共污水处理设施建设、运营的行业主管部门，对本市污水管网和污水处理设施的建设运营情况较为了解，因此，本款规定排水水质不符合排水管理规定的违法行为的执法主体是水行政主管部门。

（三）城镇污水集中处理设施的超标和超总量排污行为

本条第三款是专门针对城镇污水集中处理设施超标排污行为的处罚规定。按照《中华人民共和国水污染防治法》的规定，所有超标排放水污染物的情形承担的法律责任是一样的，均由县级以上人民政府环境保护主管部门按照权限责令限期治理，处应缴纳排污费数额二倍以上五倍以下的罚款。本款之所以对城镇污水集中处理设施超标排污行为单独规定处罚措施，原因有以下几点：其一，《中华人民共和国水污染防治法》第四十五条第二款规定，城镇污水集中处理设施达标排放的，可以按照国家有关规定免缴排污费。因此城镇污水集中处理设施一旦超标排污，“应缴纳排污费数额”究竟应当是多少就不好界定；其二，如果以排放水污染物的量乘上单位数量污染物缴费标准来计算“应缴纳排污费数额”，由于城镇污水处理厂的处理规模普遍较大，例如高碑店污水处理厂的设计处理规模达到 100 万 t/d，不管应缴纳排污费数额是按月、按季还是按年计算，计算出来的罚款数额都是非常庞大的，污水处理设施的运营单位不可能有能力承担这么巨额的罚款；其三，造成城镇污水集中处理设施超标排污的原因是非常复杂的，除了运营单位没有按规定正常运行处理设施以外，污水处理厂进水浓度过高、进水中含有难生物降解有机污染物等污水处理设施难以有效处理的物质、进水水量超过设施处理能力等非运营单位责任的原因也可以造成出水超标，如果不分缘由一味对运营单位处以重罚，显然有失公允；其四，与企业污水处理设施不同，城镇污水集中处理设施的运营属于公共服务事业，对超标排污的处罚应以警示和教育为主，惩罚为辅，即使发生超标排污的违法行为，也还要保护运营单位尽量多地处理污水、尽量多地削减污染物排放总量的积极性。

鉴于上述这些原因，本款将城镇污水集中处理设施超标违法的处罚单独进行规定，应当是对上位法有关规定的补充、完善和具体化，并不构成与上位法抵触。对本市范围内城镇污水集中处理设施超标违法的处罚适用本款，不适用本条第一款的规定。

【参考规定】

《中华人民共和国水污染防治法》第九条、第四十五条、第七十四条，《北京市城市排水和再生水管理办法》第十八条第四项、第三十八条第一项、第四十条。

第七十九条　违反本条例规定，装载有毒污染物的车辆驶入地表饮用水水源保护区的，由公安机关交通管理部门责令改正，并依法处理。

在地表饮用水水源保护区组织水上旅游或者其他可能污染饮用水水源活动的，以及在地表饮用水水源保护区和准保护区内从事网箱养殖的，由所在地区、县环境保护行政主管部门或者水行政主管部门按照职责分工责令停止违法行为，并处二万元以上十万元以下的罚款。个人在地表饮用水水源一级保护区内游泳、垂钓或者从事其他可能污染饮用水水体的活动的，由所在地区、县环境保护行政主管部门或者水行政主管部门按照职责分工责令停止违法行为，并可以处五百元以下的罚款。

【条文主旨】

本条是关于地表饮用水水源保护区和准保护区内违法行为的法律责任的规定。

【条文解读】

本条主要是对违反本条例第五十九条的违法行为的法律责任的规定，本条规定的违法行为有以下四种：

（1）装载有毒污染物的车辆驶入地表饮用水水源保护区；

（2）在地表饮用水水源保护区组织水上旅游或者其他可能污染饮用水水源活动；

（3）在地表饮用水水源保护区和准保护区内从事网箱养殖；

（4）个人在地表饮用水水源一级保护区内游泳、垂钓或者从事其他可能污染饮用水水体的活动。

本条区分了组织和个人的行为，并对实施处罚的责任部门进行了明确。根据违法行为的不同，本条规定了不同的法律责任：

（1）装载有毒污染物的车辆驶入地表饮用水水源保护区的，由公安机关交通管理部门责令改正，并依法处理；

（2）在地表饮用水水源保护区组织水上旅游或者其他可能污染饮用水水源活动的，以及在地表饮用水水源保护区和准保护区内从事网箱养殖的，由所在地区、县环境保护行政主管部门或者水行政主管部门按照职责分工责令停止违法行为，并处二万元以上十万元以下的罚款；

（3）个人在地表饮用水水源一级保护区内游泳、垂钓或者从事其他可能污染饮用水水体的活动的，由所在地区、县环境保护行政主管部门或者水行政主管部门按照职责分工责令停止违法行为，并可以处五百元以下的罚款。

责令停止违法行为是指区、县环境保护或水行政主管部门发现并确认有关单位和个人有上述行为之一的，以行政命令的方式责令违法行为人立即停止其违法行为。违法行为人在接到责令停止违法行为的通知后，必须在规定期限内停止违法行为。除了责令停止违法行为外，还应当同时强制违法行为人缴纳一定数额的货币作为处罚。

【参考规定】

《中华人民共和国水污染防治法》第八十一条。

> 第八十条　违反本条例规定，有下列行为之一的，由市或者区、县环境保护行政主管部门责令限期改正，并处一万元以上十万元以下的罚款：
>
> （一）在地下饮用水水源保护区或者准保护区内堆放和贮存易溶、含有毒污染物的废弃物；
>
> （二）在地下饮用水水源保护区内堆放垃圾、粪便及其他可能污染地下饮用水水源的固体废弃物；
>
> （三）在地下饮用水水源保护区内新建贮存液体化学原料、油类或者其他含有毒污染物物质的地下工程设施。

【条文主旨】

本条是关于地下饮用水水源保护区和准保护区内违法行为的法律责任的规定。

【条文解读】

本条主要是对违反本条例第六十条的违法行为的法律责任的规定，本条规定的违法行为有以下三种：

（1）在地下饮用水水源保护区或者准保护区内堆放和贮存易溶、含有毒污染物的废弃物；

（2）在地下饮用水水源保护区内堆放垃圾、粪便及其他可能污染地下饮用水水源的固体废弃物；

（3）在地下饮用水水源保护区内新建贮存液体化学原料、油类或者其他含有毒污染物物质的地下工程设施。

本条对三种违法行为规定的法律责任是相同的，均是由市或者区、县环境保护行政主管部门责令限期改正，并处一万元以上十万元以下的罚款。

第八十一条　有关排污单位违反本条例规定，不执行市人民政府采取的更加严格的水污染防治措施，造成水环境污染的，由市或者区、县环境保护行政主管部门处一万元以上十万元以下的罚款；情节严重的，市或者区、县人民政府可以责令其停产、停业。

【条文主旨】

本条是关于违反市政府采取更严格水污染防治措施的违法行为的法律责任的规定。

【条文解读】

本条是对违反本条例第二十五条规定的违法行为的处罚，本条例第二十五条参考了原《北京市实施〈中华人民共和国水污染防治法〉办法》第十一条的规定，但是原办法并没有给出相应的处罚规定。为了保障可能出台的更严格的水污染防治措施的有效实施并收到预期效果，本条例规定对于不执行政府采取更严格水污染防治措施，造成水环境污染的，由市或者区、县环境保护行政主管部门处一万元以上十万元以下的罚款，情节严重的，市或区、县人民政府可以责令停产、停业。

第八十二条　违反本条例规定，有下列行为之一的，由市或者区、县环境保护行政主管部门责令停止违法行为，采取限期治理措施，消除污染，处以罚款；逾期不采取治理措施的，环境保护行政主管部门可以指定有治理能力的单位代为治理，所需费用由违法者承担：

（一）向水体排放油类、酸液、碱液；

（二）向水体排放剧毒废液；

（三）在水体清洗装贮过油类或者有毒污染物的车辆和容器；

（四）向水体排放、倾倒工业废渣、垃圾和其他废弃物；

（五）在河流、湖泊、渠道、水库最高水位线以下的滩地和岸坡堆放、存贮固体废弃物和其他污染物；

（六）利用渗坑、渗井、裂隙、溶洞排放、倾倒污水和其他废弃物；

（七）在砂石坑、窑坑、滩地等低洼地排放污水，倾倒、存贮垃圾、粪便及其他污染物，或者以漫流方式排放、倾倒污水；

（八）利用无防渗漏措施的沟渠、坑塘等输送或者存贮含有毒污染物的废水、含病原体的污水和其他废弃物；

（九）向水体排放、倾倒放射性固体废物或者含高放射性和中放射性物质的废水；

（十）未将实验室、检验室、化验室废液按照国家和本市关于危险废物的有关规定单独收集，进行安全处置。

有前款第（三）项、第（七）项、第（十）项行为之一的，处一万元以上十万元以下的罚款；有前款第（一）项、第（四）项、第（五）项、第（八）项行为之一的，处二万元以上二十万元以下的罚款；有前款第（二）项、第（六）项、第（九）项行为之一的，处五万元以上五十万元以下的罚款。

【条文主旨】

本条是关于违反排放水污染物禁止性规定的违法行为应当承担的法律责任的规定。

【条文解读】

本条是对违反本条例第二十六条、第二十八条、第二十九条的违法行为的处罚规定，包括了十种违法行为。

第一种违法行为是违反本条例第二十六条第一项的规定，向水体排放油类、酸液、碱液。凡是向水体排放油类、酸液、碱液，无论排放多少、浓度如何、是否造成水体严重污染，均构成本条规定的违法行为。本项所指“油类、酸液、碱液”是指单一成分物质或溶液。不以上述物质为主要成分的混合液，经处理达到国家或地方标准后是可以排放的，例如《水污染物排放标准》（DB 11/307—2005）根据不同排放去向设置了石油类的排放限值。参考《中华人民共和国水污染防治法》第七十六条规定，本条规定对违法行为人应处以二万元以上二十万元以下的罚款。

第二种违法行为是违反本条例第二十六条第一项规定，向水体排放剧毒废液。剧毒化学品名录主要以国务院有关部门公布的文件为准，例如国务院安全生产监督管理部门会同国务院公安、环保、卫生、质检、交通部门公布的《剧毒化学品目录》。如果违反这一规定，违法行为人应承担本条规定的法律责任。参考《中华人民共和国水污染防治法》第七十六条规定，本条规定对违法行为人应处以五万元以上五十万元以下的罚款。

第三种违法行为是违反本条例第二十六条第二项规定，在水体中清洗装贮过油类或者有毒污染物的车辆和容器。油类或者有毒物质除了通过排放可以进入水体外，在水体清洗装贮过油类或者有毒污染物的车辆和容器，也是其进入水体的可能途径，因此要从立法上加以禁止。如果违反这一规定，参考《中华人民共和国水污染防治法》第七十六条规定，本条规定对违法行为人应处以一万元以上十万元以下的罚款。

第四种违法行为是违反本条例第二十六条第三项，向水体排放、倾倒工业废渣、垃圾和其他废弃物。如果违反这一规定，参考《中华人民共和国水污染防治法》第七十六条规定，本条规定对违法行为人应处以二万元以上二十万元以下的罚款。

第五种违法行为是违反本条例第二十六条第四项，在河流、湖泊、渠道、水库最高水位线以下的滩地和岸坡堆放、存贮固体废弃物和其他污染物。如果违反这一规定，参考《中华人民共和国水污染防治法》第七十六条规定，本条规定对违法行为人应处以二万元以上二十万元以下的罚款。

第六种违法行为是违反本条例第二十六条第五项规定，利用渗坑、渗井、裂隙、溶洞排放、倾倒污水和其他废弃物。如果违反这一规定，参考《中华人民共和国水污染防治法》第七十六条规定，本条规定对违法行为人应处以五万元以上五十万元以下的罚款。

第七种违法行为是违反本条例第二十六条第六项规定，在砂石坑、窑坑、滩地等低洼地排放污水，倾倒、存贮垃圾、粪便及其他污染物，或者以漫流方式排放、倾倒污水。砂石坑、窑坑、滩地等低洼地的防渗性能差，排放污水或贮存污物容易引起地下水污染。因此，违反本条例第二十六条第六项规定应当承担本条规定的法律责任，本条规定对违法行为人应处以一万元以上十万元以下的罚款。

第八种违法行为是违反本条例第二十六条第七项规定，利用无防渗漏措施的沟渠、坑塘等输送或者存贮含有毒污染物的废水、含病原体的污水和其他废弃物。如果违反这一规定，参考《中华人民共和国水污染防治法》第七十六条规定，本条规定对违法行为人应处以二万元以上二十万元以下的罚款。

第九种违法行为是违反本条例第二十八条规定，向水体排放、倾倒放射性固体废物或者含高放射性和中放射性物质的废水。违反本规定应当承担本条规定的法律责任。如果违反这一规定，参考《中华人民共和国水污染防治法》第七十六条规定，本条规定对违法行为人应处以五万元以上五十万元以下的罚款。

第十种违法行为是违反本条例第二十九条规定，未将实验室、检验室、化验室废液按照国家和本市关于危险废物的有关规定单独收集，进行安全处置。违反本规定应当承担本条规定的法律责任。本条规定对违法行为人应处以一万元以上十万元以下的罚款。

对于上述违法行为，由区、县级以上环境保护行政主管部门责令违法行为人停止违法行为，采取限期治理措施，消除污染，同时对其处以罚款。如果违法行为人在规定期限内不采取治理措施，环境保护行政主管部门可以指定有治理能力的第三方代为治理，所需费用全部由违法行为人承担。

【参考规定】

《中华人民共和国水污染防治法》第七十六条。

> 第八十三条　违反本条例规定，生产含磷洗涤用品的，由市或者区、县环境保护行政主管部门责令停止违法行为，并处一万元以上十万元以下罚款；销售含磷洗涤用品的，由市或者区、县工商行政主管部门责令停止违法行为，并处一千元以上一万元以下的罚款。

【条文主旨】

本条是关于违反规定生产、销售含磷洗涤用品的违法行为的法律责任的规定。

【条文解读】

本条是对违反本条例第二十六条第八项的违法行为的处罚规定。由于生产含磷洗涤用品和销售含磷洗涤用品的违法行为的环境危害不同，所属行业和主管部门也不同，因此罚款数额和执法主体也有区别。本条规定，对违反禁止生产含磷洗涤用品规定的行为，由市或者区、县环境保护行政主管部门责令停止违法行为，并处一万元以上十万元以下罚款；对违反禁止销售含磷洗涤用品的行为，由市或者区、县工商行政主管部门责令停止违法行为，并处一千元以上一万元以下的罚款。

第八十四条　违反本条例规定，未按规定对排放的水污染物进行预处理的，由市或者区、县环境保护行政主管部门责令限期改正，并处一万元以上三万元以下的罚款。

【条文主旨】

本条是关于向公共污水处理设施排放水污染物，未按规定进行预处理的违法行为的法律责任的规定。

【条文解读】

本条是对违反本条例第三十七条的违法行为的处罚规定。本条中“未按规定对排放的水污染物进行预处理”的表述包含两层含义：一是按照本条例第三十七条之规定，向公共污水处理设施排放含有毒污染物名录内污染物的污水、医疗卫生机构产生的含病原体的污水，以及含难以生物降解的有机污染物的废水，应当进行预处理，因此如果没有进行预处理就是违法，也就适用本条的处罚规定；二是对上述三种污、废水尽管进行了预处理，但是没有达到规定的标准，这也是违法，也适用本条的处罚规定。

《中华人民共和国水污染防治法》四十四条第四款规定，向城镇污水集中处理设施排放污水、缴纳污水处理费用的，不再缴纳排污费；同时第七十四条第一款规定，排放水污染物超过国家或者地方规定的水污染物排放标准，处应缴纳排污费数额二倍以上五倍以下的罚款。由于向城镇污水集中处理设施排放污水的大多数都缴纳了污水处理费，不需缴纳排污费，如果出现超标向城镇污水集中处理设施排放污水的违法行为，不容易计算罚款数额，不利于对其进行处罚。为了便于执法，本条规定，如果排污单位违反本规定，由市或区、县环境保护行政主管部门要求违法行为人限期改正，并处一万元以上三万元以下的罚款。这一罚款数额与 2010 年 1 月 1 日开始实施的《北京市排水和再生水管理办法》第三十八条第一项的处罚规定是一致的，同时根据该办法第四十条以及本条例第七十八条第二款的规定，预处理没有达到排放标准的超标排污违法行为，也可以由水行政主管部门进行处罚。

【参考规定】

《中华人民共和国水污染防治法》第四十五条第一款，《北京市排水和再生水管理办法》第三十八条第一项。

> 第八十五条　违反本条例规定，向雨水收集口、雨水管道排放或者倾倒污水、污物和垃圾等废弃物的，由城市管理综合执法部门责令停止违法行为，对个人处一千元以上一万元以下的罚款；对单位处一万元以上十万元以下的罚款。

【条文主旨】

本条是关于利用雨水收集、排除系统倾倒污水、污物和垃圾等废弃物的违法行为的法律责任的规定。

【条文解读】

本条是对违反本条例第三十八条第二款的违法行为的处罚规定。鉴于向雨水收集口、雨水管道排放或者倾倒污水、污物和垃圾等废弃物的违法行为不仅直接污染水环境，还对雨水收集、排除系统的运行产生不利影响，危害后果比较严重且性质比较恶劣，因此本条规定了较为严厉的处罚措施，对个人违法行为人处一千元以上一万元以下的罚款；对单位违法行为人处一万元以上十万元以下的罚款。

根据《北京市人民政府办公厅关于印发〈北京市城市管理综合行政执法局职能配置内设机构和人员编制规定〉的通知》（京政办发[2002]59 号），本市城市管理综合行政执法部门负责本市市政设施、城市公用、城市节水和停车场管理中的专业性行政执法工作。雨水的收集、排除系统属于市政公用设施，因此，本条的执法主体为城市管理综合执法部门。

【参考规定】

《北京市城市河湖保护管理条例》第四十九条、第五十二条。

第八十六条　违反本条例规定，有下列行为之一的，由市或者区、县环境保护行政主管部门责令停止违法行为，消除污染，并处一万元以上十万元以下的罚款：

（一）用倾倒、堆放、直接填埋的方式对污泥进行处置；

（二）未按照规划确定配套的污泥处理工艺、措施，或者污泥处置设施未正常运行。

【条文主旨】

本条是关于违反污泥处理处置规定的违法行为的法律责任的规定。

【条文解读】

本条第一项是违反本条例第三十九条第二款的违法行为，第二项是违反本条例第四十二条的违法行为。市或者区、县环境保护行政主管部门对上述违法行为实施行政处罚时，首先责令违法行为人停止违法行为，采取措施消除污染。同时环境保护行政主管部门对违法行为人处以罚款，本条规定的罚款额度为一万元以上十万元以下，对违法行为人处以罚款的具体数额由环境保护行政主管部门根据违法行为人的违法行为的具体情况决定。

【参考规定】

《中华人民共和国行政处罚法》第二十三条。

第八十七条　违反本条例规定，规模化畜禽养殖企业未采取有效措施，致使畜禽养殖废水、粪污渗漏、溢流、散落对环境造成污染的，由市或者区、县环境保护行政主管部门责令停止违法行为，并处一千元以上一万元以下的罚款。

【条文主旨】

本条是关于规模化畜禽养殖企业造成环境污染的违法行为的法律责任的规定。

【条文解读】

本条是对违反本条例第四十七条第二款的违法行为的处罚规定。规模化畜禽养殖企业造成环境污染的情形主要包括两类：一是规模化养殖企业排放的污水达不到国家或地方水污染物排放标准，污染水环境；二是规模化畜禽养殖企业未采取有效措施，致使畜禽养殖废水、粪污渗漏、溢流、散落对环境造成污染。对于第一种情形，《中华人民共和国水污染防治法》第四十九条第二款规定，畜禽养殖场、养殖小区应当保证其畜禽粪便、废水的综合利用或者无害化处理设施正常运转，保证污水达标排放，防止污染水环境。违反这一规定的处罚措施与其他超标排放水污染物的情形的处罚措施是相同的。鉴于畜禽养殖业本身的特殊性，畜禽养殖企业废水超标排放的监管和执法历来是非常困难的，加之上位法已经规定了处罚措施，本条例不宜在此方面再进行重复强调；对于第二种情形，规模化畜禽养殖企业采取有效措施，避免畜禽养殖废水、粪污渗漏、溢流、散落对环境造成污染，这本身是比较容易做到的，而且上位法并没有对此进行规定，因此本条例进行了规范。由于畜禽养殖业本身是微利行业，受市场波动的影响大，而从农产品保障和提高农民收入的角度讲又是需要的，考虑这一实际情况，本条规定的罚款额度相对较小，为一千元以上一万元以下，处罚主要突出警示、教育作用。此种违法行为的执法主体为区、县级以上环境保护行政主管部门。

第八十八条　违反本条例规定，有下列行为之一的，由市环境保护行政主管部门责令改正；情节严重的，并处二万元以上十万元以下的罚款：

（一）企业事业单位未按照规定制定水污染事故的应急方案；

（二）企业事业单位未按照规定建立事故状态下的水污染防治设施、储备相应的应急救援物资；

（三）水污染事故发生后，造成事故的单位和个人未及时采取有关应急措施，做好事故的事后处置和事后恢复工作。

【条文主旨】

本条是关于企业事业单位在水污染事故发生前和发生后没有履行水污染事故应急处置相关规定的违法行为的法律责任的规定。

【条文解读】

本条是对违反本条例第五十一条、第五十二条、第五十三条的违法行为的处罚规定，本条规定的违法行为主要有三种：

第一种违法行为是违反本条例第五十二条第一款规定，未按照规定制定水污染事故的应急方案。如果可能发生水污染事故的企业事业单位违反这一规定，不按照规定制定水污染事故的应急方案，无论是否发生水污染事故，都要承担本条规定的法律责任，即由市环境保护行政主管部门责令改正，情节严重的，并处二万元以上十万元以下的罚款。

第二种违法行为是违反本条例第五十二条第一款有关规定，未按照规定建立事故状态下的水污染防治设施、储备相应的应急救援物资。本项规定的行为与制定应急预案性质相同，都是未发生水污染事故的防范措施，要求可能发生水污染事故的企业事业单位建立事故状态下的水污染防治设施、储备相应的应急救援物资。“建立事故状态下的水污染防治设施”主要是指本条例第五十二条第二款的规定，要求生产、使用、储存危险化学品的企业事业单位，应当在其储存场所建立防渗漏围堰，在厂区修建消防废水、废液的收集装置，防止消防废水进入水体，造成污染。同第一种违法行为一样，无论是否发生水污染事故，只要可能发生水污染事故的企业事业单位未按照规定建立事故状态下的水污染防治设施、储备相应的应急救援物资，都要承担本条规定的法律责任，即由市环境保护行政主管部门责令改正，情节严重的，并处二万元以上十万元以下的罚款。

第三种违法行为是违反本条例第五十一条第二款规定、第五十三条第一款规定，水污染事故发生后，造成事故的单位和个人未及时采取有关应急措施，做好事故的事后处置和事后恢复工作。“采取有关应急措施”是指启动应急预案，采取防止、减轻水污染的应急措施，向政府和环境保护主管部门报告；“事后处置和事后恢复”是指消除水污染事故带来的污染危害，对受到损失的单位和个人依法进行赔偿。违反上述规定须承担本条规定的法律责任，即由市环境保护行政主管部门责令改正，情节严重的，并处二万元以上十万元以下的罚款。

【参考规定】

《中华人民共和国水污染防治法》第八十二条、第八十三条。

第八十九条　违反本条例规定，造成水污染事故的，由市或者区、县环境保护行政主管部门依照国家规定处以罚款，责令消除污染；不具备治理能力的，由环境保护行政主管部门指定有能力的单位代为治理，所需费用由违法者承担；对直接负责的主管人员和其他直接责任人员依法处以罚款。

【条文主旨】

本条是关于违反本条例规定，造成水污染事故的违法行为的法律责任的规定。

【条文解读】

本条规定的违法行为有两个构成要件，第一，是违反了本条例的规定，包括超标排污，违法倾倒工业废渣、垃圾等行为。如果企业事业单位没有违反本条例的规定，是由于不可抗力等原因发生了水污染事故，不承担本条规定的法律责任；第二，是在违反本条例的前提下，造成了水污染事故，包括导致水环境遭到污染和破坏、人体健康受到危害、社会经济与人民财产受到损失等后果严重的突发性事件。如果违反了本条例的规定，但是没有造成水污染事故，其法律责任的追究应根据本条例其他条款规定，并不适用本条规定的处罚措施。

本条规定，违反本条例规定，造成水污染事故的，由市或者区、县环境保护行政主管部门依照国家规定处以罚款，责令消除污染；不具备治理能力的，由环境保护行政主管部门指定有能力的单位代为治理，所需费用由违法者承担；对直接负责的主管人员和其他直接责任人员依法处以罚款。

特别需要说明的是，本条规定涉及两个罚款，一是对造成水污染事故的违法行为人（一般是肇事单位）的罚款，二是对直接负责的主管人员和其他直接责任人员个人的罚款。这两个罚款均应按照《中华人民共和国水污染防治法》第八十三条的规定进行计算。对造成水污染事故的违法行为人的罚款，应当按照《中华人民共和国水污染防治法》第八十三条第二款的规定，依据事故的级别进行计算，对造成一般或者较大水污染事故的，按照水污染事故造成的直接损失的百分之二十计算罚款，对造成重大或者特大水污染事故的，按照水污染事故造成的直接损失的百分之三十计算罚款。水污染事故的特大、重大、较大和一般四个级别，根据《中华人民共和国突发事件应对法》和《国家突发环境事件应急预案》的要求进行划分；对直接负责的主管人员和其他直接责任人员的罚款，应当按照《中华人民共和国水污染防治法》第八十三条第一款的规定进行计算，可以处上一年度从本单位取得的收入百分之五十以下的罚款。

【参考规定】

《中华人民共和国水污染防治法》第八十三条。

第九十条　违反本条例规定，使用地下水或者自来水作为城市景观水体补水的，由市或者区、县水行政主管部门责令停止违法行为，并处一万元以上三万元以下的罚款。

【条文主旨】

本条是关于违规使用地下水或者自来水作为城市景观水体补水的违法行为的法律责任的规定。

【条文解读】

本条是对违反本条例第六十八条的违法行为的处罚规定。本条例第六十八条第一款规定，本市生态环境用水应当优先使用雨水和再生水，严格限制使用地下水和自来水作为城市景观用水；第二款规定，住宅小区、单位内部景观用水具备使用雨水和再生水条件的，应当使用雨水或者再生水，不得使用地下水和自来水。其中第一款是原则性、方向性的规定，“严格限制”虽然并没有指示明确的违法行为界限，但是如果具备了使用雨水或者再生水的条件却拒不使用雨水或者再生水，而是坚持使用地下水或者自来水作为城市景观水体的补水，行为性质为主观故意时，就可以界定为违法行为，应当适用本条的处罚规定；第二款明确规定了住宅小区、单位内部景观用水具备使用雨水或者再生水条件的，不得使用地下水和自来水，违法行为的界限非常清楚，因此也适用本条的处罚规定。

依照本条规定，市或者区、县水行政主管部门首先应向违法行为人发出行政命令，责令停止违法行为，同时对违法行为人处以罚款。本条规定的罚款额度为一万元以上三万元以下，对违法行为人处以罚款的具体数额由水行政主管部门根据违法行为人的违法行为的具体情况决定。

【参考规定】

《中华人民共和国行政处罚法》第二十三条。

> 第九十一条　当事人对有关行政管理部门依照本条例作出的行政处罚决定不服的，可以申请行政复议，也可以在收到通知之日起十五日内向人民法院起诉；期满不申请行政复议或者起诉，又不履行行政处罚决定的，由作出行政处罚决定的机关申请人民法院强制执行。

【条文主旨】

本条是关于当事人对行政处罚决定不服时的救济程序规定。

【条文解读】

本条全文采用了《中华人民共和国水污染防治法》第八十四条的规定。规定了当事人对行政处罚决定不服时的救济途径，并将申请行政复议和提起行政诉讼作为可以选择的救济途径。我国是通过建立行政复议制度和行政诉讼制度为行政管理相对人提供法律救济的，行政复议法和行政诉讼法对此分别作了具体规定。因此本条规定，当事人对依照本条例作出的处罚决定不服的，可以依法申请行政复议或者提起行政诉讼。

一、行政复议

行政复议是运用行政机关系统内部的层级监督关系，依行政管理相对人的申请，由上一级国家行政机关或者法律、法规规定的其他机关依法对引起争议的具体行政行为进行审查并作出处理决定的一种活动，是行政系统监督形式。我国 1999 年颁布实施的《中华人民共和国行政复议法》对行政复议的申请、受理和决定等作出了具体规定。当事人申请行政复议，应当依据行政复议法的有关规定进行。行政复议在范围、程序等方面有自身特有的优势，它具有及时、方便、成本低等特点。一般情况下，行政复议不是终局裁决，被处罚人对行政复议决定不服的，可以向人民法院提起行政诉讼，最终由人民法院作出最后裁决。根据行政复议法的有关规定，本条例适用的主要行政复议程序和注意事项如下：

（一）当事人可以自收到处罚决定书之日起 60 日内提出行政复议申请，如果超过规定的时效，被处罚人就失去了复议申请权。

（二）当事人申请行政复议，可以书面申请，也可以口头申请。口头申请的，行政复议机关应当当场记录申请人的基本情况、行政复议请求、申请行政复议的主要事实、理由和时间。

（三）当事人对行政处罚决定不服时，由申请人选择，可以向该部门的本级人民政府或者上一级主管部门申请行政复议。

（四）被处罚人直接提起行政诉讼，人民法院已经依法受理的，不得申请行政复议；被处罚人申请行政复议，行政复议机关已经依法受理的，在法定行政复议期限内不得向人民法院提起行政诉讼。

（五）行政复议期间行政处罚决定不停止执行，但是有下列情形之一的除外：一是作出行政处罚决定的执法主体认为需要停止执行的；二是行政复议机关认为需要停止执行的；三是被处罚人申请停止执行，行政复议机关认为其要求合理，决定停止执行的；四是法律规定停止执行的。

（六）行政复议机关责令被申请人重新作出行政处罚的，被申请人不得以同一的事实和理由作出与原行政处罚相同或者基本相同的行政处罚。

（七）作出行政复议决定的期限：行政复议机关应当自受理申请之日起 60 日内作出行政复议决定。

二、行政诉讼

行政诉讼是由人民法院对引起争议的具体行政行为进行审查，以保护相对人的合法权益，这是一种司法救济，是行政系统外部对行政权的监督形式。由行政系统外部对行政权的行使进行监督，更有利于客观、公正地保护行政相对人的合法权益。《中华人民共和国行政诉讼法》对行政诉讼程序作了具体规定。当事人提起行政诉讼，应当依据行政诉讼法的有关规定进行。

本条规定，被处罚人对行政处罚决定不服的，除可以申请行政复议外，也可以依法向人民法院提起行政诉讼。具体如何依法提起行政诉讼，需要根据行政诉讼法的规定进行。根据行政诉讼法的有关规定，本条例适用的主要行政诉讼程序和注意事项如下：

（一）直接提起行政诉讼的时限：《中华人民共和国行政诉讼法》第三十九条规定，公民、法人或者其他组织直接向人民法院提起诉讼的，应当在知道作出具体行政行为之日起 3 个月内提出，法律另有规定的除外。《中华人民共和国水污染防治法》第八十四条规定，当事人直接向人民法院提起行政诉讼的，应当在收到行政处罚决定之日起 15 日提出。本条例遵从了《中华人民共和国水污染防治法》的规定，即属于法律另有规定的情形。

（二）被处罚人不服行政复议决定的，可以在收到复议决定书之日起 15 日内向人民法院提起行政诉讼。复议机关逾期不作决定的，申请人可以在复议期满之日起 15 日内向人民法院提起行政诉讼。

（三）行政诉讼期间，不停止行政处罚决定的执行，但有下列情形之一的除外：一是被告认为需要停止执行的；二是原告申请停止执行，人民法院认为该具体行政行为的执行会造成难以弥补的损失，并且停止执行不损害社会公共利益，裁定停止执行的；三是法律规定停止执行的。

（四）经人民法院两次合法传唤，原告无正当理由拒不到庭的，视为申请撤诉；被告无正当理由拒不到庭的，可以缺席判决。

（五）人民法院审理行政案件，不适用调解。

（六）人民法院对行政案件宣告判决或者裁定前，原告申请撤诉的，或者被告改变其所作的行政处罚的，原告同意并申请撤诉的，由人民法院裁定是否准许撤诉。

（七）人民法院判决被告重新作出具体行政行为的，被告不得以同一的事实和理由作出与原具体行政行为基本相同的具体行政行为。

（八）人民法院应当在立案之日起 3 个月内作出第一审判决。

三、强制执行

根据本条规定，行政管理相对人期满不申请行政复议或者起诉，又不履行行政处罚决定的，由作出行政处罚决定的机关申请人民法院强制执行。这是程序性的规定，如果自行政处罚决定作出之日起 60 日内当事人没有申请行政复议，或者自行政处罚决定作出之日起 15 日内当事人没有提起行政诉讼，且又拒不履行行政处罚决定的，作出行政处罚决定的机关可以申请人民法院强制执行。

【参考规定】

《中华人民共和国水污染防治法》第八十四条。

第九十二条　因水污染造成损害的，排污方应当承担侵权责任，法律另有规定的除外。

因水污染受到损害的当事人，有权要求排污方排除危害和赔偿损失。因损害赔偿责任和赔偿金额发生纠纷的，当事人可以请求市和区、县环境保护行政主管部门进行调解；调解不成的，当事人可以向人民法院提起诉讼。当事人也可以直接向人民法院提起诉讼。

【条文主旨】

本条是关于造成水污染损害的民事责任、因水污染引起的损害赔偿责任，以及赔偿金额纠纷解决途径的规定。

【条文解读】

本条依据了《中华人民共和国水污染防治法》第八十五条第一款和第八十六条的规定。首先，本条明确了排污方应当对水污染造成的损害承担民事责任；其次，本条规定，因水污染受到损害的当事人，有权要求排污方排除危害和赔偿损失；再有，本条明确了损害赔偿责任和赔偿金额发生纠纷时的解决途径和程序。因水污染引起的损害赔偿责任和赔偿金额的纠纷，情况非常复杂，受害人一般也处于弱势地位，为了保护受害人的合法权益，充分注重利用和发挥行政部门的力量，规定当事人除可以向人民法院提起诉讼外，也可以根据当事人的请求，由环境保护行政主管部门进行调解处理。

一、排污方承担民事侵权责任

造成水污染损害的民事责任是一种侵权的民事责任，但这种侵权的民事责任与一般的民事责任有所不同。在一般的民事侵权责任中，归责原则实行的是过错（故意或者过失）责任，也就是承担民事责任的前提是要有过错，没有过错的，原则上一般不承担责任；同时，被侵权人应当承担举证责任。而造成水污染损害的民事侵权责任，实行的是严格责任或者称为无过错责任。即向水体排放污染物的单位，不论主观上是否有过错，只要在客观上造成了水污染损害，使他人的人身、财产受到损害，除法律、法规规定的可以不承担责任的情形（例如《中华人民共和国水污染防治法》第八十五条第二款、第三款规定的情形）之外，都应承担相应的损害赔偿责任。同时，受害人在要求赔偿时，也无需对排污者是否有过错承担举证责任；而应由要求免责的排污者对其是否具有法律规定的免责事由承担举证责任。这样规定体现了法律公平、正义的原则，有利于保护水污染受害人的权益，有利于促使排污者努力做好水污染防治工作，履行企业的社会责任，同时这也是国际通行的做法。

二、排污方承担民事责任的方式

本条规定了造成水污染损害的排污方应承担的法律责任以及受到水污染损害的当事人的权利。造成水污染损害的排污方承担民事责任的方式包括排除危害、赔偿损失两个方面。同时规定因水污染受到损害的当事人有权主张自己的权利。

（一）排除危害

所谓排除危害，是指造成水污染损害的单位应采取治理污染或者停止向水体排放污染物等措施，以消除对水环境所造成的危害，停止侵权行为的继续发生。

（二）赔偿损失

对因水污染受到损失的单位或个人，排污方应赔偿其损失。如对因水污染造成农作物减产或者绝收的，排污方应向农户赔偿其因此受到的经济损失；对因水污染造成人身伤害的，应赔偿其人身伤害所受到的损失。我国民法通则规定，侵害公民身体造成伤害的，应当赔偿医疗费、因误工减少的收入、残废者生活补助费等费用，造成死亡的，并应当支付丧葬费和死者生前抚养人的必要的生活费。

三、解决赔偿纠纷的途径和程序

本条规定了水污染损害赔偿责任和赔偿金额发生纠纷时，解决纠纷的途径和程序，纠纷的解决途径有行政调解和民事诉讼两种。

（一）行政调解

所谓行政调解，即环境保护主管部门或者其他水污染防治工作的监督管理部门按照职责分工应当事人一方或者双方的请求，作为中间人，对双方当事人因赔偿责任的划分和赔偿金额的多少而产生的纠纷，进行调解处理。经调解达成一致的，当事人各方应当按照所达成的调解协议履行各自的义务；调解达不成协议或者达成协议后当事人一方或者各方又反悔的，可以向人民法院起诉。这里应强调的是，水污染防治监督管理部门对水污染损害赔偿纠纷所作的调解处理，不是当事人到法院进行诉讼的必经程序，当事人是否愿意申请和接受环境保护主管部门或者其他水污染防治工作的监督管理部门的调解是当事人的自愿行为，当事人可以直接就水污染损害赔偿问题到法院起诉；而且，环境保护主管部门或者其他水污染防治工作的监督管理部门对水污染损害赔偿纠纷所作的调解处理，属于行政机关依当事人的请求进行的民事调解，不属于行政机关行使行政权力的行政行为。对水污染防治监督管理部门的调解处理不服，认为自己受到水污染损害的当事人可以依照民事诉讼法的规定，以对方当事人为被告，而不是以进行调解的环境保护主管部门或者其他水污染防治工作的监督管理部门为被告，向人民法院提起民事诉讼。

（二）民事诉讼

依照本条规定，当事人到法院诉讼分两种情况：一种是经环保部门或者其他水污染防治工作的监督管理部门调解不成的，可以依据《民事诉讼法》的规定向人民法院提起民事诉讼；二是当事人不愿进行行政调解的，可以直接依据民事诉讼法的有关规定以对方当事人为被告向人民法院提起民事诉讼。无论属于上述哪种情况，当事人就水污染损害赔偿问题而进行的起诉都属于民事诉讼，应当依照《民事诉讼法》规定的民事诉讼程序进行。

【参考规定】

《中华人民共和国水污染防治法》第八十五条第一款、第八十六条，《中华人民共和国民法通则》第一百零六条、第一百二十四条、第一百三十四条。

第九十三条　环境保护行政主管部门和有关社会团体可以依法支持因水污染受到损害的当事人向人民法院提起诉讼，并在确定污染源、污染范围及污染造成的损失等事故调查方面为当事人提供支持。

本市的法律援助机构应当将经济困难公民因水污染受到损害请求赔偿的案件，纳入法律援助的事项范围。

【条文主旨】

本条是关于支持水污染侵权诉讼和法律援助的规定。

【条文解读】

本条根据《中华人民共和国水污染防治法》第八十八条第二款、第三款的规定，结合本市实际情况制定。主要规定了对受到水污染损害的当事人提供支持诉讼和法律援助两个事项。

一、支持诉讼

环境保护主管部门和有关社会团体可以依法支持因水污染受到损害的当事人向人民法院提起诉讼。在一般情况下，民事诉讼是由民事权益受到侵害的或者发生争议的公民、法人或者其他组织向人民法院提起诉讼，并不需要其他组织或者个人的干预。在特殊情况下，受到损害的单位或者个人不能独立保护自己的合法权益，就需要有关组织给予协助和支持，运用社会力量，帮助弱势单位或者个人实现诉讼权利。《中华人民共和国民事诉讼法》第十五条规定，机关、社会团体、企业事业单位对损害国家、集体或者个人民事权益的行为，可以支持受损害的单位或者个人向人民法院起诉。由于水污染损害双方主体地位具有事实上的不平等性，水污染的产生过程和污染过程涉及专业的科学技术问题，具有相当的复杂性，当事人在确定污染来源、污染范围和程度及污染造成的损失等事故调查方面存在较大难度，需要环境保护行政主管部门和有关社会团体为当事人提供支持，这种支持可以是多种形式的，例如进行水污染情况的监测、提供水污染的数据或证据、普及水污染的科学知识、宣传有关水污染防治的法律知识、提供法律咨询服务、推荐诉讼代理人等。

二、法律援助

法律援助是为经济困难或者特殊案件的当事人提供的一种无偿的法律服务，其主要目的是切实保护困难群体、弱势群体的合法权益，体现法律面前人人平等的原则。1994 年司法部提出建立法律援助制度的设想，随后 1996 年《刑事诉讼法》和《律师法》相继确立了法律援助在我国的法律地位，2003 年 7 月国务院颁布了《法律援助条例》，明确了法律援助是政府的责任，确立了法律援助制度的基本框架。《中华人民共和国水污染防治法》第八十八条第三款规定，国家鼓励法律服务机构和律师为水污染损害诉讼中的受害人提供法律援助。本条例规定，本市的法律援助机构应当将经济困难公民因水污染受到损害请求赔偿的案件，纳入法律援助的事项范围。强调了对经济困难公民的法律援助，这是因为水污染侵权诉讼涉及的受害人往往较多，而且常常以弱势、经济困难群体为主，对这些群体进行法律援助，一方面，有助于保障受害人的合法权益，伸张正义，体现法律的公平；另一方面，也有助于惩治违法排污行为，让违法行为人付出应有的代价。

【参考规定】

《中华人民共和国水污染防治法》第八十八条第二款、第三款，《中华人民共和国民事诉讼法》第十五条，《中华人民共和国律师法》第四十二条，《法律援助条例》。

第七章　附　则

附则是附在法律、法规后面的条文章节，是法律、法规的一个组成部分，与法律、法规的其他组成部分具有同等的法律效力。附则作为附带条款，其内容可以根据需要而定，一般包括名词、术语的定义，法律、法规的适用范围、实施日期及其他不适合在总则和分则中规定的内容。本章共 2 条，对本条例中的特定用语的含义及实施日期进行了规定。

> 第九十四条　本条例所称公共污水处理设施，是指城镇集中污水处理设施及开发区、工业园区的集中污水处理设施。

【条文主旨】

本条是关于本条例中特定用语含义的规定。

【条文解读】

水污染防治工作的专业性、技术性较强，一些专业术语的含义即使在环境保护的学术界也没有定论，本条所解释的“公共污水处理设施”就是一例。为了避免因专业术语的歧义而影响本条例的真实立法意图的表达和条例的执行，本条规定了对术语含义的解释，该解释只适用于本条例。

本条例所称公共污水处理设施，是指城镇集中污水处理设施及开发区、工业园区的集中污水处理设施，包括中心城、新城集中污水处理设施，郊区乡镇集中污水处理设施，亦庄经济技术开发区等 28 个国家级和市级工业开发区集中污水处理设施，以及乡镇级以上开发区、工业园区的工业废水集中处理设施等，不包括企业、单位自建或合建的污水处理设施。

第九十五条　本条例自2011年3月1日起施行。2002年5月15日北京市第十一届人民代表大会常务委员会第三十四次会议通过的《北京市实施〈中华人民共和国水污染防治法〉办法》同时废止。

【条文主旨】

本条是关于本条例生效日期的规定。

【条文解读】

本条规定了本条例的生效日期，以及废止原《北京市实施〈中华人民共和国水污染防治法〉办法》。

一、条例的生效日期

我国法律的生效日期，一般由法律本身作出规定。根据本条规定，《北京市水污染防治条例》从2011年3月1日起开始生效。《北京市水污染防治条例》是2010年11月19日北京市第十三届人民代表大会常务委员会第二十一次会议表决通过，而生效日期是2011年3月1日，之所以这样规定是为了留出一段时间为实施本条例做必要的准备工作，一方面要向企业事业单位、有关机构和组织、以及广大人民群众进行宣传，使他们了解这部地方性法规，从而更好地遵守这部法规；另一方面有关行政执法部门及其工作人员要认真学习掌握这部法规，为法规的实施做好必要的准备。

二、原法规的废止

本条规定，自本条例施行之日起，2002年5月15日北京市第十一届人民代表大会常务委员会第三十四次会议通过的《北京市实施〈中华人民共和国水污染防治法〉办法》同时废止。由于该办法是以1996年修正的《中华人民共和国水污染防治法》为上位法制定的，上位法已经于2008年再次进行了修订，随着本条例的施行，该实施办法已经失去了继续实施的客观条件，应当废止。

第三篇　附　录

北京市人民代表大会常务委员会公告

第 11 号

《北京市水污染防治条例》已由北京市第十三届人民代表大会常务委员会第二十一次会议于 2010 年 11 月 19 日通过，现予公布，自 2011 年 3 月 1 日起施行。

北京市第十三届人民代表大会常务委员会

2010 年 11 月 19 日

北京市水污染防治条例

目 录

第一章 总 则

第一条 为了保护和改善本市水环境，保障饮用水安全，推进污水再生利用，促进经济社会全面协调可持续发展，根据《中华人民共和国水污染防治法》、《中华人民共和国水法》及国家其他有关法律、法规，结合本市实际情况，制定本条例。

第二条 本条例适用于本市行政区域内地表水体和地下水体的污染防治，以及与水污染防治相关的水资源管理和再生水利用等相关活动。

第三条 水污染防治应当坚持预防为主、防治结合、综合治理的原则。

本市水污染防治坚持城乡统筹，实行流域管理，严格保护饮用水水源；坚持水污染防治与水资源开发利用相结合，推进污水资源化，提高水资源循环利用率；坚持污染物排放总量控制，在削减污染物的同时补充生态环境用水，逐步改善水环境质量，恢复和保护水体生态功能。

第四条 市和区、县人民政府对本行政区域内的水环境质量负责，并将水环境保护工作纳入国民经济和社会发展规划、计划，建立与水环境保护工作相适应的资金投入和保障机制，采取有效的对策和措施，提高水环境质量。

乡镇人民政府和街道办事处根据所在区、县人民政府的要求，开展本辖区内有关的水污染防治工作。

第五条 市和区、县环境保护行政主管部门对本行政区域内的水污染防治实施统一监督管理。

市和区、县水行政主管部门对本行政区域内的水资源保护和再生水利用进行管理，负责污水处理和河道综合整治等方面工作。

发展和改革、规划、农业、市政市容、国土资源、卫生、住房和城乡建设、园林绿化、工商、旅游等行政主管部门按照各自的职责，依法做好有关水污染防治工作。

市和区、县环境保护行政主管部门可以根据需要聘请监督员，协助开展水污染防治工作。

第六条 本市实行水环境保护目标责任制和考核评价制度。

市人民政府应当根据本市水环境保护目标制定考核评价指标，将考核指标的完成情况作为对市人民政府有关部门和区、县人民政府及其负责人考核评价的内容，定期公示考核结果。

第七条 单位和个体工商户排放水污染物，不得超过国家和本市规定的水污染物排放标准及重点水污染物排放总量控制指标。

第八条 市人民政府应当根据国家水环境质量标准、本市水环境质量目标及经济、技术条件，制定本市水污染物排放标准，严格控制水污染物排放，定期对标准进行评估并适时修订。

第九条 市和区、县人民政府应当针对本行政区域内水环境的特点和水污染防治的需求，采取措施，加强水污染物排放控制、再生水利用、水生态修复等方面的科学技术研究和示范推广，提高水环境保护的科学技术水平。

第十条 任何单位和个人都有义务保护水环境，并有权对污染损害水环境的行为进行检举。

本市各级人民政府应当加强水环境保护的宣传教育，普及相关科学知识，提高公民的水环境保护意识，拓宽公众参与水环境保护的渠道，并对在水环境保护方面做出显著成绩的单位和个人给予表彰和奖励。

第二章　水污染防治规划与监督管理

第十一条 市环境保护行政主管部门应当会同市水行政、国土资源等行政主管部门提出地表水和地下水环境功能区划方案，报市人民政府批准，并向社会公布。

第十二条 市环境保护行政主管部门应当会同市发展和改革、水行政、农业、国土资源等行政主管部门，在环境保护和建设规划中制定水污染防治专项规划，经市规划行政主管部门组织审查后报市人民政府批准实施，并依法报国务院备案。

市水行政主管部门应当会同有关部门，根据水污染防治专项规划，结合水资源开发利用等专业规划，编制潮白河、北运河、永定河、大清河、蓟运河流域综合整治规划，并组织实施。

市水行政主管部门应当会同市环境保护、国土资源等行政主管部门，根据水污染防治专项规划，编制本市地下水保护规划，并组织实施。

市农业行政主管部门应当会同有关部门，根据水污染防治专项规划，结合环境承载力和农产品保障的要求，编制农业水污染防治规划，确定畜禽、水产养殖及农业种植的规模、结构和布局等内容，并组织实施。

第十三条　市人民政府应当定期对水污染防治专项规划、流域综合整治规划、地下水保护规划、农业水污染防治规划及其执行情况进行评估，评估结果作为水环境保护目标考核依据。

第十四条　本市对重点水污染物排放实行总量控制制度。

市环境保护行政主管部门应当会同发展和改革、水行政、农业等行政主管部门，根据本市水污染防治专项规划和水污染防治状况，制定全市及各流域的重点水污染物排放总量控制指标、分解方案和削减计划，报市人民政府批准后实施。

市人民政府有关部门和区、县人民政府应当根据分解的总量控制指标及削减计划，制定年度总量控制实施方案，将总量控制指标和削减计划落实到排污单位和污水处理设施的运营单位，并报送市环境保护和水行政主管部门备案。

市人民政府可以根据流域水环境质量的状况，增加流域实施总量控制的重点水污染物种类。

第十五条　本市逐步建立流域水环境资源区域补偿机制。

对超额完成重点水污染物排放总量控制指标和水环境质量考核指标的市人民政府有关部门和区、县人民政府，市人民政府应当给予奖励。

对完成重点水污染物排放总量控制指标和削减计划做出突出贡献的单位，市人民政府有关部门或者区、县人民政府应当给予奖励。

补偿和奖励的具体办法由市人民政府制定。

第十六条　对未完成区域重点水污染物排放总量控制指标或者水环境质量考核指标的区、县，环境保护行政主管部门应当暂停审批该区、县行政区域内新增水污染物排放总量的建设项目的环境影响评价文件，发展和改革、规划等项目审批部门不得批准其建设，建设单位不得开工建设。

对未完成流域重点水污染物排放总量控制指标的区、县，环境保护行政主管部门应当暂停审批该区、县未达标流域内新增水污染物排放总量的建设项目的环境影响评价文件，发展和改革、规划等项目审批部门不得批准其建设，建设单位不得开工建设。

第十七条 市环境保护行政主管部门会同市水行政主管部门确定本市各流域重点排污单位名录。

重点排污单位应当安装水污染物排放自动监测设备，与环境保护、水行政主管部门的监控设备联网，并保证监测设备正常运行。

城镇污水集中处理设施的运营单位对其出水，排放工业废水的企业对其所排放的废水，应当进行监测，并保存原始监测记录。

第十八条 本市按照国家和本市有关规定实行排污申报登记、排污许可和排污收费制度。

第十九条 直接向水体排放水污染物的企业事业单位和个体工商户，应当按照有关规定设置、规范排污口，设立标志，并将排污口地理坐标等信息报告区、县环境保护行政主管部门。

在河流、湖泊、水库、渠道设置排污口的，还应当遵守水行政主管部门的规定。

第二十条 本市应当统筹规划、建设、完善污染源、水环境质量、水量和水位监测网络，并逐步实现环境保护、水行政、国土资源、卫生等有关行政主管部门之间监测数据的共享。

第二十一条 本市实行水环境质量公报制度。

水环境质量信息由市环境保护行政主管部门统一发布。

第二十二条 建设或者运行水环境监测设施需要相关机关、团体、企业事业单位或者其他组织提供便利条件的，相关机关、团体、企业事业单位或者其他组织应当予以配合。

任何单位或者个人不得破坏、损毁或者擅自改动水环境监测设施。

第二十三条 市人民政府及有关部门应当将排污单位违反水污染防治法律法规的行为纳入本市企业信用信息系统，对严重污染水环境的企业通过媒体予以公布。

第二十四条 市和区、县环境保护、水行政等部门应当公布本部门受理对污染损害水环境行为举报的联系方式。对属于本部门职责范围的举报事项，应当及时处理；对不属于本部门职责范围的，应当及时转交有权处理的部门，并告知举报人。对举报属实的，应当对举报人给予奖励。

第三章 水污染防治措施

第一节 一般规定

第二十五条 在水环境质量达标之前，市人民政府可以根据本市水资源特点和水环境容量状况，采取更加严格的水污染防治措施。

第二十六条 本市禁止下列行为：

（一）向水体排放油类、酸液、碱液或者剧毒废液；

（二）在水体清洗装贮过油类或者有毒污染物的车辆和容器；

（三）向水体排放、倾倒工业废渣、垃圾和其他废弃物；

（四）在河流、湖泊、渠道、水库最高水位线以下的滩地和岸坡堆放、存贮固体废弃物和其他污染物；

（五）利用渗坑、渗井、裂隙、溶洞排放、倾倒污水和其他废弃物；

（六）在砂石坑、窑坑、滩地等低洼地排放污水，倾倒、存贮垃圾、粪便及其他污染物，或者以漫流方式排放、倾倒污水；

（七）利用无防渗漏措施的沟渠、坑塘等输送或者存贮含有毒污染物的废水、含病原体的污水和其他废弃物；

（八）生产和销售含磷洗涤用品。

第二十七条 本市严格控制有毒污染物的排放。

有毒污染物的名录由市环境保护行政主管部门会同有关部门根据水污染物的毒性、持久性、对人体健康和生物影响的性质和程度等因素确定，并向社会公布。

第二十八条 禁止向水体排放、倾倒放射性固体废物或者含高放射性和中放射性物质的废水。

向水体排放含低放射性物质废水的，应当符合有关放射性污染防治的规定和标准。

第二十九条 学校、科研院所、医疗机构、企业等单位的实验室、检验室、化验室产生的废液应当按照国家和本市关于危险废物的有关规定单独收集，进行安全处置，禁止排入排水管道或者直接排入水体。

市和区、县环境保护行政主管部门应当按照有关规定加强对实验室、检验室、化验室废液处理的监督管理，为有关单位依法处理废液提供指导。

第二节　工业水污染防治

第三十条　本市鼓励工业企业进行技术改造，推行清洁生产，采用先进的废水处理技术，减少水污染物排放量。

第三十一条　本市按照国家有关循环经济和清洁生产的要求推动工业园区建设，通过合理规划工业布局，引导工业企业入驻工业园区。

第三十二条　建设工业园区，应当配套建设废水集中处理设施。

工业园区未建设废水集中处理设施或者集中处理设施废水排放不达标的，环境保护行政主管部门应当暂停审批该工业园区新增水污染物排放总量的建设项目的环境影响评价文件，发展和改革、规划等项目审批部门不得批准其建设，建设单位不得开工建设。

第三十三条　本市应当采取措施，对高污染、高耗水行业加以限制。禁止新建、扩建制浆、制革、电镀、印染、有色冶炼、氯碱、农药合成、炼焦等对水体有严重污染的项目。对现有排放含重金属废水的小型生产企业限期关停。

市经济和信息化行政主管部门应当会同市环境保护、水行政、发展和改革及其他相关行政主管部门，根据本市水污染防治工作的需要，制定鼓励、限制、禁止的行业和产品名录，报市人民政府批准后公布实施。

第三十四条　向公共污水处理设施排放工业废水的企业事业单位，应当在排污口建设取样井，并为水行政、环境保护行政主管部门和受纳废水的污水集中处理设施的运营单位提供取样、监测流量的便利条件。

污水集中处理设施的运营单位有权对汇水范围内排污单位的排水进行取样检测，发现排水水质超过排放标准的，应当及时告知排污单位，并报告水行政主管部门。

第三节　城镇水污染防治

第三十五条　城镇污水应当集中处理。

本市各级人民政府通过政府投资或者其他方式筹集资金，统筹安排建设污水集中处理设施及配套污水管网，提高城镇污水的收集率和处理率。

第三十六条 城镇污水集中处理设施的运营单位按照国家有关规定提供污水处理的有偿服务。

城镇用水单位和个人应当按照国家有关规定缴纳污水处理费。污水处理费应当用于污水管网和城镇污水集中处理设施的养护、运行、保护和建设，不得挪作他用。

乡镇污水集中处理设施的运营单位取得的污水处理费不能满足污水处理设施正常运行的，不足部分由区、县人民政府统筹安排。

第三十七条 向公共污水处理设施排放水污染物，有下列情形之一的，应当在排入公共污水处理设施之前进行预处理，并达到规定的标准：

（一）含有毒污染物名录内污染物的污水；

（二）医疗卫生机构产生的含病原体的污水；

（三）含难以生物降解的有机污染物的废水。

第三十八条 本市应当加强雨水的收集、处理和利用，采取措施，防止初期雨水造成污染。

任何单位和个人不得向雨水收集口、雨水管道排放或者倾倒污水、污物和垃圾等废弃物。

第三十九条 对污水处理产生的污泥的处理处置，应当遵循源头削减和全过程控制原则，实现污泥的减量化、稳定化、无害化和资源化。

禁止采用倾倒、堆放、直接填埋的方式处置污泥。

第四十条 本市各级人民政府应当通过政府投资或者其他方式筹集资金，统筹安排建设污泥处理处置设施，将污泥处理处置规划纳入本市排水和再生水规划。

市水行政主管部门应当会同有关部门建立污泥收集、运输、处理和处置的技术标准体系和运营监管体系，规范污泥的处理处置及综合利用。

第四十一条 污水处理单位对所产生的污泥的贮存、运输、处理、处置全过程承担污染防治责任，并对处理处置后的污泥的去向、用途、用量等进行跟踪、记录，不得造成二次污染。污水处理单位将产生的污泥委托其他单位处置的，应当与被委托单位约定双方的污染防治责任。

第四十二条 新建、改建、扩建污水处理设施，应当按照规划确定配套的污泥处理工艺或者措施。现有污水处理设施不能达到污泥处理标准的，应当限期进行改造完善。

第四十三条 本市鼓励和支持通过资源综合利用方式，采用循环经济模式对污泥进行处置。

在农林、建材等生产领域利用经无害化处理的污泥的，享受国家和本市资源综合利用相关优惠政策。

政府投资的沙荒地治理、园林绿化、土壤改良等项目实施政府采购的，应当优先采购符合国家和本市相关标准的污泥衍生产品。

第四节　农村和农业水污染防治

第四十四条 本市应当根据水资源承载力和水污染防治的要求，优化农村产业结构和产业发展布局，发挥农业的生态功能。

第四十五条 区、县和乡镇人民政府应当对未纳入城镇污水管网的村庄的生活污水进行治理，优先采用生态、低能耗、资源化的污水处理技术；对在饮用水源保护区、河道两侧等重点区域的村庄，应当建设集中污水处理设施，并保证建设及运转资金。

第四十六条 市和区、县农业行政主管部门应当对畜禽养殖、水产养殖及种植业水污染防治进行监督管理，对农业生产环境进行监测，加强农业水污染防治的业务指导。

第四十七条 本市鼓励畜禽养殖场、养殖小区采取生态养殖方式。建设规模化畜禽养殖场、养殖小区，应当符合本市农业水污染防治规划的要求，并配套建设集中式畜禽粪污综合利用设施或者无害化处理设施。规划禁养区内已有的畜禽养殖场、养殖小区项目，由所在地区、县人民政府限期拆除。

规模化畜禽养殖企业应当采取防渗漏、防流失、防遗撒措施，防止畜禽养殖废水、粪污渗漏、溢流、散落对环境造成污染。

第四十八条 市和区、县人民政府应当制定政策，鼓励、引导建设集中式畜禽粪污综合利用或者无害化处理设施，引入市场化机制进行运营。

第四十九条 水产养殖的排水直接排入地表水体的，应当达到受纳水体水环境功能区的要求。

第五十条 本市鼓励种植业通过推行测土配方施肥、病虫害生物防治等措施，提高肥料使用效率，合理使用有机肥和化肥，减少化学农药施用量，防止污染水环境。

第五节 水污染事故处置

第五十一条 本市各级人民政府负责组织突发水污染事故的应急准备、应急处置和事后恢复等工作。

造成水污染事故的单位和个人应当承担事故的处置和事后恢复责任，对受到损失的单位或者个人依法进行赔偿。

第五十二条 可能发生水污染事故的企业事业单位，应当制定有关水污染事故的应急方案，建设事故状态下的水污染防治设施，储备相应的应急救援物资，做好应急准备，并定期进行演练。

生产、使用、储存危险化学品的企业事业单位，应当在其储存场所建立防渗漏围堰，在厂区修建消防废水、废液的收集装置，采取措施防止在处理安全生产事故过程中产生的可能严重污染水体的消防废水、废液排入水体。

第五十三条 企业事业单位发生事故或者其他突发性事件，造成或者可能造成水污染事故的，应当立即启动本单位的应急方案，采取应急措施，并向市或者区、县人民政府或者环境保护行政主管部门报告。环境保护行政主管部门接到报告后，应当及时向本级人民政府报告，并抄送有关部门。

环境保护行政主管部门应当会同水行政主管部门等相关部门及时对水污染事故可能影响的区域进行监测，督促造成事故的单位和个人妥善处理事故造成的水体污染。

第五十四条 市和区、县人民政府及有关部门应当依法公开水污染事故的预警信息和应对情况，将事故信息和应当注意的事项及时告知可能受到影响的单位和个人。

第四章 饮用水水源与地下水保护

第五十五条 本市实行饮用水水源保护区制度。饮用水水源保护区分为一级保护区和二级保护区；在饮用水水源保护区外围可以划定一定区域作为准保护区。

跨区、县供水的饮用水水源保护区和准保护区的划定，由市环境保护行政主管部门会同市水行政、国土资源、规划、卫生、住房和城乡建设、园林绿化等相关行政主管部门提出方案，报市人民政府批准。其他饮用水水源保护区和准保护区的划定，由区、县人民政府提出方案，报市人民政府批准。

市人民政府可以根据饮用水水源保护的需要，调整饮用水水源保护区和准保护区的范围，确保饮用水安全。

第五十六条 禁止在饮用水水源一级保护区内新建、改建、扩建与供水设施和保护水源无关的建设项目。已建成的与供水设施和保护水源无关的建设项目，由市或者区、县人民政府责令拆除或者关闭。

禁止在饮用水水源一级保护区内从事旅游、垂钓或者其他可能污染饮用水水体的活动。

第五十七条 禁止在饮用水水源二级保护区内新建、改建、扩建排放污染物的建设项目。已建成的排放污染物的建设项目，由市或者区、县人民政府责令拆除或者关闭；建设项目未拆除或者关闭前，应当采取有效措施，达到饮用水水源保护的要求。

在饮用水水源二级保护区内从事旅游等活动的，应当按照规定采取措施，防止污染饮用水水体。

第五十八条 禁止在饮用水水源准保护区内新建、扩建对水体污染严重的建设项目。改建建设项目，不得增加排污量。

本市各级人民政府应当根据保护饮用水水源的实际需要，在准保护区内采取工程措施或者建造湿地、水源涵养林等生态保护措施，防止水污染物直接排入饮用水水体，确保饮用水安全。

第五十九条 地表饮用水水源保护区内禁止下列行为：

（一）装载有毒污染物的车辆驶入；

（二）从事网箱养殖；

（三）从事水上旅游、游泳或者其他可能污染水源的活动。

地表饮用水水源准保护区内禁止从事网箱养殖。

第六十条 地下饮用水水源保护区内禁止下列行为：

（一）堆放和贮存易溶、含有毒污染物的废弃物；

（二）堆放垃圾、粪便及其他可能污染地下饮用水水源的固体废弃物；

（三）新建贮存液体化学原料、油类或者其他含有毒污染物物质的地下工程设施。

在地下饮用水水源准保护区内禁止堆放和贮存易溶、含有毒污染物的废弃物。

第六十一条　饮用水水源受到污染可能威胁供水安全的，环境保护行政主管部门应当责令有关单位采取停止或者减少排放水污染物等措施，当地人民政府应当视情况采取停止取水等应急措施。

第六十二条　建设、使用垃圾填埋场或者贮存液体化学原料、油类等地下工程设施的单位，应当对地下工程采取防止渗漏的有效措施，并配套建设地下水监测井等水污染防治设施，定期向环境保护行政主管部门提交地下水水质监测报告，防止污染地下水。

第六十三条　多层地下水的含水层水质差异较大的，应当分层开采；对已受污染的潜水和承压水，不得混合开采。因过量开采地下水导致水质恶化，不宜继续开采的，市水行政主管部门应当会同市国土资源行政主管部门向市人民政府报告。市人民政府应当责成有关部门采取措施，停止或者限制开采地下水。

第六十四条　从事地下热水资源开发利用或者使用水源热泵、地源热泵的，应当采取有效措施，防止地下水污染。市国土资源行政主管部门和市水行政主管部门应当依法加强监督管理和指导。

第六十五条　人工回灌补给地下水的，不得恶化地下水水质。

进行地下勘探、采矿、工程降排水、地下空间的开发利用等可能干扰地下含水层的活动，应当采取防护性措施，防止地下水污染。

大口井、废弃机井的产权单位应当采取合理的封井措施和工艺，防止造成地下水污染。

第五章　生态环境用水保障与污水再生利用

第六十六条　本市坚持水资源开发利用与水污染防治相结合，实行用水总量控制，鼓励污水再生利用，逐步保障生态环境用水，实现用水量与水资源量的平衡，恢复地表、地下水体合理的水量、水位。

水行政主管部门在制定水资源利用规划或者进行水资源调配时，应当统筹考虑再生水与地表水、地下水的利用，在保障城乡居民生活用水的基础上，统筹兼顾生态环境、工业、农业用水。

第六十七条 市水行政主管部门会同市环境保护行政主管部门确定本市重点河段和重点湖泊最低生态环境用水量，在流域综合整治规划中提出具体生态用水保障方案并组织实施。

第六十八条 本市生态环境用水应当优先使用雨水和再生水。严格限制使用地下水和自来水作为城市景观用水。

住宅小区、单位内部景观用水和市政杂用水具备使用雨水或者再生水条件的，应当使用雨水或者再生水，不得使用地下水和自来水。

各类工程施工降水的抽排水应当综合利用，优先用于施工现场及城市景观用水。

前三款所列各项用水的具体管理办法由市人民政府制定。

第六十九条 市水行政主管部门应当将水体生态修复纳入流域综合整治规划，通过采取生态保护措施，改善水体水质。

第七十条 跨河流调配水资源的，应当充分论证，统筹兼顾水资源利用和水污染防治的需要，防止对生态环境产生不利影响。

第七十一条 市和区、县水行政主管部门应当按照管理权限组织编制排水和再生水规划，经规划行政主管部门组织审查后报本级人民政府批准实施。

本市各级人民政府依据有关规划，通过政府投资或者其他方式筹集资金，统筹安排建设公共再生水设施，逐步扩大再生水输配管网的覆盖范围。

第七十二条 本市各级人民政府应当制定政策，采取措施，发展工业再生水用户，鼓励工业企业的废水处理后循环使用，扩大农业再生水灌溉范围，推动再生水回补地下水的技术研究和应用。

再生水输配管网覆盖范围内的园林绿化、环境卫生、工程施工等用水应当使用再生水。

再生水输配管网覆盖范围以外的地区新建、改建、扩建的建设项目，可回收水量较大的，应当配套建设再生水利用设施。

第七十三条 市水行政主管部门应当根据用水规模、水质要求和经济、技术条件等因素，确定本市重点行业的再生水使用指标，报市人民政府批准施行。

重点行业的企业具备再生水利用条件的，市水行政主管部门应当将再生水用量纳入其用水指标；无正当理由未使用再生水的，由市水行政主管部门责令限期改正，逾期不改正的，由市水行政主管部门核减相应的用水指标。

第七十四条　再生水用户应当根据不同用途，按照国家和本市规定的再生水水质标准使用再生水。

再生水设施运营单位应当加强设施的维护管理，保证其正常运行，并对再生水水质负责。

第七十五条　本市开展再生水利用的风险研究，建立再生水利用的监测和预警系统。

第六章　法律责任

第七十六条　对违反本条例规定的行为，有关法律、法规已经规定法律责任的，适用其规定；法律、法规没有规定的，适用本条例的规定。

第七十七条　市和区、县环境保护行政主管部门或者其他依照本条例规定行使监督管理权的部门有下列行为之一的，由任免机关或者监察机关依法对直接负责的主管人员和其他直接责任人员给予行政处分；构成犯罪的，依法追究刑事责任：

（一）不依法作出行政许可或者办理批准文件的；

（二）未按规定实施行政处罚或者违法采取行政措施的；

（三）发现违法行为或者接到对违法行为的举报后不予查处的；

（四）其他未依照本条例规定履行职责的行为。

第七十八条　违反本条例规定，排放水污染物超过国家或者本市规定的水污染物排放标准，或者超过重点水污染物排放总量控制指标的，由市或者区、县环境保护行政主管部门责令限期治理，并处应缴纳排污费数额二倍以上五倍以下的罚款。应缴纳排污费数额按年计算。

排放水污染物进入公共污水处理设施，水质不符合排水管理规定的，由水行政主管部门依法按照排水管理的有关规定予以处理。

城镇污水集中处理设施的运营单位排放水污染物超过水污染物排放标准的，由市或者区、县环境保护行政主管部门责令限期治理，并处一万元以上十万元以下的罚款。

限期治理期间，由环境保护行政主管部门责令限制生产、限制排放或者停产整治。被责令限期治理的单位应当向有关行政主管部门提交治理计划，定期报告治理进度，并按照规定期限完成治理任务。限期治理的期限最长不超过一年，逾期未完成治理任务的，报经有批准权的人民政府批准，责令关闭。

第七十九条 违反本条例规定，装载有毒污染物的车辆驶入地表饮用水水源保护区的，由公安机关交通管理部门责令改正，并依法处理。

在地表饮用水水源保护区组织水上旅游或者其他可能污染饮用水水源活动的，以及在地表饮用水水源保护区和准保护区内从事网箱养殖的，由所在地区、县环境保护行政主管部门或者水行政主管部门按照职责分工责令停止违法行为，并处二万元以上十万元以下的罚款。个人在地表饮用水水源一级保护区内游泳、垂钓或者从事其他可能污染饮用水水体的活动的，由所在地区、县环境保护行政主管部门或者水行政主管部门按照职责分工责令停止违法行为，并可以处五百元以下的罚款。

第八十条 违反本条例规定，有下列行为之一的，由市或者区、县环境保护行政主管部门责令限期改正，并处一万元以上十万元以下的罚款：

（一）在地下饮用水水源保护区或者准保护区内堆放和贮存易溶、含有毒污染物的废弃物；

（二）在地下饮用水水源保护区内堆放垃圾、粪便及其他可能污染地下饮用水水源的固体废弃物；

（三）在地下饮用水水源保护区内新建贮存液体化学原料、油类或者其他含有毒污染物物质的地下工程设施。

第八十一条 有关排污单位违反本条例规定，不执行市人民政府采取的更加严格的水污染防治措施，造成水环境污染的，由市或者区、县环境保护行政主管部门处一万元以上十万元以下的罚款；情节严重的，市或者区、县人民政府可以责令其停产、停业。

第八十二条 违反本条例规定，有下列行为之一的，由市或者区、县环境保护行政主管部门责令停止违法行为，采取限期治理措施，消除污染，处以罚款；逾期不采取治理措施的，环境保护行政主管部门可以指定有治理能力的单位代为治理，所需费用由违法者承担：

（一）向水体排放油类、酸液、碱液；

（二）向水体排放剧毒废液；

（三）在水体清洗装贮过油类或者有毒污染物的车辆和容器；

（四）向水体排放、倾倒工业废渣、垃圾和其他废弃物；

（五）在河流、湖泊、渠道、水库最高水位线以下的滩地和岸坡堆放、存贮固体废弃物和其他污染物；

（六）利用渗坑、渗井、裂隙、溶洞排放、倾倒污水和其他废弃物；

（七）在砂石坑、窑坑、滩地等低洼地排放污水，倾倒、存贮垃圾、粪便及其他污染物，或者以漫流方式排放、倾倒污水；

（八）利用无防渗漏措施的沟渠、坑塘等输送或者存贮含有毒污染物的废水、含病原体的污水和其他废弃物；

（九）向水体排放、倾倒放射性固体废物或者含高放射性和中放射性物质的废水；

（十）未将实验室、检验室、化验室废液按照国家和本市关于危险废物的有关规定单独收集，进行安全处置。

有前款第（三）项、第（七）项、第（十）项行为之一的，处一万元以上十万元以下的罚款；有前款第（一）项、第（四）项、第（五）项、第（八）项行为之一的，处二万元以上二十万元以下的罚款；有前款第（二）项、第（六）项、第（九）项行为之一的，处五万元以上五十万元以下的罚款。

第八十三条　违反本条例规定，生产含磷洗涤用品的，由市或者区、县环境保护行政主管部门责令停止违法行为，并处一万元以上十万元以下罚款；销售含磷洗涤用品的，由市或者区、县工商行政主管部门责令停止违法行为，并处一千元以上一万元以下的罚款。

第八十四条　违反本条例规定，未按规定对排放的水污染物进行预处理的，由市或者区、县环境保护行政主管部门责令限期改正，并处一万元以上三万元以下的罚款。

第八十五条　违反本条例规定，向雨水收集口、雨水管道排放或者倾倒污水、污物和垃圾等废弃物的，由城市管理综合执法部门责令停止违法行为，对个人处一千元以上一万元以下的罚款；对单位处一万元以上十万元以下的罚款。

第八十六条　违反本条例规定，有下列行为之一的，由市或者区、县环境保护行政主管部门责令停止违法行为，消除污染，并处一万元以上十万元以下的罚款：

（一）用倾倒、堆放、直接填埋的方式对污泥进行处置；

（二）未按照规划确定配套的污泥处理工艺、措施，或者污泥处置设施未正常运行。

第八十七条 违反本条例规定，规模化畜禽养殖企业未采取有效措施，致使畜禽养殖废水、粪污渗漏、溢流、散落对环境造成污染的，由市或者区、县环境保护行政主管部门责令停止违法行为，并处一千元以上一万元以下的罚款。

第八十八条 违反本条例规定，有下列行为之一的，由市环境保护行政主管部门责令改正；情节严重的，并处二万元以上十万元以下的罚款：

（一）企业事业单位未按照规定制定水污染事故的应急方案；

（二）企业事业单位未按照规定建立事故状态下的水污染防治设施、储备相应的应急救援物资；

（三）水污染事故发生后，造成事故的单位和个人未及时采取有关应急措施，做好事故的事后处置和事后恢复工作。

第八十九条 违反本条例规定，造成水污染事故的，由市或者区、县环境保护行政主管部门依照国家规定处以罚款，责令消除污染；不具备治理能力的，由环境保护行政主管部门指定有能力的单位代为治理，所需费用由违法者承担；对直接负责的主管人员和其他直接责任人员依法处以罚款。

第九十条 违反本条例规定，使用地下水或者自来水作为城市景观水体补水的，由市或者区、县水行政主管部门责令停止违法行为，并处一万元以上三万元以下的罚款。

第九十一条 当事人对有关行政管理部门依照本条例作出的行政处罚决定不服的，可以申请行政复议，也可以在收到通知之日起十五日内向人民法院起诉；期满不申请行政复议或者起诉，又不履行行政处罚决定的，由作出行政处罚决定的机关申请人民法院强制执行。

第九十二条 因水污染造成损害的，排污方应当承担侵权责任，法律另有规定的除外。

因水污染受到损害的当事人，有权要求排污方排除危害和赔偿损失。因损害赔偿责任和赔偿金额发生纠纷的，当事人可以请求市和区、县环境保护行政主管部门进行调解；调解不成的，当事人可以向人民法院提起诉讼。当事人也可以直接向人民法院提起诉讼。

第九十三条　环境保护行政主管部门和有关社会团体可以依法支持因水污染受到损害的当事人向人民法院提起诉讼，并在确定污染源、污染范围及污染造成的损失等事故调查方面为当事人提供支持。

本市的法律援助机构应当将经济困难公民因水污染受到损害请求赔偿的案件，纳入法律援助的事项范围。

第七章　附　则

第九十四条　本条例所称公共污水处理设施，是指城镇集中污水处理设施及开发区、工业园区的集中污水处理设施。

第九十五条　本条例自 2011 年 3 月 1 日起施行。2002 年 5 月 15 日北京市第十一届人民代表大会常务委员会第三十四次会议通过的《北京市实施〈中华人民共和国水污染防治法〉办法》同时废止。

中华人民共和国主席令

第八十七号

《中华人民共和国水污染防治法》已由中华人民共和国第十届全国人民代表大会常务委员会第三十二次会议于 2008 年 2 月 28 日修订通过，现将修订后的《中华人民共和国水污染防治法》公布，自 2008 年 6 月 1 日起施行。

中华人民共和国主席　胡锦涛

2008 年 2 月 28 日

中华人民共和国水污染防治法

目　录

第一章　总　则

第一条　为了防治水污染，保护和改善环境，保障饮用水安全，促进经济社会全面协调可持续发展，制定本法。

第二条　本法适用于中华人民共和国领域内的江河、湖泊、运河、渠道、水库等地表水体以及地下水体的污染防治。

海洋污染防治适用《中华人民共和国海洋环境保护法》。

第三条　水污染防治应当坚持预防为主、防治结合、综合治理的原则，优先保护饮用水水源，严格控制工业污染、城镇生活污染，防治农业面源污染，积极推进生态治理工程建设，预防、控制和减少水环境污染和生态破坏。

第四条　县级以上人民政府应当将水环境保护工作纳入国民经济和社会发展规划。

县级以上地方人民政府应当采取防治水污染的对策和措施，对本行政区域的水环境质量负责。

第五条　国家实行水环境保护目标责任制和考核评价制度，将水环境保护目标完成情况作为对地方人民政府及其负责人考核评价的内容。

第六条　国家鼓励、支持水污染防治的科学技术研究和先进适用技术的推广应用，加强水环境保护的宣传教育。

第七条　国家通过财政转移支付等方式，建立健全对位于饮用水水源保护区区域和江河、湖泊、水库上游地区的水环境生态保护补偿机制。

第八条　县级以上人民政府环境保护主管部门对水污染防治实施统一监督管理。

交通主管部门的海事管理机构对船舶污染水域的防治实施监督管理。

县级以上人民政府水行政、国土资源、卫生、建设、农业、渔业等部门以及重要江河、湖泊的流域水资源保护机构，在各自的职责范围内，对有关水污染防治实施监督管理。

第九条 排放水污染物，不得超过国家或者地方规定的水污染物排放标准和重点水污染物排放总量控制指标。

第十条 任何单位和个人都有义务保护水环境，并有权对污染损害水环境的行为进行检举。

县级以上人民政府及其有关主管部门对在水污染防治工作中做出显著成绩的单位和个人给予表彰和奖励。

第二章 水污染防治的标准和规划

第十一条 国务院环境保护主管部门制定国家水环境质量标准。

省、自治区、直辖市人民政府可以对国家水环境质量标准中未作规定的项目，制定地方标准，并报国务院环境保护主管部门备案。

第十二条 国务院环境保护主管部门会同国务院水行政主管部门和有关省、自治区、直辖市人民政府，可以根据国家确定的重要江河、湖泊流域水体的使用功能以及有关地区的经济、技术条件，确定该重要江河、湖泊流域的省界水体适用的水环境质量标准，报国务院批准后施行。

第十三条 国务院环境保护主管部门根据国家水环境质量标准和国家经济、技术条件，制定国家水污染物排放标准。

省、自治区、直辖市人民政府对国家水污染物排放标准中未作规定的项目，可以制定地方水污染物排放标准；对国家水污染物排放标准中已作规定的项目，可以制定严于国家水污染物排放标准的地方水污染物排放标准。地方水污染物排放标准须报国务院环境保护主管部门备案。

向已有地方水污染物排放标准的水体排放污染物的，应当执行地方水污染物排放标准。

第十四条 国务院环境保护主管部门和省、自治区、直辖市人民政府，应当根据水污染防治的要求和国家或者地方的经济、技术条件，适时修订水环境质量标准和水污染物排放标准。

第十五条 防治水污染应当按流域或者按区域进行统一规划。国家确定的重要江河、湖泊的流域水污染防治规划，由国务院环境保护主管部门会同国务院经济综合宏观调控、水行政等部门和有关省、自治区、直辖市人民政府编制，报国务院批准。

前款规定外的其他跨省、自治区、直辖市江河、湖泊的流域水污染防治规划，根据国家确定的重要江河、湖泊的流域水污染防治规划和本地实际情况，由有关省、自治区、直辖市人民政府环境保护主管部门会同同级水行政等部门和有关市、县人民政府编制，经有关省、自治区、直辖市人民政府审核，报国务院批准。

省、自治区、直辖市内跨县江河、湖泊的流域水污染防治规划，根据国家确定的重要江河、湖泊的流域水污染防治规划和本地实际情况，由省、自治区、直辖市人民政府环境保护主管部门会同同级水行政等部门编制，报省、自治区、直辖市人民政府批准，并报国务院备案。

经批准的水污染防治规划是防治水污染的基本依据，规划的修订须经原批准机关批准。

县级以上地方人民政府应当根据依法批准的江河、湖泊的流域水污染防治规划，组织制定本行政区域的水污染防治规划。

第十六条　国务院有关部门和县级以上地方人民政府开发、利用和调节、调度水资源时，应当统筹兼顾，维持江河的合理流量和湖泊、水库以及地下水体的合理水位，维护水体的生态功能。

第三章　水污染防治的监督管理

第十七条　新建、改建、扩建直接或者间接向水体排放污染物的建设项目和其他水上设施，应当依法进行环境影响评价。

建设单位在江河、湖泊新建、改建、扩建排污口的，应当取得水行政主管部门或者流域管理机构同意；涉及通航、渔业水域的，环境保护主管部门在审批环境影响评价文件时，应当征求交通、渔业主管部门的意见。

建设项目的水污染防治设施，应当与主体工程同时设计、同时施工、同时投入使用。水污染防治设施应当经过环境保护主管部门验收，验收不合格的，该建设项目不得投入生产或者使用。

第十八条　国家对重点水污染物排放实施总量控制制度。

省、自治区、直辖市人民政府应当按照国务院的规定削减和控制本行政区域的重点水污染物排放总量，并将重点水污染物排放总量控制指标分解落实到市、县人民政府。市、县人民政府根据本行政区域重点水污染物排放总量控制指标的要求，将重点水污染物排放总量控制指标分解落实到排污单位。具体办法和实施步骤由国务院规定。

省、自治区、直辖市人民政府可以根据本行政区域水环境质量状况和水污染防治工作的需要，确定本行政区域实施总量削减和控制的重点水污染物。

对超过重点水污染物排放总量控制指标的地区，有关人民政府环境保护主管部门应当暂停审批新增重点水污染物排放总量的建设项目的环境影响评价文件。

第十九条 国务院环境保护主管部门对未按照要求完成重点水污染物排放总量控制指标的省、自治区、直辖市予以公布。省、自治区、直辖市人民政府环境保护主管部门对未按照要求完成重点水污染物排放总量控制指标的市、县予以公布。

县级以上人民政府环境保护主管部门对违反本法规定、严重污染水环境的企业予以公布。

第二十条 国家实行排污许可制度。

直接或者间接向水体排放工业废水和医疗污水以及其他按照规定应当取得排污许可证方可排放的废水、污水的企业事业单位，应当取得排污许可证；城镇污水集中处理设施的运营单位，也应当取得排污许可证。排污许可的具体办法和实施步骤由国务院规定。

禁止企业事业单位无排污许可证或者违反排污许可证的规定向水体排放前款规定的废水、污水。

第二十一条 直接或者间接向水体排放污染物的企业事业单位和个体工商户，应当按照国务院环境保护主管部门的规定，向县级以上地方人民政府环境保护主管部门申报登记拥有的水污染物排放设施、处理设施和在正常作业条件下排放水污染物的种类、数量和浓度，并提供防治水污染方面的有关技术资料。

企业事业单位和个体工商户排放水污染物的种类、数量和浓度有重大改变的，应当及时申报登记；其水污染物处理设施应当保持正常使用；拆除或者闲置水污染物处理设施的，应当事先报县级以上地方人民政府环境保护主管部门批准。

第二十二条 向水体排放污染物的企业事业单位和个体工商户，

应当按照法律、行政法规和国务院环境保护主管部门的规定设置排污口；在江河、湖泊设置排污口的，还应当遵守国务院水行政主管部门的规定。

禁止私设暗管或者采取其他规避监管的方式排放水污染物。

第二十三条 重点排污单位应当安装水污染物排放自动监测设备，与环境保护主管部门的监控设备联网，并保证监测设备正常运行。排放工业废水的企业，应当对其所排放的工业废水进行监测，并保存原始监测记录。具体办法由国务院环境保护主管部门规定。

应当安装水污染物排放自动监测设备的重点排污单位名录，由设区的市级以上地方人民政府环境保护主管部门根据本行政区域的环境容量、重点水污染物排放总量控制指标的要求以及排污单位排放水污染物的种类、数量和浓度等因素，商同级有关部门确定。

第二十四条 直接向水体排放污染物的企业事业单位和个体工商户，应当按照排放水污染物的种类、数量和排污费征收标准缴纳排污费。

排污费应当用于污染的防治，不得挪作他用。

第二十五条 国家建立水环境质量监测和水污染物排放监测制度。国务院环境保护主管部门负责制定水环境监测规范，统一发布国家水环境状况信息，会同国务院水行政等部门组织监测网络。

第二十六条 国家确定的重要江河、湖泊流域的水资源保护工作机构负责监测其所在流域的省界水体的水环境质量状况，并将监测结果及时报国务院环境保护主管部门和国务院水行政主管部门；有经国务院批准成立的流域水资源保护领导机构的，应当将监测结果及时报告流域水资源保护领导机构。

第二十七条 环境保护主管部门和其他依照本法规定行使监督管理权的部门，有权对管辖范围内的排污单位进行现场检查，被检查的单位应当如实反映情况，提供必要的资料。检查机关有义务为被检查的单位保守在检查中获取的商业秘密。

第二十八条 跨行政区域的水污染纠纷，由有关地方人民政府协商解决，或者由其共同的上级人民政府协调解决。

第四章 水污染防治措施

第一节 一般规定

第二十九条 禁止向水体排放油类、酸液、碱液或者剧毒废液。

禁止在水体清洗装贮过油类或者有毒污染物的车辆和容器。

第三十条 禁止向水体排放、倾倒放射性固体废物或者含有高放射性和中放射性物质的废水。

向水体排放含低放射性物质的废水，应当符合国家有关放射性污染防治的规定和标准。

第三十一条 向水体排放含热废水，应当采取措施，保证水体的水温符合水环境质量标准。

第三十二条 含病原体的污水应当经过消毒处理；符合国家有关标准后，方可排放。

第三十三条 禁止向水体排放、倾倒工业废渣、城镇垃圾和其他废弃物。

禁止将含有汞、镉、砷、铬、铅、氰化物、黄磷等的可溶性剧毒废渣向水体排放、倾倒或者直接埋入地下。

存放可溶性剧毒废渣的场所，应当采取防水、防渗漏、防流失的措施。

第三十四条 禁止在江河、湖泊、运河、渠道、水库最高水位线以下的滩地和岸坡堆放、存贮固体废弃物和其他污染物。

第三十五条 禁止利用渗井、渗坑、裂隙和溶洞排放、倾倒含有毒污染物的废水、含病原体的污水和其他废弃物。

第三十六条 禁止利用无防渗漏措施的沟渠、坑塘等输送或者存贮含有毒污染物的废水、含病原体的污水和其他废弃物。

第三十七条 多层地下水的含水层水质差异大的，应当分层开采；对已受污染的潜水和承压水，不得混合开采。

第三十八条 兴建地下工程设施或者进行地下勘探、采矿等活动，应当采取防护性措施，防止地下水污染。

第三十九条 人工回灌补给地下水，不得恶化地下水质。

第二节 工业水污染防治

第四十条 国务院有关部门和县级以上地方人民政府应当合理规划工业布局，要求造成水污染的企业进行技术改造，采取综合防治措施，提高水的重复利用率，减少废水和污染物排放量。

第四十一条 国家对严重污染水环境的落后工艺和设备实行淘汰制度。

国务院经济综合宏观调控部门会同国务院有关部门，公布限期禁止采用的严重污染水环境的工艺名录和限期禁止生产、销售、进口、使用的严重污染水环境的设备名录。

生产者、销售者、进口者或者使用者应当在规定的期限内停止生产、销售、进口或者使用列入前款规定的设备名录中的设备。工艺的采用者应当在规定的期限内停止采用列入前款规定的工艺名录中的工艺。

依照本条第二款、第三款规定被淘汰的设备，不得转让给他人使用。

第四十二条 国家禁止新建不符合国家产业政策的小型造纸、制革、印染、染料、炼焦、炼硫、炼砷、炼汞、炼油、电镀、农药、石棉、水泥、玻璃、钢铁、火电以及其他严重污染水环境的生产项目。

第四十三条 企业应当采用原材料利用效率高、污染物排放量少的清洁工艺，并加强管理，减少水污染物的产生。

第三节 城镇水污染防治

第四十四条 城镇污水应当集中处理。

县级以上地方人民政府应当通过财政预算和其他渠道筹集资金，统筹安排建设城镇污水集中处理设施及配套管网，提高本行政区域城镇污水的收集率和处理率。

国务院建设主管部门应当会同国务院经济综合宏观调控、环境保护主管部门，根据城乡规划和水污染防治规划，组织编制全国城镇污水处理设施建设规划。县级以上地方人民政府组织建设、经济综合宏观调控、环境保护、水行政等部门编制本行政区域的城镇污水处理设施建设规划。县级以上地方人民政府建设主管部门应当按照城镇污水处理设施建设规划，组织建设城镇污水集中处理设施及配套管网，并加强对城镇污水集中处理设施运营的监督管理。

城镇污水集中处理设施的运营单位按照国家规定向排污者提供污水处理的有偿服务，收取污水处理费用，保证污水集中处理设施的正常运行。向城镇污水集中处理设施排放污水、缴纳污水处理费用的，不再缴纳排污费。收取的污水处理费用应当用于城镇污水集中处理设施的建设和运行，不得挪作他用。

城镇污水集中处理设施的污水处理收费、管理以及使用的具体办法，由国务院规定。

第四十五条 向城镇污水集中处理设施排放水污染物，应当符合国家或者地方规定的水污染物排放标准。

城镇污水集中处理设施的出水水质达到国家或者地方规定的水污染物排放标准的，可以按照国家有关规定免缴排污费。

城镇污水集中处理设施的运营单位，应当对城镇污水集中处理设施的出水水质负责。

环境保护主管部门应当对城镇污水集中处理设施的出水水质和水量进行监督检查。

第四十六条 建设生活垃圾填埋场，应当采取防渗漏等措施，防止造成水污染。

第四节 农业和农村水污染防治

第四十七条 使用农药，应当符合国家有关农药安全使用的规定和标准。

运输、存贮农药和处置过期失效农药，应当加强管理，防止造成水污染。

第四十八条 县级以上地方人民政府农业主管部门和其他有关部门，应当采取措施，指导农业生产者科学、合理地施用化肥和农药，控制化肥和农药的过量使用，防止造成水污染。

第四十九条 国家支持畜禽养殖场、养殖小区建设畜禽粪便、废水的综合利用或者无害化处理设施。

畜禽养殖场、养殖小区应当保证其畜禽粪便、废水的综合利用或者无害化处理设施正常运转，保证污水达标排放，防止污染水环境。

第五十条 从事水产养殖应当保护水域生态环境，科学确定养殖密度，合理投饵和使用药物，防止污染水环境。

第五十一条　向农田灌溉渠道排放工业废水和城镇污水，应当保证其下游最近的灌溉取水点的水质符合农田灌溉水质标准。

利用工业废水和城镇污水进行灌溉，应当防止污染土壤、地下水和农产品。

第五节　船舶水污染防治

第五十二条　船舶排放含油污水、生活污水，应当符合船舶污染物排放标准。从事海洋航运的船舶进入内河和港口的，应当遵守内河的船舶污染物排放标准。

船舶的残油、废油应当回收，禁止排入水体。

禁止向水体倾倒船舶垃圾。

船舶装载运输油类或者有毒货物，应当采取防止溢流和渗漏的措施，防止货物落水造成水污染。

第五十三条　船舶应当按照国家有关规定配置相应的防污设备和器材，并持有合法有效的防止水域环境污染的证书与文书。

船舶进行涉及污染物排放的作业，应当严格遵守操作规程，并在相应的记录簿上如实记载。

第五十四条　港口、码头、装卸站和船舶修造厂应当备有足够的船舶污染物、废弃物的接收设施。从事船舶污染物、废弃物接收作业，或者从事装载油类、污染危害性货物船舱清洗作业的单位，应当具备与其运营规模相适应的接收处理能力。

第五十五条　船舶进行下列活动，应当编制作业方案，采取有效的安全和防污染措施，并报作业地海事管理机构批准：

（一）进行残油、含油污水、污染危害性货物残留物的接收作业，或者进行装载油类、污染危害性货物船舱的清洗作业；

（二）进行散装液体污染危害性货物的过驳作业；

（三）进行船舶水上拆解、打捞或者其他水上、水下船舶施工作业。

在渔港水域进行渔业船舶水上拆解活动，应当报作业地渔业主管部门批准。

第五章　饮用水水源和其他特殊水体保护

第五十六条　国家建立饮用水水源保护区制度。饮用水水源保护区分为一级保护区和二级保护区；必要时，可以在饮用水水源保护区外围划定一定的区域作为准保护区。

饮用水水源保护区的划定，由有关市、县人民政府提出划定方案，报省、自治区、直辖市人民政府批准；跨市、县饮用水水源保护区的划定，由有关市、县人民政府协商提出划定方案，报省、自治区、直辖市人民政府批准；协商不成的，由省、自治区、直辖市人民政府环境保护主管部门会同同级水行政、国土资源、卫生、建设等部门提出划定方案，征求同级有关部门的意见后，报省、自治区、直辖市人民政府批准。

跨省、自治区、直辖市的饮用水水源保护区，由有关省、自治区、直辖市人民政府商有关流域管理机构划定；协商不成的，由国务院环境保护主管部门会同同级水行政、国土资源、卫生、建设等部门提出划定方案，征求国务院有关部门的意见后，报国务院批准。

国务院和省、自治区、直辖市人民政府可以根据保护饮用水水源的实际需要，调整饮用水水源保护区的范围，确保饮用水安全。有关地方人民政府应当在饮用水水源保护区的边界设立明确的地理界标和明显的警示标志。

第五十七条 在饮用水水源保护区内，禁止设置排污口。

第五十八条 禁止在饮用水水源一级保护区内新建、改建、扩建与供水设施和保护水源无关的建设项目；已建成的与供水设施和保护水源无关的建设项目，由县级以上人民政府责令拆除或者关闭。

禁止在饮用水水源一级保护区内从事网箱养殖、旅游、游泳、垂钓或者其他可能污染饮用水水体的活动。

第五十九条 禁止在饮用水水源二级保护区内新建、改建、扩建排放污染物的建设项目；已建成的排放污染物的建设项目，由县级以上人民政府责令拆除或者关闭。

在饮用水水源二级保护区内从事网箱养殖、旅游等活动的，应当按照规定采取措施，防止污染饮用水水体。

第六十条 禁止在饮用水水源准保护区内新建、扩建对水体污染严重的建设项目；改建建设项目，不得增加排污量。

第六十一条 县级以上地方人民政府应当根据保护饮用水水源的实际需要，在准保护区内采取工程措施或者建造湿地、水源涵养林等生态保护措施，防止水污染物直接排入饮用水水体，确保饮用水安全。

第六十二条 饮用水水源受到污染可能威胁供水安全的，环境保护主管部门应当责令有关企业事业单位采取停止或者减少排放水污染物等措施。

第六十三条 国务院和省、自治区、直辖市人民政府根据水环境保护的需要，可以规定在饮用水水源保护区内，采取禁止或者限制使用含磷洗涤剂、化肥、农药以及限制种植养殖等措施。

第六十四条 县级以上人民政府可以对风景名胜区水体、重要渔业水体和其他具有特殊经济文化价值的水体划定保护区，并采取措施，保证保护区的水质符合规定用途的水环境质量标准。

第六十五条 在风景名胜区水体、重要渔业水体和其他具有特殊经济文化价值的水体的保护区内，不得新建排污口。在保护区附近新建排污口，应当保证保护区水体不受污染。

第六章 水污染事故处置

第六十六条 各级人民政府及其有关部门，可能发生水污染事故的企业事业单位，应当依照《中华人民共和国突发事件应对法》的规定，做好突发水污染事故的应急准备、应急处置和事后恢复等工作。

第六十七条 可能发生水污染事故的企业事业单位，应当制定有关水污染事故的应急方案，做好应急准备，并定期进行演练。

生产、储存危险化学品的企业事业单位，应当采取措施，防止在处理安全生产事故过程中产生的可能严重污染水体的消防废水、废液直接排入水体。

第六十八条 企业事业单位发生事故或者其他突发性事件，造成或者可能造成水污染事故的，应当立即启动本单位的应急方案，采取应急措施，并向事故发生地的县级以上地方人民政府或者环境保护主管部门报告。环境保护主管部门接到报告后，应当及时向本级人民政府报告，并抄送有关部门。

造成渔业污染事故或者渔业船舶造成水污染事故的，应当向事故发生地的渔业主管部门报告，接受调查处理。其他船舶造成水污染事故的，应当向事故发生地的海事管理机构报告，接受调查处理；给渔业造成损害的，海事管理机构应当通知渔业主管部门参与调查处理。

第七章 法律责任

第六十九条 环境保护主管部门或者其他依照本法规定行使监督管理权的部门，不依法作出行政许可或者办理批准文件的，发现违法行为或者接到对违法行为的举报后不予查处的，或者有其他未依照本法规定履行职责的行为的，对直接负责的主管人员和其他直接责任人员依法给予处分。

第七十条 拒绝环境保护主管部门或者其他依照本法规定行使监督管理权的部门的监督检查，或者在接受监督检查时弄虚作假的，由县级以上人民政府环境保护主管部门或者其他依照本法规定行使监督管理权的部门责令改正，处一万元以上十万元以下的罚款。

第七十一条 违反本法规定，建设项目的水污染防治设施未建成、未经验收或者验收不合格，主体工程即投入生产或者使用的，由县级以上人民政府环境保护主管部门责令停止生产或者使用，直至验收合格，处五万元以上五十万元以下的罚款。

第七十二条 违反本法规定，有下列行为之一的，由县级以上人民政府环境保护主管部门责令限期改正；逾期不改正的，处一万元以上十万元以下的罚款：

（一）拒报或者谎报国务院环境保护主管部门规定的有关水污染物排放申报登记事项的；

（二）未按照规定安装水污染物排放自动监测设备或者未按照规定与环境保护主管部门的监控设备联网，并保证监测设备正常运行的；

（三）未按照规定对所排放的工业废水进行监测并保存原始监测记录的。

第七十三条 违反本法规定，不正常使用水污染物处理设施，或者未经环境保护主管部门批准拆除、闲置水污染物处理设施的，由县级以上人民政府环境保护主管部门责令限期改正，处应缴纳排污费数额一倍以上三倍以下的罚款。

第七十四条 违反本法规定，排放水污染物超过国家或者地方规定的水污染物排放标准，或者超过重点水污染物排放总量控制指标的，由县级以上人民政府环境保护主管部门按照权限责令限期治理，处应缴纳排污费数额二倍以上五倍以下的罚款。

限期治理期间，由环境保护主管部门责令限制生产、限制排放或者停产整治。限期治理的期限最长不超过一年；逾期未完成治理任务的，报经有批准权的人民政府批准，责令关闭。

第七十五条　在饮用水水源保护区内设置排污口的，由县级以上地方人民政府责令限期拆除，处十万元以上五十万元以下的罚款；逾期不拆除的，强制拆除，所需费用由违法者承担，处五十万元以上一百万元以下的罚款，并可以责令停产整顿。

除前款规定外，违反法律、行政法规和国务院环境保护主管部门的规定设置排污口或者私设暗管的，由县级以上地方人民政府环境保护主管部门责令限期拆除，处二万元以上十万元以下的罚款；逾期不拆除的，强制拆除，所需费用由违法者承担，处十万元以上五十万元以下的罚款；私设暗管或者有其他严重情节的，县级以上地方人民政府环境保护主管部门可以提请县级以上地方人民政府责令停产整顿。

未经水行政主管部门或者流域管理机构同意，在江河、湖泊新建、改建、扩建排污口的，由县级以上人民政府水行政主管部门或者流域管理机构依据职权，依照前款规定采取措施、给予处罚。

第七十六条　有下列行为之一的，由县级以上地方人民政府环境保护主管部门责令停止违法行为，限期采取治理措施，消除污染，处以罚款；逾期不采取治理措施的，环境保护主管部门可以指定有治理能力的单位代为治理，所需费用由违法者承担：

（一）向水体排放油类、酸液、碱液的；

（二）向水体排放剧毒废液，或者将含有汞、镉、砷、铬、铅、氰化物、黄磷等的可溶性剧毒废渣向水体排放、倾倒或者直接埋入地下的；

（三）在水体清洗装贮过油类、有毒污染物的车辆或者容器的；

（四）向水体排放、倾倒工业废渣、城镇垃圾或者其他废弃物，或者在江河、湖泊、运河、渠道、水库最高水位线以下的滩地、岸坡堆放、存贮固体废弃物或者其他污染物的；

（五）向水体排放、倾倒放射性固体废物或者含有高放射性、中放射性物质的废水的；

（六）违反国家有关规定或者标准，向水体排放含低放射性物质的废水、热废水或者含病原体的污水的；

（七）利用渗井、渗坑、裂隙或者溶洞排放、倾倒含有毒污染物的废水、含病原体的污水或者其他废弃物的；

（八）利用无防渗漏措施的沟渠、坑塘等输送或者存贮含有毒污染物的废水、含病原体的污水或者其他废弃物的。

有前款第三项、第六项行为之一的，处一万元以上十万元以下的罚款；有前款第一项、第四项、第八项行为之一的，处二万元以上二十万元以下的罚款；有前款第二项、第五项、第七项行为之一的，处五万元以上五十万元以下的罚款。

第七十七条 违反本法规定，生产、销售、进口或者使用列入禁止生产、销售、进口、使用的严重污染水环境的设备名录中的设备，或者采用列入禁止采用的严重污染水环境的工艺名录中的工艺的，由县级以上人民政府经济综合宏观调控部门责令改正，处五万元以上二十万元以下的罚款；情节严重的，由县级以上人民政府经济综合宏观调控部门提出意见，报请本级人民政府责令停业、关闭。

第七十八条 违反本法规定，建设不符合国家产业政策的小型造纸、制革、印染、染料、炼焦、炼硫、炼砷、炼汞、炼油、电镀、农药、石棉、水泥、玻璃、钢铁、火电以及其他严重污染水环境的生产项目的，由所在地的市、县人民政府责令关闭。

第七十九条 船舶未配置相应的防污染设备和器材，或者未持有合法有效的防止水域环境污染的证书与文书的，由海事管理机构、渔业主管部门按照职责分工责令限期改正，处二千元以上二万元以下的罚款；逾期不改正的，责令船舶临时停航。

船舶进行涉及污染物排放的作业，未遵守操作规程或者未在相应的记录簿上如实记载的，由海事管理机构、渔业主管部门按照职责分工责令改正，处二千元以上二万元以下的罚款。

第八十条 违反本法规定，有下列行为之一的，由海事管理机构、渔业主管部门按照职责分工责令停止违法行为，处以罚款；造成水污染的，责令限期采取治理措施，消除污染；逾期不采取治理措施的，海事管理机构、渔业主管部门按照职责分工可以指定有治理能力的单位代为治理，所需费用由船舶承担：

（一）向水体倾倒船舶垃圾或者排放船舶的残油、废油的；

（二）未经作业地海事管理机构批准，船舶进行残油、含油污水、污染危害性货物残留物的接收作业，或者进行装载油类、污染危害性货物船舱的清洗作业，或者进行散装液体污染危害性货物的过驳作业的；

（三）未经作业地海事管理机构批准，进行船舶水上拆解、打捞或者其他水上、水下船舶施工作业的；

（四）未经作业地渔业主管部门批准，在渔港水域进行渔业船舶水上拆解的。

有前款第一项、第二项、第四项行为之一的，处五千元以上五万元以下的罚款；有前款第三项行为的，处一万元以上十万元以下的罚款。

第八十一条 有下列行为之一的，由县级以上地方人民政府环境保护主管部门责令停止违法行为，处十万元以上五十万元以下的罚款；并报经有批准权的人民政府批准，责令拆除或者关闭：

（一）在饮用水水源一级保护区内新建、改建、扩建与供水设施和保护水源无关的建设项目的；

（二）在饮用水水源二级保护区内新建、改建、扩建排放污染物的建设项目的；

（三）在饮用水水源准保护区内新建、扩建对水体污染严重的建设项目，或者改建建设项目增加排污量的。

在饮用水水源一级保护区内从事网箱养殖或者组织进行旅游、垂钓或者其他可能污染饮用水水体的活动的，由县级以上地方人民政府环境保护主管部门责令停止违法行为，处二万元以上十万元以下的罚款。个人在饮用水水源一级保护区内游泳、垂钓或者从事其他可能污染饮用水水体的活动的，由县级以上地方人民政府环境保护主管部门责令停止违法行为，可以处五百元以下的罚款。

第八十二条 企业事业单位有下列行为之一的，由县级以上人民政府环境保护主管部门责令改正；情节严重的，处二万元以上十万元以下的罚款：

（一）不按照规定制定水污染事故的应急方案的；

（二）水污染事故发生后，未及时启动水污染事故的应急方案，采取有关应急措施的。

第八十三条 企业事业单位违反本法规定，造成水污染事故的，由县级以上人民政府环境保护主管部门依照本条第二款的规定处以罚款，责令限期采取治理措施，消除污染；不按要求采取治理措施或者不具备治理能力的，由环境保护主管部门指定有治理能力的单位代为治理，所需费用由违法者承担；对造成重大或者特大水污染事故的，可以报经有批准权的人民政府批准，责令关闭；对直接负责的主管人员和其他直接责任人员可以处上一年度从本单位取得的收入百分之五十以下的罚款。

对造成一般或者较大水污染事故的，按照水污染事故造成的直接损失的百分之二十计算罚款；对造成重大或者特大水污染事故的，按照水污染事故造成的直接损失的百分之三十计算罚款。

造成渔业污染事故或者渔业船舶造成水污染事故的，由渔业主管部门进行处罚；其他船舶造成水污染事故的，由海事管理机构进行处罚。

第八十四条 当事人对行政处罚决定不服的，可以申请行政复议，也可以在收到通知之日起十五日内向人民法院起诉；期满不申请行政复议或者起诉，又不履行行政处罚决定的，由作出行政处罚决定的机关申请人民法院强制执行。

第八十五条 因水污染受到损害的当事人，有权要求排污方排除危害和赔偿损失。

由于不可抗力造成水污染损害的，排污方不承担赔偿责任；法律另有规定的除外。

水污染损害是由受害人故意造成的，排污方不承担赔偿责任。水污染损害是由受害人重大过失造成的，可以减轻排污方的赔偿责任。

水污染损害是由第三人造成的，排污方承担赔偿责任后，有权向第三人追偿。

第八十六条 因水污染引起的损害赔偿责任和赔偿金额的纠纷，可以根据当事人的请求，由环境保护主管部门或者海事管理机构、渔业主管部门按照职责分工调解处理；调解不成的，当事人可以向人民法院提起诉讼。当事人也可以直接向人民法院提起诉讼。

第八十七条 因水污染引起的损害赔偿诉讼，由排污方就法律规定的免责事由及其行为与损害结果之间不存在因果关系承担举证责任。

第八十八条 因水污染受到损害的当事人人数众多的，可以依法由当事人推选代表人进行共同诉讼。

环境保护主管部门和有关社会团体可以依法支持因水污染受到损害的当事人向人民法院提起诉讼。

国家鼓励法律服务机构和律师为水污染损害诉讼中的受害人提供

法律援助。

第八十九条　因水污染引起的损害赔偿责任和赔偿金额的纠纷，当事人可以委托环境监测机构提供监测数据。环境监测机构应当接受委托，如实提供有关监测数据。

第九十条　违反本法规定，构成违反治安管理行为的，依法给予治安管理处罚；构成犯罪的，依法追究刑事责任。

第八章　附　则

第九十一条　本法中下列用语的含义：

（一）水污染，是指水体因某种物质的介入，而导致其化学、物理、生物或者放射性等方面特性的改变，从而影响水的有效利用，危害人体健康或者破坏生态环境，造成水质恶化的现象。

（二）水污染物，是指直接或者间接向水体排放的，能导致水体污染的物质。

（三）有毒污染物，是指那些直接或者间接被生物摄入体内后，可能导致该生物或者其后代发病、行为反常、遗传异变、生理机能失常、机体变形或者死亡的污染物。

（四）渔业水体，是指划定的鱼虾类的产卵场、索饵场、越冬场、洄游通道和鱼虾贝藻类的养殖场的水体。

第九十二条　本法自 2008 年 6 月 1 日起施行。

中华人民共和国主席令

第 74 号

《中华人民共和国水法》已由中华人民共和国第九届全国人民代表大会常务委员会第二十九次会议于 2002 年 8 月 29 日修订，现将修订后的《中华人民共和国水法》公布，自 2002 年 10 月 1 日起施行。

中华人民共和国主席　江泽民

2002 年 8 月 29 日

中华人民共和国水法

目　录

第一章　总　则

第一条　为了合理开发、利用、节约和保护水资源，防治水害，实现水资源的可持续利用，适应国民经济和社会发展的需要，制定本法。

第二条　在中华人民共和国领域内开发、利用、节约、保护、管理水资源，防治水害，适用本法。

本法所称水资源，包括地表水和地下水。

第三条　水资源属于国家所有。水资源的所有权由国务院代表国家行使。农村集体经济组织的水塘和由农村集体经济组织修建管理的水库中的水，归各该农村集体经济组织使用。

第四条　开发、利用、节约、保护水资源和防治水害，应当全面规划、统筹兼顾、标本兼治、综合利用、讲求效益，发挥水资源的多种功能，协调好生活、生产经营和生态环境用水。

第五条　县级以上人民政府应当加强水利基础设施建设，并将其纳入本级国民经济和社会发展计划。

第六条　国家鼓励单位和个人依法开发、利用水资源，并保护其合法权益。开发、利用水资源的单位和个人有依法保护水资源的义务。

第七条　国家对水资源依法实行取水许可制度和有偿使用制度。但是，农村集体经济组织及其成员使用本集体经济组织的水塘、水库中的水的除外。国务院水行政主管部门负责全国取水许可制度和水资源有偿使用制度的组织实施。

第八条　国家厉行节约用水，大力推行节约用水措施，推广节约用水新技术、新工艺，发展节水型工业、农业和服务业，建立节水型社会。

各级人民政府应当采取措施，加强对节约用水的管理，建立节约用水技术开发推广体系，培育和发展节约用水产业。

单位和个人有节约用水的义务。

第九条　国家保护水资源，采取有效措施，保护植被，植树种草，涵养水源，防治水土流失和水体污染，改善生态环境。

第十条　国家鼓励和支持开发、利用、节约、保护、管理水资源和防治水害的先进科学技术的研究、推广和应用。

第十一条　在开发、利用、节约、保护、管理水资源和防治水害等方面成绩显著的单位和个人，由人民政府给予奖励。

第十二条　国家对水资源实行流域管理与行政区域管理相结合的管理体制。

国务院水行政主管部门负责全国水资源的统一管理和监督工作。

国务院水行政主管部门在国家确定的重要江河、湖泊设立的流域管理机构（以下简称流域管理机构），在所管辖的范围内行使法律、行政法规规定的和国务院水行政主管部门授予的水资源管理和监督职责。

县级以上地方人民政府水行政主管部门按照规定的权限，负责本行政区域内水资源的统一管理和监督工作。

第十三条 国务院有关部门按照职责分工，负责水资源开发、利用、节约和保护的有关工作。

县级以上地方人民政府有关部门按照职责分工，负责本行政区域内水资源开发、利用、节约和保护的有关工作。

第二章 水资源规划

第十四条 国家制定全国水资源战略规划。

开发、利用、节约、保护水资源和防治水害，应当按照流域、区域统一制定规划。规划分为流域规划和区域规划。流域规划包括流域综合规划和流域专业规划；区域规划包括区域综合规划和区域专业规划。

前款所称综合规划，是指根据经济社会发展需要和水资源开发利用现状编制的开发、利用、节约、保护水资源和防治水害的总体部署。前款所称专业规划，是指防洪、治涝、灌溉、航运、供水、水力发电、竹木流放、渔业、水资源保护、水土保持、防沙治沙、节约用水等规划。

第十五条 流域范围内的区域规划应当服从流域规划，专业规划应当服从综合规划。

流域综合规划和区域综合规划以及与土地利用关系密切的专业规划，应当与国民经济和社会发展规划以及土地利用总体规划、城市总体规划和环境保护规划相协调，兼顾各地区、各行业的需要。

第十六条 制定规划，必须进行水资源综合科学考察和调查评价。水资源综合科学考察和调查评价，由县级以上人民政府水行政主管部门会同同级有关部门组织进行。

县级以上人民政府应当加强水文、水资源信息系统建设。县级以上人民政府水行政主管部门和流域管理机构应当加强对水资源的动态监测。

基本水文资料应当按照国家有关规定予以公开。

第十七条 国家确定的重要江河、湖泊的流域综合规划，由国务院水行政主管部门会同国务院有关部门和有关省、自治区、直辖市人民政府编制，报国务院批准。跨省、自治区、直辖市的其他江河、湖泊的流域综合规划和区域综合规划，由有关流域管理机构会同江河、湖泊所在地的省、自治区、直辖市人民政府水行政主管部门和有关部门编制，分别经有关省、自治区、直辖市人民政府审查提出意见后，报国务院水行政主管部门审核；国务院水行政主管部门征求国务院有关部门意见后，报国务院或者其授权的部门批准。

前款规定以外的其他江河、湖泊的流域综合规划和区域综合规划，由县级以上地方人民政府水行政主管部门会同同级有关部门和有关地方人民政府编制，报本级人民政府或者其授权的部门批准，并报上一级水行政主管部门备案。

专业规划由县级以上人民政府有关部门编制，征求同级其他有关部门意见后，报本级人民政府批准。其中，防洪规划、水土保持规划的编制、批准，依照防洪法、水土保持法的有关规定执行。

第十八条 规划一经批准，必须严格执行。

经批准的规划需要修改时，必须按照规划编制程序经原批准机关批准。

第十九条 建设水工程，必须符合流域综合规划。在国家确定的重要江河、湖泊和跨省、自治区、直辖市的江河、湖泊上建设水工程，其工程可行性研究报告报请批准前，有关流域管理机构应当对水工程的建设是否符合流域综合规划进行审查并签署意见；在其他江河、湖泊上建设水工程，其工程可行性研究报告报请批准前，县级以上地方人民政府水行政主管部门应当按照管理权限对水工程的建设是否符合流域综合规划进行审查并签署意见。水工程建设涉及防洪的，依照防洪法的有关规定执行；涉及其他地区和行业的，建设单位应当事先征求有关地区和部门的意见。

第三章 水资源开发利用

第二十条 开发、利用水资源，应当坚持兴利与除害相结合，兼顾上下游、左右岸和有关地区之间的利益，充分发挥水资源的综合效益，并服从防洪的总体安排。

第二十一条 开发、利用水资源，应当首先满足城乡居民生活用水，并兼顾农业、工业、生态环境用水以及航运等需要。

在干旱和半干旱地区开发、利用水资源，应当充分考虑生态环境用水需要。

第二十二条 跨流域调水，应当进行全面规划和科学论证，统筹兼顾调出和调入流域的用水需要，防止对生态环境造成破坏。

第二十三条 地方各级人民政府应当结合本地区水资源的实际情况，按照地表水与地下水统一调度开发、开源与节流相结合、节流优先和污水处理再利用的原则，合理组织开发、综合利用水资源。

国民经济和社会发展规划以及城市总体规划的编制、重大建设项目的布局，应当与当地水资源条件和防洪要求相适应，并进行科学论证；在水资源不足的地区，应当对城市规模和建设耗水量大的工业、农业和服务业项目加以限制。

第二十四条 在水资源短缺的地区，国家鼓励对雨水和微咸水的收集、开发、利用和对海水的利用、淡化。

第二十五条 地方各级人民政府应当加强对灌溉、排涝、水土保持工作的领导，促进农业生产发展；在容易发生盐碱化和渍害的地区，应当采取措施，控制和降低地下水的水位。

农村集体经济组织或者其成员依法在本集体经济组织所有的集体土地或者承包土地上投资兴建水工程设施的，按照谁投资建设谁管理和谁受益的原则，对水工程设施及其蓄水进行管理和合理使用。

农村集体经济组织修建水库应当经县级以上地方人民政府水行政主管部门批准。

第二十六条 国家鼓励开发、利用水能资源。在水能丰富的河流，应当有计划地进行多目标梯级开发。

建设水力发电站，应当保护生态环境，兼顾防洪、供水、灌溉、航运、竹木流放和渔业等方面的需要。

第二十七条 国家鼓励开发、利用水运资源。在水生生物洄游通道、通航或者竹木流放的河流上修建永久性拦河闸坝，建设单位应当同时修建过鱼、过船、过木设施，或者经国务院授权的部门批准采取其他补救措施，并妥善安排施工和蓄水期间的水生生物保护、航运和竹木流放，所需费用由建设单位承担。

在不通航的河流或者人工水道上修建闸坝后可以通航的，闸坝建设单位应当同时修建过船设施或者预留过船设施位置。

第二十八条　任何单位和个人引水、截（蓄）水、排水，不得损害公共利益和他人的合法权益。

第二十九条　国家对水工程建设移民实行开发性移民的方针，按照前期补偿、补助与后期扶持相结合的原则，妥善安排移民的生产和生活，保护移民的合法权益。

移民安置应当与工程建设同步进行。建设单位应当根据安置地区的环境容量和可持续发展的原则，因地制宜，编制移民安置规划，经依法批准后，由有关地方人民政府组织实施。所需移民经费列入工程建设投资计划。

第四章　水资源、水域和水工程的保护

第三十条　县级以上人民政府水行政主管部门、流域管理机构以及其他有关部门在制定水资源开发、利用规划和调度水资源时，应当注意维持江河的合理流量和湖泊、水库以及地下水的合理水位，维护水体的自然净化能力。

第三十一条　从事水资源开发、利用、节约、保护和防治水害等水事活动，应当遵守经批准的规划；因违反规划造成江河和湖泊水域使用功能降低、地下水超采、地面沉降、水体污染的，应当承担治理责任。

开采矿藏或者建设地下工程，因疏干排水导致地下水水位下降、水源枯竭或者地面塌陷，采矿单位或者建设单位应当采取补救措施；对他人生活和生产造成损失的，依法给予补偿。

第三十二条　国务院水行政主管部门会同国务院环境保护行政主管部门、有关部门和有关省、自治区、直辖市人民政府，按照流域综合规划、水资源保护规划和经济社会发展要求，拟定国家确定的重要江河、湖泊的水功能区划，报国务院批准。跨省、自治区、直辖市的其他江河、湖泊的水功能区划，由有关流域管理机构会同江河、湖泊所在地的省、自治区、直辖市人民政府水行政主管部门、环境保护行

政主管部门和其他有关部门拟定，分别经有关省、自治区、直辖市人民政府审查提出意见后，由国务院水行政主管部门会同国务院环境保护行政主管部门审核，报国务院或者其授权的部门批准。

前款规定以外的其他江河、湖泊的水功能区划，由县级以上地方人民政府水行政主管部门会同同级人民政府环境保护行政主管部门和有关部门拟定，报同级人民政府或者其授权的部门批准，并报上一级水行政主管部门和环境保护行政主管部门备案。

县级以上人民政府水行政主管部门或者流域管理机构应当按照水功能区对水质的要求和水体的自然净化能力，核定该水域的纳污能力，向环境保护行政主管部门提出该水域的限制排污总量意见。

县级以上地方人民政府水行政主管部门和流域管理机构应当对水功能区的水质状况进行监测，发现重点污染物排放总量超过控制指标的，或者水功能区的水质未达到水域使用功能对水质的要求的，应当及时报告有关人民政府采取治理措施，并向环境保护行政主管部门通报。

第三十三条 国家建立饮用水水源保护区制度。省、自治区、直辖市人民政府应当划定饮用水水源保护区，并采取措施，防止水源枯竭和水体污染，保证城乡居民饮用水安全。

第三十四条 禁止在饮用水水源保护区内设置排污口。

在江河、湖泊新建、改建或者扩大排污口，应当经过有管辖权的水行政主管部门或者流域管理机构同意，由环境保护行政主管部门负责对该建设项目的环境影响报告书进行审批。

第三十五条 从事工程建设，占用农业灌溉水源、灌排工程设施，或者对原有灌溉用水、供水水源有不利影响的，建设单位应当采取相应的补救措施；造成损失的，依法给予补偿。

第三十六条 在地下水超采地区，县级以上地方人民政府应当采取措施，严格控制开采地下水。在地下水严重超采地区，经省、自治区、直辖市人民政府批准，可以划定地下水禁止开采或者限制开采区。在沿海地区开采地下水，应当经过科学论证，并采取措施，防止地面沉降和海水入侵。

第三十七条 禁止在江河、湖泊、水库、运河、渠道内弃置、堆放阻碍行洪的物体和种植阻碍行洪的林木及高秆作物。

禁止在河道管理范围内建设妨碍行洪的建筑物、构筑物以及从事影响河势稳定、危害河岸堤防安全和其他妨碍河道行洪的活动。

第三十八条　在河道管理范围内建设桥梁、码头和其他拦河、跨河、临河建筑物、构筑物，铺设跨河管道、电缆，应当符合国家规定的防洪标准和其他有关的技术要求，工程建设方案应当依照防洪法的有关规定报经有关水行政主管部门审查同意。

因建设前款工程设施，需要扩建、改建、拆除或者损坏原有水工程设施的，建设单位应当负担扩建、改建的费用和损失补偿。但是，原有工程设施属于违法工程的除外。

第三十九条　国家实行河道采砂许可制度。河道采砂许可制度实施办法，由国务院规定。

在河道管理范围内采砂，影响河势稳定或者危及堤防安全的，有关县级以上人民政府水行政主管部门应当划定禁采区和规定禁采期，并予以公告。

第四十条　禁止围湖造地。已经围垦的，应当按照国家规定的防洪标准有计划地退地还湖。

禁止围垦河道。确需围垦的，应当经过科学论证，经省、自治区、直辖市人民政府水行政主管部门或者国务院水行政主管部门同意后，报本级人民政府批准。

第四十一条　单位和个人有保护水工程的义务，不得侵占、毁坏堤防、护岸、防汛、水文监测、水文地质监测等工程设施。

第四十二条　县级以上地方人民政府应当采取措施，保障本行政区域内水工程，特别是水坝和堤防的安全，限期消除险情。水行政主管部门应当加强对水工程安全的监督管理。

第四十三条　国家对水工程实施保护。国家所有的水工程应当按照国务院的规定划定工程管理和保护范围。

国务院水行政主管部门或者流域管理机构管理的水工程，由主管部门或者流域管理机构商有关省、自治区、直辖市人民政府划定工程管理和保护范围。

前款规定以外的其他水工程，应当按照省、自治区、直辖市人民政府的规定，划定工程保护范围和保护职责。

在水工程保护范围内，禁止从事影响水工程运行和危害水工程安全的爆破、打井、采石、取土等活动。

第五章　水资源配置和节约使用

第四十四条　国务院发展计划主管部门和国务院水行政主管部门负责全国水资源的宏观调配。全国的和跨省、自治区、直辖市的水中长期供求规划，由国务院水行政主管部门会同有关部门制订，经国务院发展计划主管部门审查批准后执行。地方的水中长期供求规划，由县级以上地方人民政府水行政主管部门会同同级有关部门依据上一级水中长期供求规划和本地区的实际情况制订，经本级人民政府发展计划主管部门审查批准后执行。

水中长期供求规划应当依据水的供求现状、国民经济和社会发展规划、流域规划、区域规划，按照水资源供需协调、综合平衡、保护生态、厉行节约、合理开源的原则制定。

第四十五条　调蓄径流和分配水量，应当依据流域规划和水中长期供求规划，以流域为单元制定水量分配方案。

跨省、自治区、直辖市的水量分配方案和旱情紧急情况下的水量调度预案，由流域管理机构商有关省、自治区、直辖市人民政府制订，报国务院或者其授权的部门批准后执行。其他跨行政区域的水量分配方案和旱情紧急情况下的水量调度预案，由共同的上一级人民政府水行政主管部门商有关地方人民政府制订，报本级人民政府批准后执行。

水量分配方案和旱情紧急情况下的水量调度预案经批准后，有关地方人民政府必须执行。

在不同行政区域之间的边界河流上建设水资源开发、利用项目，应当符合该流域经批准的水量分配方案，由有关县级以上地方人民政府报共同的上一级人民政府水行政主管部门或者有关流域管理机构批准。

第四十六条　县级以上地方人民政府水行政主管部门或者流域管理机构应当根据批准的水量分配方案和年度预测来水量，制定年度水量分配方案和调度计划，实施水量统一调度；有关地方人民政府必须服从。

国家确定的重要江河、湖泊的年度水量分配方案，应当纳入国家的国民经济和社会发展年度计划。

第四十七条 国家对用水实行总量控制和定额管理相结合的制度。

省、自治区、直辖市人民政府有关行业主管部门应当制订本行政区域内行业用水定额，报同级水行政主管部门和质量监督检验行政主管部门审核同意后，由省、自治区、直辖市人民政府公布，并报国务院水行政主管部门和国务院质量监督检验行政主管部门备案。

县级以上地方人民政府发展计划主管部门会同同级水行政主管部门，根据用水定额、经济技术条件以及水量分配方案确定的可供本行政区域使用的水量，制定年度用水计划，对本行政区域内的年度用水实行总量控制。

第四十八条 直接从江河、湖泊或者地下取用水资源的单位和个人，应当按照国家取水许可制度和水资源有偿使用制度的规定，向水行政主管部门或者流域管理机构申请领取取水许可证，并缴纳水资源费，取得取水权。但是，家庭生活和零星散养、圈养畜禽饮用等少量取水的除外。

实施取水许可制度和征收管理水资源费的具体办法，由国务院规定。

第四十九条 用水应当计量，并按照批准的用水计划用水。

用水实行计量收费和超定额累进加价制度。

第五十条 各级人民政府应当推行节水灌溉方式和节水技术，对农业蓄水、输水工程采取必要的防渗漏措施，提高农业用水效率。

第五十一条 工业用水应当采用先进技术、工艺和设备，增加循环用水次数，提高水的重复利用率。

国家逐步淘汰落后的、耗水量高的工艺、设备和产品，具体名录由国务院经济综合主管部门会同国务院水行政主管部门和有关部门制定并公布。生产者、销售者或者生产经营中的使用者应当在规定的时间内停止生产、销售或者使用列入名录的工艺、设备和产品。

第五十二条 城市人民政府应当因地制宜采取有效措施，推广节水型生活用水器具，降低城市供水管网漏失率，提高生活用水效率；加强城市污水集中处理，鼓励使用再生水，提高污水再生利用率。

第五十三条 新建、扩建、改建建设项目，应当制订节水措施方案，配套建设节水设施。节水设施应当与主体工程同时设计、同时施工、同时投产。

供水企业和自建供水设施的单位应当加强供水设施的维护管理，减少水的漏失。

第五十四条 各级人民政府应当积极采取措施，改善城乡居民的饮用水条件。

第五十五条 使用水工程供应的水，应当按照国家规定向供水单位缴纳水费。供水价格应当按照补偿成本、合理收益、优质优价、公平负担的原则确定。具体办法由省级以上人民政府价格主管部门会同同级水行政主管部门或者其他供水行政主管部门依据职权制定。

第六章 水事纠纷处理与执法监督检查

第五十六条 不同行政区域之间发生水事纠纷的，应当协商处理；协商不成的，由上一级人民政府裁决，有关各方必须遵照执行。在水事纠纷解决前，未经各方达成协议或者共同的上一级人民政府批准，在行政区域交界线两侧一定范围内，任何一方不得修建排水、阻水、取水和截（蓄）水工程，不得单方面改变水的现状。

第五十七条 单位之间、个人之间、单位与个人之间发生的水事纠纷，应当协商解决；当事人不愿协商或者协商不成的，可以申请县级以上地方人民政府或者其授权的部门调解，也可以直接向人民法院提起民事诉讼。县级以上地方人民政府或者其授权的部门调解不成的，当事人可以向人民法院提起民事诉讼。

在水事纠纷解决前，当事人不得单方面改变现状。

第五十八条 县级以上人民政府或者其授权的部门在处理水事纠纷时，有权采取临时处置措施，有关各方或者当事人必须服从。

第五十九条 县级以上人民政府水行政主管部门和流域管理机构应当对违反本法的行为加强监督检查并依法进行查处。

水政监督检查人员应当忠于职守，秉公执法。

第六十条 县级以上人民政府水行政主管部门、流域管理机构及其水政监督检查人员履行本法规定的监督检查职责时，有权采取下列措施：

（一）要求被检查单位提供有关文件、证照、资料；

（二）要求被检查单位就执行本法的有关问题作出说明；

（三）进入被检查单位的生产场所进行调查；

（四）责令被检查单位停止违反本法的行为，履行法定义务。

第六十一条　有关单位或者个人对水政监督检查人员的监督检查工作应当给予配合，不得拒绝或者阻碍水政监督检查人员依法执行职务。

第六十二条　水政监督检查人员在履行监督检查职责时，应当向被检查单位或者个人出示执法证件。

第六十三条　县级以上人民政府或者上级水行政主管部门发现本级或者下级水行政主管部门在监督检查工作中有违法或者失职行为的，应当责令其限期改正。

第七章　法律责任

第六十四条　水行政主管部门或者其他有关部门以及水工程管理单位及其工作人员，利用职务上的便利收取他人财物、其他好处或者玩忽职守，对不符合法定条件的单位或者个人核发许可证、签署审查同意意见，不按照水量分配方案分配水量，不按照国家有关规定收取水资源费，不履行监督职责，或者发现违法行为不予查处，造成严重后果，构成犯罪的，对负有责任的主管人员和其他直接责任人员依照刑法的有关规定追究刑事责任；尚不够刑事处罚的，依法给予行政处分。

第六十五条　在河道管理范围内建设妨碍行洪的建筑物、构筑物，或者从事影响河势稳定、危害河岸堤防安全和其他妨碍河道行洪的活动的，由县级以上人民政府水行政主管部门或者流域管理机构依据职权，责令停止违法行为，限期拆除违法建筑物、构筑物，恢复原状；逾期不拆除、不恢复原状的，强行拆除，所需费用由违法单位或者个人负担，并处一万元以上十万元以下的罚款。

未经水行政主管部门或者流域管理机构同意，擅自修建水工程，或者建设桥梁、码头和其他拦河、跨河、临河建筑物、构筑物，铺设跨河管道、电缆，且防洪法未作规定的，由县级以上人民政府水行政主管部门或者流域管理机构依据职权，责令停止违法行为，限期补办有关手续；逾期不补办或者补办未被批准的，责令限期拆除违法建筑物、构筑物；逾期不拆除的，强行拆除，所需费用由违法单位或者个人负担，并处一万元以上十万元以下的罚款。

虽经水行政主管部门或者流域管理机构同意，但未按照要求修建前款所列工程设施的，由县级以上人民政府水行政主管部门或者流域管理机构依据职权，责令限期改正，按照情节轻重，处一万元以上十万元以下的罚款。

第六十六条 有下列行为之一，且防洪法未作规定的，由县级以上人民政府水行政主管部门或者流域管理机构依据职权，责令停止违法行为，限期清除障碍或者采取其他补救措施，处一万元以上五万元以下的罚款：

（一）在江河、湖泊、水库、运河、渠道内弃置、堆放阻碍行洪的物体和种植阻碍行洪的林木及高秆作物的；

（二）围湖造地或者未经批准围垦河道的。

第六十七条 在饮用水水源保护区内设置排污口的，由县级以上地方人民政府责令限期拆除、恢复原状；逾期不拆除、不恢复原状的，强行拆除、恢复原状，并处五万元以上十万元以下的罚款。

未经水行政主管部门或者流域管理机构审查同意，擅自在江河、湖泊新建、改建或者扩大排污口的，由县级以上人民政府水行政主管部门或者流域管理机构依据职权，责令停止违法行为，限期恢复原状，处五万元以上十万元以下的罚款。

第六十八条 生产、销售或者在生产经营中使用国家明令淘汰的落后的、耗水量高的工艺、设备和产品的，由县级以上地方人民政府经济综合主管部门责令停止生产、销售或者使用，处二万元以上十万元以下的罚款。

第六十九条 有下列行为之一的，由县级以上人民政府水行政主管部门或者流域管理机构依据职权，责令停止违法行为，限期采取补救措施，处二万元以上十万元以下的罚款；情节严重的，吊销其取水许可证：

（一）未经批准擅自取水的；

（二）未依照批准的取水许可规定条件取水的。

第七十条 拒不缴纳、拖延缴纳或者拖欠水资源费的，由县级以上人民政府水行政主管部门或者流域管理机构依据职权，责令限期缴纳；逾期不缴纳的，从滞纳之日起按日加收滞纳部分千分之二的滞纳金，并处应缴或者补缴水资源费一倍以上五倍以下的罚款。

第七十一条 建设项目的节水设施没有建成或者没有达到国家规定的要求，擅自投入使用的，由县级以上人民政府有关部门或者流域管理机构依据职权，责令停止使用，限期改正，处五万元以上十万元以下的罚款。

第七十二条 有下列行为之一，构成犯罪的，依照刑法的有关规定追究刑事责任；尚不够刑事处罚，且防洪法未作规定的，由县级以上地方人民政府水行政主管部门或者流域管理机构依据职权，责令停止违法行为，采取补救措施，处一万元以上五万元以下的罚款；违反治安管理处罚条例的，由公安机关依法给予治安管理处罚；给他人造成损失的，依法承担赔偿责任：

（一）侵占、毁坏水工程及堤防、护岸等有关设施，毁坏防汛、水文监测、水文地质监测设施的；

（二）在水工程保护范围内，从事影响水工程运行和危害水工程安全的爆破、打井、采石、取土等活动的。

第七十三条 侵占、盗窃或者抢夺防汛物资，防洪排涝、农田水利、水文监测和测量以及其他水工程设备和器材，贪污或者挪用国家救灾、抢险、防汛、移民安置和补偿及其他水利建设款物，构成犯罪的，依照刑法的有关规定追究刑事责任。

第七十四条 在水事纠纷发生及其处理过程中煽动闹事、结伙斗殴、抢夺或者损坏公私财物、非法限制他人人身自由，构成犯罪的，依照刑法的有关规定追究刑事责任；尚不够刑事处罚的，由公安机关依法给予治安管理处罚。

第七十五条 不同行政区域之间发生水事纠纷，有下列行为之一的，对负有责任的主管人员和其他直接责任人员依法给予行政处分：

（一）拒不执行水量分配方案和水量调度预案的；

（二）拒不服从水量统一调度的；

（三）拒不执行上一级人民政府的裁决的；

（四）在水事纠纷解决前，未经各方达成协议或者上一级人民政府批准，单方面违反本法规定改变水的现状的。

第七十六条 引水、截（蓄）水、排水，损害公共利益或者他人合法权益的，依法承担民事责任。

第七十七条 对违反本法第三十九条有关河道采砂许可制度规定的行政处罚，由国务院规定。

第八章 附 则

第七十八条 中华人民共和国缔结或者参加的与国际或者国境边界河流、湖泊有关的国际条约、协定与中华人民共和国法律有不同规定的，适用国际条约、协定的规定。但是，中华人民共和国声明保留的条款除外。

第七十九条 本法所称水工程，是指在江河、湖泊和地下水源上开发、利用、控制、调配和保护水资源的各类工程。

第八十条 海水的开发、利用、保护和管理，依照有关法律的规定执行。

第八十一条 从事防洪活动，依照防洪法的规定执行。

水污染防治，依照水污染防治法的规定执行。

第八十二条 本法自2002年10月1日起施行。

中华人民共和国主席令

第七十二号

《中华人民共和国清洁生产促进法》已由中华人民共和国第九届全国人民代表大会常务委员会第二十八次会议于 2002 年 6 月 29 日通过，现予公布，自 2003 年 1 月 1 日起施行。

中华人民共和国主席　江泽民

2002 年 6 月 29 日

中华人民共和国清洁生产促进法

目　录

第一章　总　则

第一条　为了促进清洁生产，提高资源利用效率，减少和避免污染物的产生，保护和改善环境，保障人体健康，促进经济与社会可持续发展，制定本法。

第二条　本法所称清洁生产，是指不断采取改进设计、使用清洁的能源和原料、采用先进的工艺技术与设备、改善管理、综合利用等措施，从源头削减污染，提高资源利用效率，减少或者避免生产、服务和产品使用过程中污染物的产生和排放，以减轻或者消除对人类健康和环境的危害。

第三条 在中华人民共和国领域内，从事生产和服务活动的单位以及从事相关管理活动的部门依照本法规定，组织、实施清洁生产。

第四条 国家鼓励和促进清洁生产。国务院和县级以上地方人民政府，应当将清洁生产纳入国民经济和社会发展计划以及环境保护、资源利用、产业发展、区域开发等规划。

第五条 国务院经济贸易行政主管部门负责组织、协调全国的清洁生产促进工作。国务院环境保护、计划、科学技术、农业、建设、水利和质量技术监督等行政主管部门，按照各自的职责，负责有关的清洁生产促进工作。

县级以上地方人民政府负责领导本行政区域内的清洁生产促进工作。县级以上地方人民政府经济贸易行政主管部门负责组织、协调本行政区域内的清洁生产促进工作。县级以上地方人民政府环境保护、计划、科学技术、农业、建设、水利和质量技术监督等行政主管部门，按照各自的职责，负责有关的清洁生产促进工作。

第六条 国家鼓励开展有关清洁生产的科学研究、技术开发和国际合作，组织宣传、普及清洁生产知识，推广清洁生产技术。

国家鼓励社会团体和公众参与清洁生产的宣传、教育、推广、实施及监督。

第二章 清洁生产的推行

第七条 国务院应当制定有利于实施清洁生产的财政税收政策。

国务院及其有关行政主管部门和省、自治区、直辖市人民政府，应当制定有利于实施清洁生产的产业政策、技术开发和推广政策。

第八条 县级以上人民政府经济贸易行政主管部门，应当会同环境保护、计划、科学技术、农业、建设、水利等有关行政主管部门制定清洁生产的推行规划。

第九条 县级以上地方人民政府应当合理规划本行政区域的经济布局，调整产业结构，发展循环经济，促进企业在资源和废物综合利用等领域进行合作，实现资源的高效利用和循环使用。

第十条　国务院和省、自治区、直辖市人民政府的经济贸易、环境保护、计划、科学技术、农业等有关行政主管部门，应当组织和支持建立清洁生产信息系统和技术咨询服务体系，向社会提供有关清洁生产方法和技术、可再生利用的废物供求以及清洁生产政策等方面的信息和服务。

第十一条　国务院经济贸易行政主管部门会同国务院有关行政主管部门定期发布清洁生产技术、工艺、设备和产品导向目录。

国务院和省、自治区、直辖市人民政府的经济贸易行政主管部门和环境保护、农业、建设等有关行政主管部门组织编制有关行业或者地区的清洁生产指南和技术手册，指导实施清洁生产。

第十二条　国家对浪费资源和严重污染环境的落后生产技术、工艺、设备和产品实行限期淘汰制度。国务院经济贸易行政主管部门会同国务院有关行政主管部门制定并发布限期淘汰的生产技术、工艺、设备以及产品的名录。

第十三条　国务院有关行政主管部门可以根据需要批准设立节能、节水、废物再生利用等环境与资源保护方面的产品标志，并按照国家规定制定相应标准。

第十四条　县级以上人民政府科学技术行政主管部门和其他有关行政主管部门，应当指导和支持清洁生产技术和有利于环境与资源保护的产品的研究、开发以及清洁生产技术的示范和推广工作。

第十五条　国务院教育行政主管部门，应当将清洁生产技术和管理课程纳入有关高等教育、职业教育和技术培训体系。

县级以上人民政府有关行政主管部门组织开展清洁生产的宣传和培训，提高国家工作人员、企业经营管理者和公众的清洁生产意识，培养清洁生产管理和技术人员。

新闻出版、广播影视、文化等单位和有关社会团体，应当发挥各自优势做好清洁生产宣传工作。

第十六条　各级人民政府应当优先采购节能、节水、废物再生利用等有利于环境与资源保护的产品。

各级人民政府应当通过宣传、教育等措施，鼓励公众购买和使用节能、节水、废物再生利用等有利于环境与资源保护的产品。

第十七条 省、自治区、直辖市人民政府环境保护行政主管部门，应当加强对清洁生产实施的监督；可以按照促进清洁生产的需要，根据企业污染物的排放情况，在当地主要媒体上定期公布污染物超标排放或者污染物排放总量超过规定限额的污染严重企业的名单，为公众监督企业实施清洁生产提供依据。

第三章 清洁生产的实施

第十八条 新建、改建和扩建项目应当进行环境影响评价，对原料使用、资源消耗、资源综合利用以及污染物产生与处置等进行分析论证，优先采用资源利用率高以及污染物产生量少的清洁生产技术、工艺和设备。

第十九条 企业在进行技术改造过程中，应当采取以下清洁生产措施：

（一）采用无毒、无害或者低毒、低害的原料，替代毒性大、危害严重的原料；

（二）采用资源利用率高、污染物产生量少的工艺和设备，替代资源利用率低、污染物产生量多的工艺和设备；

（三）对生产过程中产生的废物、废水和余热等进行综合利用或者循环使用；

（四）采用能够达到国家或者地方规定的污染物排放标准和污染物排放总量控制指标的污染防治技术。

第二十条 产品和包装物的设计，应当考虑其在生命周期中对人类健康和环境的影响，优先选择无毒、无害、易于降解或者便于回收利用的方案。

企业应当对产品进行合理包装，减少包装材料的过度使用和包装性废物的产生。

第二十一条 生产大型机电设备、机动运输工具以及国务院经济贸易行政主管部门指定的其他产品的企业，应当按照国务院标准化行政主管部门或者其授权机构制定的技术规范，在产品的主体构件上注明材料成分的标准牌号。

第二十二条 农业生产者应当科学地使用化肥、农药、农用薄膜和饲料添加剂，改进种植和养殖技术，实现农产品的优质、无害和农业生产废物的资源化，防止农业环境污染。

禁止将有毒、有害废物用作肥料或者用于造田。

第二十三条 餐饮、娱乐、宾馆等服务性企业，应当采用节能、节水和其他有利于环境保护的技术和设备，减少使用或者不使用浪费资源、污染环境的消费品。

第二十四条 建筑工程应当采用节能、节水等有利于环境与资源保护的建筑设计方案、建筑和装修材料、建筑构配件及设备。

建筑和装修材料必须符合国家标准。禁止生产、销售和使用有毒、有害物质超过国家标准的建筑和装修材料。

第二十五条 矿产资源的勘查、开采，应当采用有利于合理利用资源、保护环境和防止污染的勘查、开采方法和工艺技术，提高资源利用水平。

第二十六条 企业应当在经济技术可行的条件下对生产和服务过程中产生的废物、余热等自行回收利用或者转让给有条件的其他企业和个人利用。

第二十七条 生产、销售被列入强制回收目录的产品和包装物的企业，必须在产品报废和包装物使用后对该产品和包装物进行回收。强制回收的产品和包装物的目录和具体回收办法，由国务院经济贸易行政主管部门制定。

国家对列入强制回收目录的产品和包装物，实行有利于回收利用的经济措施；县级以上地方人民政府经济贸易行政主管部门应当定期检查强制回收产品和包装物的实施情况，并及时向社会公布检查结果。具体办法由国务院经济贸易行政主管部门制定。

第二十八条 企业应当对生产和服务过程中的资源消耗以及废物的产生情况进行监测，并根据需要对生产和服务实施清洁生产审核。

污染物排放超过国家和地方规定的排放标准或者超过经有关地方人民政府核定的污染物排放总量控制指标的企业，应当实施清洁生产审核。

使用有毒、有害原料进行生产或者在生产中排放有毒、有害物质的企业，应当定期实施清洁生产审核，并将审核结果报告所在地的县级以上地方人民政府环境保护行政主管部门和经济贸易行政主管部门。

清洁生产审核办法，由国务院经济贸易行政主管部门会同国务院环境保护行政主管部门制定。

第二十九条 企业在污染物排放达到国家和地方规定的排放标准的基础上，可以自愿与有管辖权的经济贸易行政主管部门和环境保护行政主管部门签订进一步节约资源、削减污染物排放量的协议。该经济贸易行政主管部门和环境保护行政主管部门应当在当地主要媒体上公布该企业的名称以及节约资源、防治污染的成果。

第三十条 企业可以根据自愿原则，按照国家有关环境管理体系认证的规定，向国家认证认可监督管理部门授权的认证机构提出认证申请，通过环境管理体系认证，提高清洁生产水平。

第三十一条 根据本法第十七条规定，列入污染严重企业名单的企业，应当按照国务院环境保护行政主管部门的规定公布主要污染物的排放情况，接受公众监督。

第四章 鼓励措施

第三十二条 国家建立清洁生产表彰奖励制度。对在清洁生产工作中做出显著成绩的单位和个人，由人民政府给予表彰和奖励。

第三十三条 对从事清洁生产研究、示范和培训，实施国家清洁生产重点技术改造项目和本法第二十九条规定的自愿削减污染物排放协议中载明的技术改造项目，列入国务院和县级以上地方人民政府同级财政安排的有关技术进步专项资金的扶持范围。

第三十四条 在依照国家规定设立的中小企业发展基金中，应当根据需要安排适当数额用于支持中小企业实施清洁生产。

第三十五条 对利用废物生产产品的和从废物中回收原料的，税务机关按照国家有关规定，减征或者免征增值税。

第三十六条 企业用于清洁生产审核和培训的费用，可以列入企业经营成本。

第五章 法律责任

第三十七条 违反本法第二十一条规定，未标注产品材料的成分或者不如实标注的，由县级以上地方人民政府质量技术监督行政主管部门责令限期改正；拒不改正的，处以五万元以下的罚款。

第三十八条　违反本法第二十四条第二款规定，生产、销售有毒、有害物质超过国家标准的建筑和装修材料的，依照产品质量法和有关民事、刑事法律的规定，追究行政、民事、刑事法律责任。

第三十九条　违反本法第二十七条第一款规定，不履行产品或者包装物回收义务的，由县级以上地方人民政府经济贸易行政主管部门责令限期改正；拒不改正的，处以十万元以下的罚款。

第四十条　违反本法第二十八条第三款规定，不实施清洁生产审核或者虽经审核但不如实报告审核结果的，由县级以上地方人民政府环境保护行政主管部门责令限期改正；拒不改正的，处以十万元以下的罚款。

第四十一条　违反本法第三十一条规定，不公布或者未按规定要求公布污染物排放情况的，由县级以上地方人民政府环境保护行政主管部门公布，可以并处十万元以下的罚款。

第六章　附　则

第四十二条　本法自 2003 年 1 月 1 日起施行。

中华人民共和国主席令

第四号

《中华人民共和国循环经济促进法》已由中华人民共和国第十一届全国人民代表大会常务委员会第四次会议于 2008 年 8 月 29 日通过，现予公布，自 2009 年 1 月 1 日起施行。

中华人民共和国主席　胡锦涛
2008 年 8 月 29 日

中华人民共和国循环经济促进法

目　录

第一章　总　则

第一条　为了促进循环经济发展，提高资源利用效率，保护和改善环境，实现可持续发展，制定本法。

第二条　本法所称循环经济，是指在生产、流通和消费等过程中进行的减量化、再利用、资源化活动的总称。

本法所称减量化，是指在生产、流通和消费等过程中减少资源消耗和废物产生。

本法所称再利用，是指将废物直接作为产品或者经修复、翻新、再制造后继续作为产品使用，或者将废物的全部或者部分作为其他产品的部件予以使用。

本法所称资源化，是指将废物直接作为原料进行利用或者对废物进行再生利用。

第三条 发展循环经济是国家经济社会发展的一项重大战略，应当遵循统筹规划、合理布局，因地制宜、注重实效，政府推动、市场引导，企业实施、公众参与的方针。

第四条 发展循环经济应当在技术可行、经济合理和有利于节约资源、保护环境的前提下，按照减量化优先的原则实施。

在废物再利用和资源化过程中，应当保障生产安全，保证产品质量符合国家规定的标准，并防止产生再次污染。

第五条 国务院循环经济发展综合管理部门负责组织协调、监督管理全国循环经济发展工作；国务院环境保护等有关主管部门按照各自的职责负责有关循环经济的监督管理工作。

县级以上地方人民政府循环经济发展综合管理部门负责组织协调、监督管理本行政区域的循环经济发展工作；县级以上地方人民政府环境保护等有关主管部门按照各自的职责负责有关循环经济的监督管理工作。

第六条 国家制定产业政策，应当符合发展循环经济的要求。

县级以上人民政府编制国民经济和社会发展规划及年度计划，县级以上人民政府有关部门编制环境保护、科学技术等规划，应当包括发展循环经济的内容。

第七条 国家鼓励和支持开展循环经济科学技术的研究、开发和推广，鼓励开展循环经济宣传、教育、科学知识普及和国际合作。

第八条 县级以上人民政府应当建立发展循环经济的目标责任制，采取规划、财政、投资、政府采购等措施，促进循环经济发展。

第九条 企业事业单位应当建立健全管理制度，采取措施，降低资源消耗，减少废物的产生量和排放量，提高废物的再利用和资源化水平。

第十条 公民应当增强节约资源和保护环境意识，合理消费，节约资源。

国家鼓励和引导公民使用节能、节水、节材和有利于保护环境的产品及再生产品，减少废物的产生量和排放量。

公民有权举报浪费资源、破坏环境的行为，有权了解政府发展循环经济的信息并提出意见和建议。

第十一条 国家鼓励和支持行业协会在循环经济发展中发挥技术指导和服务作用。县级以上人民政府可以委托有条件的行业协会等社会组织开展促进循环经济发展的公共服务。

国家鼓励和支持中介机构、学会和其他社会组织开展循环经济宣传、技术推广和咨询服务，促进循环经济发展。

第二章 基本管理制度

第十二条 国务院循环经济发展综合管理部门会同国务院环境保护等有关主管部门编制全国循环经济发展规划，报国务院批准后公布施行。设区的市级以上地方人民政府循环经济发展综合管理部门会同本级人民政府环境保护等有关主管部门编制本行政区域循环经济发展规划，报本级人民政府批准后公布施行。

循环经济发展规划应当包括规划目标、适用范围、主要内容、重点任务和保障措施等，并规定资源产出率、废物再利用和资源化率等指标。

第十三条 县级以上地方人民政府应当依据上级人民政府下达的本行政区域主要污染物排放、建设用地和用水总量控制指标，规划和调整本行政区域的产业结构，促进循环经济发展。

新建、改建、扩建建设项目，必须符合本行政区域主要污染物排放、建设用地和用水总量控制指标的要求。

第十四条 国务院循环经济发展综合管理部门会同国务院统计、环境保护等有关主管部门建立和完善循环经济评价指标体系。

上级人民政府根据前款规定的循环经济主要评价指标，对下级人民政府发展循环经济的状况定期进行考核，并将主要评价指标完成情况作为对地方人民政府及其负责人考核评价的内容。

第十五条 生产列入强制回收名录的产品或者包装物的企业，必须对废弃的产品或者包装物负责回收；对其中可以利用的，由各该生产企业负责利用；对因不具备技术经济条件而不适合利用的，由各该生产企业负责无害化处置。

对前款规定的废弃产品或者包装物，生产者委托销售者或者其他组织进行回收的，或者委托废物利用或者处置企业进行利用或者处置的，受托方应当依照有关法律、行政法规的规定和合同的约定负责回收或者利用、处置。

对列入强制回收名录的产品和包装物，消费者应当将废弃的产品或者包装物交给生产者或者其委托回收的销售者或者其他组织。

强制回收的产品和包装物的名录及管理办法，由国务院循环经济发展综合管理部门规定。

第十六条　国家对钢铁、有色金属、煤炭、电力、石油加工、化工、建材、建筑、造纸、印染等行业年综合能源消费量、用水量超过国家规定总量的重点企业，实行能耗、水耗的重点监督管理制度。

重点能源消费单位的节能监督管理，依照《中华人民共和国节约能源法》的规定执行。

重点用水单位的监督管理办法，由国务院循环经济发展综合管理部门会同国务院有关部门规定。

第十七条　国家建立健全循环经济统计制度，加强资源消耗、综合利用和废物产生的统计管理，并将主要统计指标定期向社会公布。

国务院标准化主管部门会同国务院循环经济发展综合管理和环境保护等有关主管部门建立健全循环经济标准体系，制定和完善节能、节水、节材和废物再利用、资源化等标准。

国家建立健全能源效率标识等产品资源消耗标识制度。

第三章　减量化

第十八条　国务院循环经济发展综合管理部门会同国务院环境保护等有关主管部门，定期发布鼓励、限制和淘汰的技术、工艺、设备、材料和产品名录。

禁止生产、进口、销售列入淘汰名录的设备、材料和产品，禁止使用列入淘汰名录的技术、工艺、设备和材料。

第十九条　从事工艺、设备、产品及包装物设计，应当按照减少资源消耗和废物产生的要求，优先选择采用易回收、易拆解、易降解、无毒无害或者低毒低害的材料和设计方案，并应当符合有关国家标准的强制性要求。

对在拆解和处置过程中可能造成环境污染的电器电子等产品，不得设计使用国家禁止使用的有毒有害物质。禁止在电器电子等产品中使用的有毒有害物质名录，由国务院循环经济发展综合管理部门会同国务院环境保护等有关主管部门制定。

设计产品包装物应当执行产品包装标准，防止过度包装造成资源浪费和环境污染。

第二十条 工业企业应当采用先进或者适用的节水技术、工艺和设备，制定并实施节水计划，加强节水管理，对生产用水进行全过程控制。

工业企业应当加强用水计量管理，配备和使用合格的用水计量器具，建立水耗统计和用水状况分析制度。

新建、改建、扩建建设项目，应当配套建设节水设施。节水设施应当与主体工程同时设计、同时施工、同时投产使用。

国家鼓励和支持沿海地区进行海水淡化和海水直接利用，节约淡水资源。

第二十一条 国家鼓励和支持企业使用高效节油产品。

电力、石油加工、化工、钢铁、有色金属和建材等企业，必须在国家规定的范围和期限内，以洁净煤、石油焦、天然气等清洁能源替代燃料油，停止使用不符合国家规定的燃油发电机组和燃油锅炉。

内燃机和机动车制造企业应当按照国家规定的内燃机和机动车燃油经济性标准，采用节油技术，减少石油产品消耗量。

第二十二条 开采矿产资源，应当统筹规划，制定合理的开发利用方案，采用合理的开采顺序、方法和选矿工艺。采矿许可证颁发机关应当对申请人提交的开发利用方案中的开采回采率、采矿贫化率、选矿回收率、矿山水循环利用率和土地复垦率等指标依法进行审查；审查不合格的，不予颁发采矿许可证。采矿许可证颁发机关应当依法加强对开采矿产资源的监督管理。

矿山企业在开采主要矿种的同时，应当对具有工业价值的共生和伴生矿实行综合开采、合理利用；对必须同时采出而暂时不能利用的矿产以及含有有用组分的尾矿，应当采取保护措施，防止资源损失和生态破坏。

第二十三条 建筑设计、建设、施工等单位应当按照国家有关规定和标准，对其设计、建设、施工的建筑物及构筑物采用节能、节水、节地、节材的技术工艺和小型、轻型、再生产品。有条件的地区，应当充分利用太阳能、地热能、风能等可再生能源。

国家鼓励利用无毒无害的固体废物生产建筑材料，鼓励使用散装水泥，推广使用预拌混凝土和预拌砂浆。

禁止损毁耕地烧砖。在国务院或者省、自治区、直辖市人民政府规定的期限和区域内，禁止生产、销售和使用黏土砖。

第二十四条 县级以上人民政府及其农业等主管部门应当推进土地集约利用，鼓励和支持农业生产者采用节水、节肥、节药的先进种植、养殖和灌溉技术，推动农业机械节能，优先发展生态农业。

在缺水地区，应当调整种植结构，优先发展节水型农业，推进雨水集蓄利用，建设和管护节水灌溉设施，提高用水效率，减少水的蒸发和漏失。

第二十五条 国家机关及使用财政性资金的其他组织应当厉行节约、杜绝浪费，带头使用节能、节水、节地、节材和有利于保护环境的产品、设备和设施，节约使用办公用品。国务院和县级以上地方人民政府管理机关事务工作的机构会同本级人民政府有关部门制定本级国家机关等机构的用能、用水定额指标，财政部门根据该定额指标制定支出标准。

城市人民政府和建筑物的所有者或者使用者，应当采取措施，加强建筑物维护管理，延长建筑物使用寿命。对符合城市规划和工程建设标准，在合理使用寿命内的建筑物，除为了公共利益的需要外，城市人民政府不得决定拆除。

第二十六条 餐饮、娱乐、宾馆等服务性企业，应当采用节能、节水、节材和有利于保护环境的产品，减少使用或者不使用浪费资源、污染环境的产品。

本法施行后新建的餐饮、娱乐、宾馆等服务性企业，应当采用节能、节水、节材和有利于保护环境的技术、设备和设施。

第二十七条 国家鼓励和支持使用再生水。在有条件使用再生水的地区，限制或者禁止将自来水作为城市道路清扫、城市绿化和景观用水使用。

第二十八条 国家在保障产品安全和卫生的前提下，限制一次性消费品的生产和销售。具体名录由国务院循环经济发展综合管理部门会同国务院财政、环境保护等有关主管部门制定。

对列入前款规定名录中的一次性消费品的生产和销售，由国务院财政、税务和对外贸易等主管部门制定限制性的税收和出口等措施。

第四章　再利用和资源化

第二十九条 县级以上人民政府应当统筹规划区域经济布局，合理调整产业结构，促进企业在资源综合利用等领域进行合作，实现资源的高效利用和循环使用。

各类产业园区应当组织区内企业进行资源综合利用，促进循环经济发展。

国家鼓励各类产业园区的企业进行废物交换利用、能量梯级利用、土地集约利用、水的分类利用和循环使用，共同使用基础设施和其他有关设施。

新建和改造各类产业园区应当依法进行环境影响评价，并采取生态保护和污染控制措施，确保本区域的环境质量达到规定的标准。

第三十条 企业应当按照国家规定，对生产过程中产生的粉煤灰、煤矸石、尾矿、废石、废料、废气等工业废物进行综合利用。

第三十一条 企业应当发展串联用水系统和循环用水系统，提高水的重复利用率。

企业应当采用先进技术、工艺和设备，对生产过程中产生的废水进行再生利用。

第三十二条 企业应当采用先进或者适用的回收技术、工艺和设备，对生产过程中产生的余热、余压等进行综合利用。

建设利用余热、余压、煤层气以及煤矸石、煤泥、垃圾等低热值燃料的并网发电项目，应当依照法律和国务院的规定取得行政许可或者报送备案。电网企业应当按照国家规定，与综合利用资源发电的企业签订并网协议，提供上网服务，并全额收购并网发电项目的上网电量。

第三十三条 建设单位应当对工程施工中产生的建筑废物进行综合利用；不具备综合利用条件的，应当委托具备条件的生产经营者进行综合利用或者无害化处置。

第三十四条 国家鼓励和支持农业生产者和相关企业采用先进或者适用技术，对农作物秸秆、畜禽粪便、农产品加工业副产品、废农用薄膜等进行综合利用，开发利用沼气等生物质能源。

第三十五条 县级以上人民政府及其林业主管部门应当积极发展生态林业，鼓励和支持林业生产者和相关企业采用木材节约和代用技术，开展林业废弃物和次小薪材、沙生灌木等综合利用，提高木材综合利用率。

第三十六条 国家支持生产经营者建立产业废物交换信息系统，促进企业交流产业废物信息。

企业对生产过程中产生的废物不具备综合利用条件的，应当提供给具备条件的生产经营者进行综合利用。

第三十七条 国家鼓励和推进废物回收体系建设。

地方人民政府应当按照城乡规划，合理布局废物回收网点和交易市场，支持废物回收企业和其他组织开展废物的收集、储存、运输及信息交流。

废物回收交易市场应当符合国家环境保护、安全和消防等规定。

第三十八条 对废电器电子产品、报废机动车船、废轮胎、废铅酸电池等特定产品进行拆解或者再利用，应当符合有关法律、行政法规的规定。

第三十九条 回收的电器电子产品，经过修复后销售的，必须符合再利用产品标准，并在显著位置标识为再利用产品。

回收的电器电子产品，需要拆解和再生利用的，应当交售给具备条件的拆解企业。

第四十条 国家支持企业开展机动车零部件、工程机械、机床等产品的再制造和轮胎翻新。

销售的再制造产品和翻新产品的质量必须符合国家规定的标准，并在显著位置标识为再制造产品或者翻新产品。

第四十一条 县级以上人民政府应当统筹规划建设城乡生活垃圾分类收集和资源化利用设施，建立和完善分类收集和资源化利用体系，提高生活垃圾资源化率。

县级以上人民政府应当支持企业建设污泥资源化利用和处置设施，提高污泥综合利用水平，防止产生再次污染。

第五章　激励措施

第四十二条　国务院和省、自治区、直辖市人民政府设立发展循环经济的有关专项资金，支持循环经济的科技研究开发、循环经济技术和产品的示范与推广、重大循环经济项目的实施、发展循环经济的信息服务等。具体办法由国务院财政部门会同国务院循环经济发展综合管理等有关主管部门制定。

第四十三条　国务院和省、自治区、直辖市人民政府及其有关部门应当将循环经济重大科技攻关项目的自主创新研究、应用示范和产业化发展列入国家或者省级科技发展规划和高技术产业发展规划，并安排财政性资金予以支持。

利用财政性资金引进循环经济重大技术、装备的，应当制定消化、吸收和创新方案，报有关主管部门审批并由其监督实施；有关主管部门应当根据实际需要建立协调机制，对重大技术、装备的引进和消化、吸收、创新实行统筹协调，并给予资金支持。

第四十四条　国家对促进循环经济发展的产业活动给予税收优惠，并运用税收等措施鼓励进口先进的节能、节水、节材等技术、设备和产品，限制在生产过程中耗能高、污染重的产品的出口。具体办法由国务院财政、税务主管部门制定。

企业使用或者生产列入国家清洁生产、资源综合利用等鼓励名录的技术、工艺、设备或者产品的，按照国家有关规定享受税收优惠。

第四十五条　县级以上人民政府循环经济发展综合管理部门在制定和实施投资计划时，应当将节能、节水、节地、节材、资源综合利用等项目列为重点投资领域。

对符合国家产业政策的节能、节水、节地、节材、资源综合利用等项目，金融机构应当给予优先贷款等信贷支持，并积极提供配套金融服务。

对生产、进口、销售或者使用列入淘汰名录的技术、工艺、设备、材料或者产品的企业，金融机构不得提供任何形式的授信支持。

第四十六条　国家实行有利于资源节约和合理利用的价格政策，引导单位和个人节约和合理使用水、电、气等资源性产品。

国务院和省、自治区、直辖市人民政府的价格主管部门应当按照国家产业政策，对资源高消耗行业中的限制类项目，实行限制性的价格政策。

对利用余热、余压、煤层气以及煤矸石、煤泥、垃圾等低热值燃料的并网发电项目，价格主管部门按照有利于资源综合利用的原则确定其上网电价。

省、自治区、直辖市人民政府可以根据本行政区域经济社会发展状况，实行垃圾排放收费制度。收取的费用专项用于垃圾分类、收集、运输、贮存、利用和处置，不得挪作他用。

国家鼓励通过以旧换新、押金等方式回收废物。

第四十七条　国家实行有利于循环经济发展的政府采购政策。使用财政性资金进行采购的，应当优先采购节能、节水、节材和有利于保护环境的产品及再生产品。

第四十八条　县级以上人民政府及其有关部门应当对在循环经济管理、科学技术研究、产品开发、示范和推广工作中做出显著成绩的单位和个人给予表彰和奖励。

企业事业单位应当对在循环经济发展中做出突出贡献的集体和个人给予表彰和奖励。

第六章　法律责任

第四十九条　县级以上人民政府循环经济发展综合管理部门或者其他有关主管部门发现违反本法的行为或者接到对违法行为的举报后不予查处，或者有其他不依法履行监督管理职责行为的，由本级人民政府或者上一级人民政府有关主管部门责令改正，对直接负责的主管人员和其他直接责任人员依法给予处分。

第五十条　生产、销售列入淘汰名录的产品、设备的，依照《中华人民共和国产品质量法》的规定处罚。

使用列入淘汰名录的技术、工艺、设备、材料的，由县级以上地方人民政府循环经济发展综合管理部门责令停止使用，没收违法使用的设备、材料，并处五万元以上二十万元以下的罚款；情节严重的，由县级以上人民政府循环经济发展综合管理部门提出意见，报请本级人民政府按照国务院规定的权限责令停业或者关闭。

违反本法规定，进口列入淘汰名录的设备、材料或者产品的，由海关责令退运，可以处十万元以上一百万元以下的罚款。进口者不明的，由承运人承担退运责任，或者承担有关处置费用。

第五十一条 违反本法规定，对在拆解或者处置过程中可能造成环境污染的电器电子等产品，设计使用列入国家禁止使用名录的有毒有害物质的，由县级以上地方人民政府产品质量监督部门责令限期改正；逾期不改正的，处二万元以上二十万元以下的罚款；情节严重的，由县级以上地方人民政府产品质量监督部门向本级工商行政管理部门通报有关情况，由工商行政管理部门依法吊销营业执照。

第五十二条 违反本法规定，电力、石油加工、化工、钢铁、有色金属和建材等企业未在规定的范围或者期限内停止使用不符合国家规定的燃油发电机组或者燃油锅炉的，由县级以上地方人民政府循环经济发展综合管理部门责令限期改正；逾期不改正的，责令拆除该燃油发电机组或者燃油锅炉，并处五万元以上五十万元以下的罚款。

第五十三条 违反本法规定，矿山企业未达到经依法审查确定的开采回采率、采矿贫化率、选矿回收率、矿山水循环利用率和土地复垦率等指标的，由县级以上人民政府地质矿产主管部门责令限期改正，处五万元以上五十万元以下的罚款；逾期不改正的，由采矿许可证颁发机关依法吊销采矿许可证。

第五十四条 违反本法规定，在国务院或者省、自治区、直辖市人民政府规定禁止生产、销售、使用黏土砖的期限或者区域内生产、销售或者使用黏土砖的，由县级以上地方人民政府指定的部门责令限期改正；有违法所得的，没收违法所得；逾期继续生产、销售的，由地方人民政府工商行政管理部门依法吊销营业执照。

第五十五条 违反本法规定，电网企业拒不收购企业利用余热、余压、煤层气以及煤矸石、煤泥、垃圾等低热值燃料生产的电力的，由国家电力监管机构责令限期改正；造成企业损失的，依法承担赔偿责任。

第五十六条 违反本法规定，有下列行为之一的，由地方人民政府工商行政管理部门责令限期改正，可以处五千元以上五万元以下的罚款；逾期不改正的，依法吊销营业执照；造成损失的，依法承担赔偿责任：

（一）销售没有再利用产品标识的再利用电器电子产品的；

（二）销售没有再制造或者翻新产品标识的再制造或者翻新产品的。

第五十七条　违反本法规定，构成犯罪的，依法追究刑事责任。

第七章　附　则

第五十八条　本法自2009年1月1日起施行。

中华人民共和国国家标准

地表水环境质量标准

Environmental quality standard for surface water

GB 3838—2002 代替

GB 3838—88，GHZB 1—1999

前　言

为贯彻《中华人民共和国环境保护法》和《中华人民共和国水污染防治法》，防治水污染，保护地表水水质，保障人体健康，维护良好的生态系统，制定本标准。

本标准将标准项目分为：地表水环境质量标准基本项目、集中式生活饮用水地表水源地补充项目和集中式生活饮用水地表水源地特定项目。地表水环境质量标准基本项目适用于全国江河、湖泊、运河、渠道、水库等具有使用功能的地表水水域；集中式生活饮用水地表水源地补充项目和特定项目适用于集中式生活饮用水地表水源地一级保护区和二级保护区。集中式生活饮用水地表水源地特定项目由县级以上人民政府环境保护行政主管部门根据本地区地表水水质特点和环境管理的需要进行选择，集中式生活饮用水地表水源地补充项目和选择确定的特定项目作为基本项目的补充指标。

本标准项目共计 109 项，其中地表水环境质量标准基本项目 24 项，集中式生活饮用水地表水源地补充项目 5 项，集中式生活饮用水地表水源地特定项目 80 项。

与 GHZB 1—1999 相比，本标准在地表水环境质量标准基本项目中增加了总氮一项指标，删除了基本要求和亚硝酸盐、非离子氨及凯氏氮三项指标，将硫酸盐、氯化物、硝酸盐、铁、锰调整为集中式生活饮用水地表水源地补充项目，修订了 pH、溶解氧、氨氮、总磷、高锰酸盐指数、铅、粪大肠菌群等七个项目的标准值，增加了集中式生活饮用水地表水源地特定项目 40 项。本标准删除了湖泊水库特定项目标准值。

县级以上人民政府环境保护行政主管部门及相关部门根据职责分工，按本标准对地表水各类水域进行监督管理。

与近海水域相连的地表水河口水域根据水环境功能按本标准相应类别标准值进行管理，近海水功能区水域根据使用功能按《海水水质标准》相应类别标准值进行管理。批准划定的单一渔业水域按《渔业水质标准》进行管理；处理后的城市污水及与城市污水水质相近的工业废水用于农田灌溉用水的水质按《农田灌溉水质标准》进行管理。

《地面水环境质量标准》（GB 3838—83）为首次发布，1988 年为第一次修订，1999 年为第二次修订，本次为第三次修订。本标准自 2002 年 6 月 1 日起实施，《地面水环境质量标准》（GB 3838—88）和《地表水环境质量标准》（GHZB 1—1999）同时废止。

本标准由国家环境保护总局科技标准司提出并归口。

本标准由中国环境科学研究院负责修订。

本标准由国家环境保护总局于 2002 年 4 月 26 日批准。

本标准由国家环境保护总局负责解释。

1 范围

1.1 本标准按照地表水环境功能分类和保护目标，规定了水环境质量应控制的项目及限值，以及水质评价、水质项目的分析方法和标准的实施与监督。

1.2 本标准适用于中华人民共和国领域内江河、湖泊、运河、渠道、水库等具有使用功能的地表水水域。具有特定功能的水域，执行相应的专业用水水质标准。

2 引用标准

《生活饮用水卫生规范》（卫生部，2001 年）和本标准表 4～表 6 所列分析方法标准及规范中所含条文在本标准中被引用即构成为本标准条文，与本标准同效。当上述标准和规范被修订时，应使用其最新版本。

3 水域功能和标准分类

依据地表水水域环境功能和保护目标，按功能高低依次划分为五类：

Ⅰ类 主要适用于源头水、国家自然保护区；

Ⅱ类 主要适用于集中式生活饮用水地表水源地一级保护区、珍稀水生生物栖息地、鱼虾类产卵场、仔稚幼鱼的索饵场等；

Ⅲ类 主要适用于集中式生活饮用水地表水源地二级保护区、鱼虾类越冬场、洄游通道、水产养殖区等渔业水域及游泳区；

Ⅳ类 主要适用于一般工业用水区及人体非直接接触的娱乐用水区；

Ⅴ类 主要适用于农业用水区及一般景观要求水域。

对应地表水上述五类水域功能，将地表水环境质量标准基本项目标准值分为五类，不同功能类别分别执行相应类别的标准值。水域功能类别高的标准值严于水域功能类别低的标准值。同一水域兼有多类使用功能的，执行最高功能类别对应的标准值。实现水域功能与达功能类别标准为同一含义。

4 标准值

4.1 地表水环境质量标准基本项目标准限值见表1。

表1 地表水环境质量标准基本项目标准限值 单位：mg/L

序号	项目 \ 标准值 \ 分类	Ⅰ类	Ⅱ类	Ⅲ类	Ⅳ类	Ⅴ类
1	水温/℃	人为造成的环境水温变化应限制在： 周平均最大温升≤1 周平均最大温降≤2				
2	pH值（无量纲）	6～9				
3	溶解氧 ≥	饱和率90%（或7.5）	6	5	3	2
4	高锰酸盐指数 ≤	2	4	6	10	15
5	化学需氧量（COD） ≤	15	15	20	30	40
6	五日生化需氧量（BOD_5） ≤	3	3	4	6	10

序号	项目 \ 标准值 \ 分类	Ⅰ类	Ⅱ类	Ⅲ类	Ⅳ类	Ⅴ类
7	氨氮（NH_3-N） ≤	0.15	0.5	1.0	1.5	2.0
8	总磷（以P计） ≤	0.02（湖、库 0.01）	0.1（湖、库 0.025）	0.2（湖、库 0.05）	0.3（湖、库 0.1）	0.4（湖、库 0.2）
9	总氮（湖、库，以N计） ≤	0.2	0.5	1.0	1.5	2.0
10	铜 ≤	0.01	1.0	1.0	1.0	1.0
11	锌 ≤	0.05	1.0	1.0	2.0	2.0
12	氟化物（以F^-计） ≤	1.0	1.0	1.0	1.5	1.5
13	硒 ≤	0.01	0.01	0.01	0.02	0.02
14	砷 ≤	0.05	0.05	0.05	0.1	0.1
15	汞 ≤	0.000 05	0.000 05	0.000 1	0.001	0.001
16	镉 ≤	0.001	0.005	0.005	0.005	0.01
17	铬（六价） ≤	0.01	0.05	0.05	0.05	0.1
18	铅 ≤	0.01	0.01	0.05	0.05	0.1
19	氰化物 ≤	0.005	0.05	0.2	0.2	0.2
20	挥发酚 ≤	0.002	0.002	0.005	0.01	0.1
21	石油类 ≤	0.05	0.05	0.05	0.5	1.0
22	阴离子表面活性剂≤	0.2	0.2	0.2	0.3	0.3
23	硫化物 ≤	0.05	0.1	0.2	0.5	1.0
24	粪大肠菌群/（个/L）≤	200	2 000	10 000	20 000	40 000

4.2 集中式生活饮用水地表水源地补充项目标准限值见表2。

表2 集中式生活饮用水地表水源地补充项目标准限值 单位：mg/L

序号	项目	标准值
1	硫酸盐（以SO_4^{2-}计）	250
2	氯化物（以Cl^-计）	250
3	硝酸盐（以N计）	10
4	铁	0.3
5	锰	0.1

4.3 集中式生活饮用水地表水源地特定项目标准限值见表3。

5 水质评价

5.1 地表水环境质量评价应根据应实现的水域功能类别，选取相应类别标准，进行单因子评价，评价结果应说明水质达标情况，超标的应说明超标项目和超标倍数。

5.2 丰、平、枯水期特征明显的水域，应分水期进行水质评价。

5.3 集中式生活饮用水地表水源地水质评价的项目应包括表 1 中的基本项目、表 2 中的补充项目以及由县级以上人民政府环境保护行政主管部门从表 3 中选择确定的特定项目。

表 3 集中式生活饮用水地表水源地特定项目标准限值 单位：mg/L

序号	项目	标准值	序号	项目	标准值
1	三氯甲烷	0.06	22	二甲苯①	0.5
2	四氯化碳	0.002	23	异丙苯	0.25
3	三溴甲烷	0.1	24	氯苯	0.3
4	二氯甲烷	0.02	25	1,2-二氯苯	1.0
5	1,2-二氯乙烷	0.03	26	1,4-二氯苯	0.3
6	环氧氯丙烷	0.02	27	三氯苯②	0.02
7	氯乙烯	0.005	28	四氯苯③	0.02
8	1,1-二氯乙烯	0.03	29	六氯苯	0.05
9	1,2-二氯乙烯	0.05	30	硝基苯	0.017
10	三氯乙烯	0.07	31	二硝基苯④	0.5
11	四氯乙烯	0.04	32	2,4-二硝基甲苯	0.000 3
12	氯丁二烯	0.002	33	2,4,6-三硝基甲苯	0.5
13	六氯丁二烯	0.000 6	34	硝基氯苯⑤	0.05
14	苯乙烯	0.02	35	2,4-二硝基氯苯	0.5
15	甲醛	0.9	36	2,4-二氯苯酚	0.093
16	乙醛	0.05	37	2,4,6-三氯苯酚	0.2
17	丙烯醛	0.1	38	五氯酚	0.009
18	三氯乙醛	0.01	39	苯胺	0.1
19	苯	0.01	40	联苯胺	0.000 2
20	甲苯	0.7	41	丙烯酰胺	0.000 5
21	乙苯	0.3	42	丙烯腈	0.1

序号	项目	标准值	序号	项目	标准值
43	邻苯二甲酸二丁酯	0.003	62	百菌清	0.01
44	邻苯二甲酸二（2-乙基己基）酯	0.008	63	甲萘威	0.05
45	水合肼	0.01	64	溴氰菊酯	0.02
46	四乙基铅	0.000 1	65	阿特拉津	0.003
47	吡啶	0.2	66	苯并[a]芘	2.8×10^{-6}
48	松节油	0.2	67	甲基汞	1.0×10^{-6}
49	苦味酸	0.5	68	多氯联苯⑥	2.0×10^{-5}
50	丁基黄原酸	0.005	69	微囊藻毒素-LR	0.001
51	活性氯	0.01	70	黄磷	0.003
52	滴滴涕	0.001	71	钼	0.07
53	林丹	0.002	72	钴	1.0
54	环氧七氯	0.000 2	73	铍	0.002
55	对硫磷	0.003	74	硼	0.5
56	甲基对硫磷	0.002	75	锑	0.005
57	马拉硫磷	0.05	76	镍	0.02
58	乐果	0.08	77	钡	0.7
59	敌敌畏	0.05	78	钒	0.05
60	敌百虫	0.05	79	钛	0.1
61	内吸磷	0.03	80	铊	0.000 1

注：① 二甲苯：指对-二甲苯、间-二甲苯、邻-二甲苯。

② 三氯苯：指 1,2,3-三氯苯、1,2,4-三氯苯、1,3,5-三氯苯。

③ 四氯苯：指 1,2,3,4-四氯苯、1,2,3,5-四氯苯、1,2,4,5-四氯苯。

④ 二硝基苯：指对-二硝基苯、间-二硝基苯、邻-二硝基苯。

⑤ 硝基氯苯：指对-硝基氯苯、间-硝基氯苯、邻-硝基氯苯。

⑥ 多氯联苯：指 PCB-1016、PCB-1221、PCB-1232、PCB-1242、PCB-1248、PCB-1254、PCB-1260。

6 水质监测

6.1 本标准规定的项目标准值，要求水样采集后自然沉降 30 min，取上层非沉降部分按规定方法进行分析。

6.2 地表水水质监测的采样布点、监测频率应符合国家地表水环境监测技术规范的要求。

6.3 本标准水质项目的分析方法应优先选用表 4～表 6 规定的方法，

也可采用ISO方法体系等其他等效分析方法，但须进行适用性检验。

7 标准的实施与监督

7.1 本标准由县级以上人民政府环境保护行政主管部门及相关部门按职责分工监督实施。

7.2 集中式生活饮用水地表水源地水质超标项目经自来水厂净化处理后，必须达到《生活饮用水卫生规范》的要求。

7.3 省、自治区、直辖市人民政府可以对本标准中未作规定的项目，制定地方补充标准，并报国务院环境保护行政主管部门备案。

表4 地表水环境质量标准基本项目分析方法

序号	项目	分析方法	最低检出限/（mg/L）	方法来源
1	水温	温度计法		GB 13195—91
2	pH值	玻璃电极法		GB 6920—86
3	溶解氧	碘量法	0.2	GB 7489—87
		电化学探头法		GB 11913—89
4	高锰酸盐指数		0.5	GB 11892—89
5	化学需氧量	重铬酸盐法	10	GB 11914—89
6	五日生化需氧量	稀释与接种法	2	GB 7488—87
7	氨氮	纳氏试剂比色法	0.05	GB 7479—87
		水杨酸分光光度法	0.01	GB 7481—87
8	总磷	钼酸氨分光光度法	0.01	GB 11893—89
9	总氮	碱性过硫酸钾消解紫外分光光度法	0.05	GB 11894—89
10	铜	2,9-二甲基-1,10-菲啰啉分光光度法	0.06	GB 7473—87
		二乙基二硫代氨基甲酸钠分光光度法	0.010	GB 7474—87
		原子吸收分光光度法（螯合萃取法）	0.001	GB 7475—87

序号	项目	分析方法	最低检出限/（mg/L）	方法来源
11	锌	原子吸收分光光度法	0.05	GB 7475—87
12	氟化物	氟试剂分光光度法	0.05	GB 7483—87
		离子选择电极法	0.05	GB 7484—87
		离子色谱法	0.02	HJ/T 84—2001
13	硒	2,3-二氨基萘荧光法	0.000 25	GB 11902—89
		石墨炉原子吸收分光光度法	0.003	GB/T 15505—1995
14	砷	二乙基二硫代氨基甲酸银分光光度法	0.007	GB 7485—87
		冷原子荧光法	0.000 06	1）
15	汞	冷原子吸收分光光度法	0.000 05	GB 7468—87
		冷原子荧光法	0.000 05	1）
16	镉	原子吸收分光光度法（螯合萃取法）	0.001	GB 7475—87
17	铬（六价）	二苯碳酰二肼分光光度法	0.004	GB 7467—87
18	铅	原子吸收分光光度法（螯合萃取法）	0.01	GB 7475—87
19	氰化物	异烟酸-吡唑啉酮比色法	0.004	GB 7487—87
		吡啶-巴比妥酸比色法	0.002	
20	挥发酚	蒸馏后 4-氨基安替比林分光光度法	0.002	GB 7490—87
21	石油类	红外分光光度法	0.01	GB/T 16488—1996
22	阴离子表面活性剂	亚甲蓝分光光度法	0.05	GB 7494—87
23	硫化物	亚甲基蓝分光光度法	0.005	GB/T 16489—1996
		直接显色分光光度法	0.004	GB/T 17133—1997
24	粪大肠菌群	多管发酵法、滤膜法		1）

注：1）暂采用下列分析方法，待国家方法标准公布后，执行国家标准。
《水和废水监测分析方法（第3版）》，北京：中国环境科学出版社，1989。

表 5 集中式生活饮用水地表水源地补充项目分析方法

序号	项目	分析方法	最低检出限/（mg/L）	方法来源
1	硫酸盐	重量法	10	GB 11899—89
		火焰原子吸收分光光度法	0.4	GB 13196—91
		铬酸钡光度法	8	1）
		离子色谱法	0.09	HJ/T 84—2001
2	氯化物	硝酸银滴定法	10	GB 11896—89
		硝酸汞滴定法	2.5	1）
		离子色谱法	0.02	HJ/T 84—2001
3	硝酸盐	酚二磺酸分光光度法	0.02	GB 7480—87
		紫外分光光度法	0.08	1）
		离子色谱法	0.08	HJ/T 84—2001
4	铁	火焰原子吸收分光光度法	0.03	GB 11911—89
		邻菲啰啉分光光度法	0.03	1）
5	锰	高碘酸钾分光光度法	0.02	GB 11906—89
		火焰原子吸收分光光度法	0.01	GB 11911—89
		甲醛肟光度法	0.01	1）

注：1）暂采用下列分析方法，待国家方法标准发布后，执行国家标准。
《水和废水监测分析方法（第 3 版）》，北京：中国环境科学出版社，1989。

表 6 集中式生活饮用水地表水源地特定项目分析方法

序号	项目	分析方法	最低检出限/（mg/L）	方法来源
1	三氯甲烷	顶空气相色谱法	0.000 3	GB/T 17130—1997
		气相色谱法	0.000 6	2）
2	四氯化碳	顶空气相色谱法	0.000 05	GB/T 17130—1997
		气相色谱法	0.000 3	2）
3	三溴甲烷	顶空气相色谱法	0.001	GB/T 17130—1997
		气相色谱法	0.006	2）
4	二氯甲烷	顶空气相色谱法	0.008 7	2）
5	1,2-二氯乙烷	顶空气相色谱法	0.012 5	2）
6	环氧氯丙烷	气相色谱法	0.02	2）
7	氯乙烯	气相色谱法	0.001	2）
8	1,1-二氯乙烯	吹出捕集气相色谱法	0.000 018	2）

序号	项目	分析方法	最低检出限/（mg/L）	方法来源
9	1,2-二氯乙烯	吹出捕集气相色谱法	0.000 012	2）
10	三氯乙烯	顶空气相色谱法	0.000 5	GB/T 17130—1997
		气相色谱法	0.003	2）
11	四氯乙烯	顶空气相色谱法	0.000 2	GB/T 17130—1997
		气相色谱法	0.001 2	2）
12	氯丁二烯	顶空气相色谱法	0.002	2）
13	六氯丁二烯	气相色谱法	0.000 02	2）
14	苯乙烯	气相色谱法	0.01	2）
15	甲醛	乙酰丙酮分光光度法	0.05	GB 13197—91
		4-氨基-3-联氨-5-巯基-1,2,4-三氮杂茂（AHMT）分光光度法	0.05	2）
16	乙醛	气相色谱法	0.24	2）
17	丙烯醛	气相色谱法	0.019	2）
18	三氯乙醛	气相色谱法	0.001	2）
19	苯	液上气相色谱法	0.005	GB 11890—89
		顶空气相色谱法	0.000 42	2）
20	甲苯	液上气相色谱法	0.005	GB 11890—89
		二硫化碳萃取气相色谱法	0.05	
		气相色谱法	0.01	2）
21	乙苯	液上气相色谱法	0.005	GB 11890—89
		二硫化碳萃取气相色谱法	0.05	
		气相色谱法	0.01	2）
22	二甲苯	液上气相色谱法	0.005	GB 11890—89
		二硫化碳萃取气相色谱法	0.05	
		气相色谱法	0.01	2）
23	异丙苯	顶空气相色谱法	0.003 2	2）
24	氯苯	气相色谱法	0.01	HJ/T 74—2001
25	1,2-二氯苯	气相色谱法	0.002	GB/T 17131—1997
26	1,4-二氯苯	气相色谱法	0.005	GB/T 17131—1997

序号	项目	分析方法	最低检出限/（mg/L）	方法来源
27	三氯苯	气相色谱法	0.000 04	2）
28	四氯苯	气相色谱法	0.000 02	2）
29	六氯苯	气相色谱法	0.000 02	2）
30	硝基苯	气相色谱法	0.000 2	GB 13194—91
31	二硝基苯	气相色谱法	0.2	2）
32	2,4-二硝基甲苯	气相色谱法	0.000 3	GB 13194—91
33	2,4,6-三硝基甲苯	气相色谱法	0.1	2）
34	硝基氯苯	气相色谱法	0.000 2	GB 13194—91
35	2,4-二硝基氯苯	气相色谱法	0.1	2）
36	2,4-二氯苯酚	电子捕获-毛细色谱法	0.000 4	2）
37	2,4,6-三氯苯酚	电子捕获-毛细色谱法	0.000 04	2）
38	五氯酚	气相色谱法	0.000 04	GB 8972—88
		电子捕获-毛细色谱法	0.000 024	2）
39	苯胺	气相色谱法	0.002	2）
40	联苯胺	气相色谱法	0.000 2	3）
41	丙烯酰胺	气相色谱法	0.000 15	2）
42	丙烯腈	气相色谱法	0.10	2）
43	邻苯二甲酸二丁酯	液相色谱法	0.000 1	HJ/T 72—2001
44	邻苯二甲酸二（2-乙基己基）酯	气相色谱法	0.000 4	2）
45	水合肼	对二甲氨基苯甲醛直接分光光度法	0.005	2）
46	四乙基铅	双硫腙比色法	0.000 1	2）
47	吡啶	气相色谱法	0.031	GB/T 14672—93
		巴比土酸分光光度法	0.05	2）
48	松节油	气相色谱法	0.02	2）
49	苦味酸	气相色谱法	0.001	2）
50	丁基黄原酸	铜试剂亚铜分光光度法	0.002	2）

序号	项目	分析方法	最低检出限/（mg/L）	方法来源
51	活性氯	N,N-二乙基对苯二胺（DPD）分光光度法	0.01	2）
		3,3′,5,5′-四甲基联苯胺比色法	0.005	2）
52	滴滴涕	气相色谱法	0.000 2	GB 7492—87
53	林丹	气相色谱法	4×10^{-6}	GB 7492—87
54	环氧七氯	液-液萃取气相色谱法	0.000 083	2）
55	对硫磷	气相色谱法	0.000 54	GB 13192—91
56	甲基对硫磷	气相色谱法	0.000 42	GB 13192—91
57	马拉硫磷	气相色谱法	0.000 64	GB 13192—91
58	乐果	气相色谱法	0.000 57	GB 13192—91
59	敌敌畏	气相色谱法	0.000 06	GB 13192—91
60	敌百虫	气相色谱法	0.000 051	GB 13192—91
61	内吸磷	气相色谱法	0.002 5	2）
62	百菌清	气相色谱法	0.000 4	2）
63	甲萘威	高效液相色谱法	0.01	2）
64	溴氰菊酯	气相色谱法	0.000 2	2）
		高效液相色谱法	0.002	2）
65	阿特拉津	气相色谱法		3）
66	苯并[a]芘	乙酰化滤纸层析荧光分光光度法	4×10^{-6}	GB 11895—89
		高效液相色谱法	1×10^{-6}	GB 13198—91
67	甲基汞	气相色谱法	1×10^{-8}	GB/T 17132—1997
68	多氯联苯	气相色谱法		3）
69	微囊藻毒素-LR	高效液相色谱法	0.000 01	2）
70	黄磷	钼-锑-抗分光光度法	0.002 5	2）
71	钼	无火焰原子吸收分光光度法	0.002 31	2）
72	钴	无火焰原子吸收分光光度法	0.001 91	2）

序号	项目	分析方法	最低检出限/（mg/L）	方法来源
73	铍	铬菁R分光光度法	0.000 2	HJ/T 58—2000
		石墨炉原子吸收分光光度法	0.000 02	HJ/T 59—2000
		桑色素荧光分光光度法	0.000 2	2）
74	硼	姜黄素分光光度法	0.02	HJ/T 49—1999
		甲亚胺-H 分光光度法	0.2	2）
75	锑	氢化原子吸收分光光度法	0.000 25	2）
76	镍	无火焰原子吸收分光光度法	0.002 48	2）
77	钡	无火焰原子吸收分光光度法	0.006 18	2）
78	钒	钽试剂（BPHA）萃取分光光度法	0.018	GB/T 15503—1995
		无火焰原子吸收分光光度法	0.006 98	2）
79	钛	催化示波极谱法	0.000 4	2）
		水杨基荧光酮分光光度法	0.02	2）
80	铊	无火焰原子吸收分光光度法	4×10^{-6}	2）

注：暂采用下列分析方法，待国家方法标准发布后，执行国家标准。

1）《水和废水监测分析方法（第3版）》，北京：中国环境科学出版社，1989。

2）《生活饮用水卫生规范》，中华人民共和国卫生部，2001。

3）《水和废水标准检验法（第15版）》，北京：中国建筑工业出版社，1985。

中华人民共和国国家标准

地下水质量标准

Quality standard for ground water

GB/T 14848—93

1 引言

为保护和合理开发地下水资源，防止和控制地下水污染，保障人民身体健康，促进经济建设，特制定本标准。

本标准是地下水勘察评价、开发利用和监督管理的依据。

2 主题内容与适用范围

2.1 本标准规定了地下水的质量分类、地下水质量监测、评价方法和地下水质量保护。

2.2 本标准适用于一般地下水，不适用于地下热水、矿水、盐卤水。

3 引用标准

GB 5750 生活饮用水标准检验方法。

4 地下水质量分类及质量分类指标

4.1 地下水质量分类

依据我国地下水水质现状、人体健康基准值及地下水质量保护目标，并参照了生活饮用水、工业、农业用水水质要求，将地下水质量划分为五类。

Ⅰ类 主要反映地下水化学组分的天然低背景含量。适用于各种用途。

Ⅱ类 主要反映地下水化学组分的天然背景含量。适用于各种用途。

Ⅲ类 以人体健康基准值为依据。主要适用于集中式生活饮用水水源及工、农业用水。

Ⅳ类 以农业和工业用水要求为依据。除适用于农业和部分工业用水外，适当处理后可作生活饮用水。

Ⅴ类 不宜饮用，其他用水可根据使用目的选用。

4.2 地下水质量分类指标（见表1）。

表1 地下水质量分类指标

项目序号	项目 \ 标准值 \ 类别	Ⅰ类	Ⅱ类	Ⅲ类	Ⅳ类	Ⅴ类
1	色（度）	≤5	≤5	≤15	≤25	>25
2	嗅和味	无	无	无	无	有
3	浑浊度（度）	≤3	≤3	≤3	≤10	>10
4	肉眼可见物	无	无	无	无	有
5	pH		6.5～8.5		5.5～6.5，8.5～9	<5.5，>9
6	总硬度（以 $CaCO_3$，计）（mg/L）	≤150	≤300	≤450	≤550	>550
7	溶解性总固体（mg/L）	≤300	≤500	≤1 000	≤2 000	>2 000
8	硫酸盐（mg/L）	≤50	≤150	≤250	≤350	>350
9	氯化物（mg/L）	≤50	≤150	≤250	≤350	>350
10	铁（Fe）（mg/L）	≤0.1	≤0.2	≤0.3	≤1.5	>1.5
11	锰（Mn）（mg/L）	≤0.05	≤0.05	≤0.1	≤1.0	>1.0
12	铜（Cu）（mg/L）	≤0.01	≤0.05	≤1.0	≤1.5	>1.5
13	锌（Zn）（mg/L）	≤0.05	≤0.5	≤1.0	≤5.0	>5.0
14	钼（Mo）（mg/L）	≤0.001	≤0.01	≤0.1	≤0.5	>0.5
15	钴（Co）（mg/L）	≤0.005	≤0.05	≤0.05	≤1.0	>1.0
16	挥发性酚类（以苯酚计）（mg/L）	≤0.001	≤0.001	≤0.002	≤0.01	>0.01
17	阴离子合成洗涤剂（mg/L）	不得检出	≤0.1	≤0.3	≤0.3	>0.3
18	高锰酸盐指数（mg/L）	≤1.0	≤2.0	≤3.0	≤10	>10
19	硝酸盐（以N计）（mg/L）	≤2.0	≤5.0	≤20	≤30	>30
20	亚硝酸盐（以N计）（mg/L）	≤0.001	≤0.01	≤0.02	≤0.1	>0.1
21	氨氮（NH_4）（mg/L）	≤0.02	≤0.02	≤0.2	≤0.5	>0.5
22	氟化物（mg/L）	≤1.0	≤1.0	≤1.0	≤2.0	>2.0

项目序号	项目 \ 标准值 \ 类别	Ⅰ类	Ⅱ类	Ⅲ类	Ⅳ类	Ⅴ类
23	碘化物（mg/L）	≤0.1	≤0.1	≤0.2	≤1.0	>1.0
24	氰化物（mg/L）	≤0.001	≤0.01	≤0.05	≤0.1	>0.1
25	汞（Hg）（mg/L）	≤0.000 05	≤0.000 5	≤0.001	≤0.001	>0.001
26	砷（As）（mg/L）	≤0.005	≤0.01	≤0.05	≤0.05	>0.05
27	硒（Se）（mg/L）	≤0.01	≤0.01	≤0.01	≤0.1	>0.1
28	镉（Cd）（mg/L）	≤0.000 1	≤0.001	≤0.01	≤0.01	>0.01
29	铬（六价）（Cr^{6+}）（mg/L）	≤0.005	≤0.01	≤0.05	≤0.1	>0.1
30	铅（Pb）（mg/L）	≤0.005	≤0.01	≤0.05	≤0.1	>0.1
31	铍（Be）（mg/L）	≤0.000 02	≤0.000 1	≤0.000 2	≤0.001	>0.001
32	钡（Ba）（mg/L）	≤0.01	≤0.1	≤1.0	≤4.0	>4.0
33	镍（Ni）（mg/L）	≤0.005	≤0.05	≤0.05	≤0.1	>0.1
34	滴滴涕（μg/L）	不得检出	≤0.005	≤1.0	≤1.0	>1.0
35	六六六（μg/L）	≤0.005	≤0.05	≤5.0	≤5.0	>5.0
36	总大肠菌群（个/L）	≤3.0	≤3.0	≤3.0	≤100	>100
37	细菌总数（个/ml）	≤100	≤100	≤100	≤1 000	>1 000
38	总σ放射性（Bq/L）	≤0.1	≤0.1	≤0.1	>0.1	>0.1
39	总β放射性（Bq/L）	≤0.1	≤1.0	≤1.0	>1.0	>1.0

根据地下水各指标含量特征，分为五类，它是地下水质量评价的基础。以地下水为水源的各类专门用水，在地下水质量分类管理基础上，可按有关部门用水标准进行管理。

5 地下水水质监测

5.1 各地区应对地下水水质进行定期检测。检验方法，按国家标准 GB 5750《生活饮用水标准检验方法》执行。

5.2 各地地下水监测部门，应在不同质量类别的地下水域设立监测点进行水质监测，监测频率不得少于每年二次（丰、枯水期）。

5.3 监测项目为：pH、氨氮、硝酸盐、亚硝酸盐、挥发性酚类、氰化物、砷、汞、铬（六价）、总硬度、铅、氟、镉、铁、锰、溶解性总固体、高锰酸盐指数、硫酸盐、氯化物、大肠菌群，以及反映本地区主要水质问题的其他项目。

6 地下水质量评价

6.1 地下水质量评价以地下水水质调查分析资料或水质监测资料为基础，可分为单项组分评价和综合评价两种。

6.2 地下水质量单项组分评价，按本标准所列分类指标，划分为五类，代号与类别代号相同，不同类别标准值相同时，从优不从劣。

例：挥发性酚类Ⅰ、Ⅱ类标准值均为 0.001 mg/L，若水质分析结果为 0.001 mg/L 时，应定为Ⅰ类，不定为Ⅱ类。

6.3 地下水质量综合评价，采用加附注的评分法。具体要求与步骤如下：

6.3.1 参加评分的项目，应不少于本标准规定的监测项目，但不包括细菌学指标。

6.3.2 首先进行各单项组分评价，划分组分所属质量类别。

6.3.3 对各类别按下列规定（表 2）分别确定单项组分评价分值 F_i。

表 2

类别	Ⅰ	Ⅱ	Ⅲ	Ⅳ	Ⅴ
F_i	0	1	3	6	10

6.3.4 按式（1）和式（2）计算综合评价分值 F。

$$F=\sqrt{\frac{\overline{F}^2+F_{\max}^2}{2}} \tag{1}$$

$$\overline{F}=\frac{1}{n}\sum_{i=1}^{n}F_i \tag{2}$$

式中：$\overline{F}$ —— 各单项组分评分值 F_i 的平均值；

$F_{\max}$ —— 各单项组分评价分值 F_i 中的最大值；

n —— 项数。

6.3.5 根据 F 值，按以下规定（表 3）划分地下水质量级别，再将细菌学指标评价类别注在级别定名之后。如“优良（Ⅱ类）”“较好（Ⅲ类）”。

表3

级别	优良	良好	较好	较差	极差
F	＜0.80	0.80～＜2.50	2.50～＜4.25	4.25～＜7.20	＞7.20

6.4 使用两次以上的水质分析资料进行评价时，可分别进行地下水质量评价，也可根据具体情况，使用全年平均值和多年平均值或分别使用多年的枯水期、丰水期平均值进行评价。

6.5 在进行地下水质量评价时，除采用本方法外，也可采用其他评价方法进行对比。

7 地下水质量保护

7.1 为防止地下水污染和过量开采、人工回灌等引起的地下水质量恶化，保护地下水水源，必须按《中华人民共和国水污染防治法》和《中华人民共和国水法》有关规定执行。

7.2 利用污水灌溉、污水排放、有害废弃物（城市垃圾、工业废渣、核废料等）的堆放和地下处置，必须经过环境地质可行性论证及环境影响评价，征得环境保护部门批准后方能施行。

附加说明

本标准由中华人民共和国地质矿产部提出。

本标准由地质矿产部地质环境管理司、地质矿产部水文地质工程地质研究所归口。

本标准由地质矿产部地质环境管理司、地质矿产部水文地质工程地质研究所、全国环境水文地质总站、吉林省环境水文地质总站、河南省水文地质总站、陕西省环境水文地质总站、广西壮族自治区环境水文地质总站、江西省环境地质大队负责起草。

本标准主要起草人为李梅玲、张锡根、阎葆瑞、李京森、苗长青、吕水明、沈小珍、席文跃、多超美、雷觐韵。

北京市地方标准

水污染物排放标准

Discharge standard of water pollutants

DB 11/307—2005

前　言

本标准为全文强制。

本标准是在《北京市水污染物排放标准》（试行）（北京市人民政府 1985 年 10 月 15 日发布）的基础上，依据 GB 8978—1996《污水综合排放标准》制定的。

本标准规定了 75 种污染物的排放限值，其中一类污染物 13 项，二类污染物 62 项，比 GB 8978—1996《污水综合排放标准》多设立 8 项。

同时，本标准对北京市执行 GB 18918—2002《城镇污水处理厂污染物排放标准》中的水污染物排放标准，对各类医院及医疗机构水污染物排放等要求，作了明确规定。

本标准对污染指标控制的总体水平严于 GB 8978—1996《污水综合排放标准》，其中：44 项指标的限值与 GB 8978—1996《污水综合排放标准》相当，23 项指标的限值严于国家标准；对于有毒有害有机污染物的排放控制，不设单位建设年限区分。

附录 A 是规范性附录[《北京市海河流域水污染防治规划》（京政函[1998]18 号）]。

本标准由北京市环境保护局提出并归口。

本标准由北京市人民政府批准。

本标准起草单位：北京市环境保护监测中心。

本标准主要起草人：李振声、董淑英、刘卫红。

1 范围

本标准按照污水排放去向，分级规定了 75 种水污染物的最高允许排放限值。

本标准适用于北京市辖区内现有单位和个体经营者水污染物的排放管理，以及建设项目的环境影响评价、建设项目环境保护设施设计和竣工验收及其投产后的排放管理。

2 规范性引用文件

下列文件中的条款通过本标准的引用而成为本标准的条款。凡是注日期的引用文件，其随后所有的修改单（不包括勘误的内容）或修订版均不适用于本标准，然而，鼓励根据本标准达成协议的各方研究是否可使用这些文件的最新版本。凡是不注日期的引用文件，其最新版本适用于本标准。

GB 3838—2002 地表水环境质量标准

GB 8703 辐射防护规定

GB 8978—1996 污水综合排放标准

GB 15562.1 环境保护图形标志

GB 18918—2002 城镇污水处理厂污染物排放标准

《密云水库怀柔水库和京密引水渠水源保护管理条例》北京市人大常委会 1995 年 7 月 27 日通过，1999 年 7 月 30 日修正。

《官厅水系水源保护管理办法》北京市人民政府、河北省人民政府、山西省人民政府 1984 年 12 月 11 日发布发布。

3 技术内容

3.1 标准分级和限值

3.1.1 北京市五大水系各河流、湖泊、水库水体功能划分与水质分类见附录 A。

3.1.2 在划定的II、III类水体功能区内，禁止新建排污口，现有的排污口应按照水体功能的要求，实行污染物总量控制，以保证受纳水体水质符合规定用途的水质标准。在已进行污水截流的其他水域也禁止新建排污口。

3.1.3　排入北京市II类水体及其汇水范围的污水执行一级限值，其中：向《密云水库怀柔水库和京密引水渠水源保护管理条例》和《官厅水系水源保护管理办法》划定的一、二级保护区范围内排放的污水执行一级限值 A；排入其他II类水体及其汇水范围的污水执行一级限值 B，限值见表 1。

3.1.4　排入北京市III、IV类水体及其汇水范围的污水执行二级限值，限值见表 1。

3.1.5　排入北京市V类水体及其汇水范围的污水执行三级限值，限值见表 1。

3.1.6　排入设置城镇二级污水处理厂的城镇排水系统的污水，执行排入城镇污水处理厂限值，限值见表 2。

3.1.7　排入未设置城镇二级污水处理厂的城镇排水系统的污水，必须根据排水系统出水受纳水体的功能，分别执行本标准 3.1.3、3.1.4、3.1.5 的规定。

3.2　其他规定

3.2.1　对于排放含有放射性物质的污水，除执行本标准外，还须符合 GB 8703 的规定。

3.2.2　城镇污水处理厂出水排入《密云水库怀柔水库和京密引水渠水源保护管理条例》和《官厅水系水源保护管理办法》划定的一、二级保护区范围内的执行本标准中一级限值 A，限值见表 1。

3.2.3　城镇污水处理厂出水排入《密云水库怀柔水库和京密引水渠水源保护管理条例》和《官厅水系水源保护管理办法》划定的一、二级保护区范围以外的II类水体及其汇水范围的，执行 GB 18918—2002 表 1 中一级标准的 A 标准以及表 2、表 3 的有关规定。

3.2.4　城镇污水处理厂出水排入III、IV、V类水体及其汇水范围的，执行 GB 18918—2002 表 1 中一级标准的 B 标准以及表 2、表 3 的有关规定。

3.2.5　部分行业最高允许排水量执行 GB 8978—1996 表 5 的有关规定。

3.2.6　各类医院、兽医院及医疗机构污水中的粪大肠菌群、总余氯（采用氯化消毒时）按照以下规定进行控制：排入II、III类水体及其汇水范围的污水执行 GB 8978—1996 中一级标准，排入IV、V类水体及其汇水范围的污水执行 GB 8978—1996 中二级标准，排入设置城镇二级污水处理厂的城镇排水系统的污水执行 GB 8978—1996 中三级标准，各类医院、兽医院及医疗机构污水的其他项目执行本标准 3.1.3、3.1.4、3.1.5、3.1.6、3.1.7 的规定。

表 1　排入地表水体及其汇水范围的水污染物排放限值

单位：mg/L（凡注明者除外）

类别	序号	污染物或项目名称	一级限值		二级限值	三级限值
			A	B		
一类	1	总汞	0.001	0.002	0.002	0.002
	2	烷基汞	不得检出	不得检出	不得检出	不得检出
	3	总镉	0.01	0.02	0.02	0.02
	4	总铬	0.1	0.5	1.0	1.5
	5	六价铬	0.05	0.2	0.2	0.2
	6	总砷	0.04	0.1	0.1	0.1
	7	总铅	0.1	0.1	0.1	0.1
	8	总镍	0.05	0.5	0.5	0.5
	9	苯并[a]芘	不得检出	0.000 03	0.000 03	0.000 03
	10	总铍	不得检出	0.005	0.005	0.005
	11	总银	0.1	0.5	0.5	0.5
	12	总 α 放射性(Bq/L)	0.1	1.0	1.0	1.0
	13	总 β 放射性(Bq/L)	1.0	10	10	10
二类	14	pH（无量纲）	6.5～8.5	6.5～8.5	6～9	6～9
	15	水温（℃）	30	35	35	35
	16	色度（倍）	10	30	50	80
	17	悬浮物（SS）	10	30	50	80
	18	五日生化需氧量（BOD_5）	5.0	15	20	30
	19	化学需氧量（COD_{Cr}）	15	50	60	100
	20	石油类	0.3	2.0	4.0	8.0
	21	动植物油	1.0	5.0	10	15
	22	挥发酚	0.01	0.2	0.2	0.5
	23	总氰化物	0.05	0.2	0.2	0.5

类别	序号	污染物或项目名称	一级限值		二级限值	三级限值
			A	B		
二类	24	硫化物	0.01	0.2	0.2	0.5
	25	氨氮	2.0	5.0	10	15
	26	总氮	15	20	—	—
	27	氟化物	1.0	2.0	5.0	5.0
	28	总磷（以P计）（排入封闭性水域）	0.1	0.5	0.5	1.0
	29	甲醛	0.5	0.5	0.5	1.5
	30	甲醇	3.0	3.0	5.0	10
	31	苯胺类	0.1	0.4	0.4	1.0
	32	硝基苯类	0.5	0.5	0.5	1.0
	33	阴离子表面活性剂（LAS）	0.5	3.0	5.0	8.0
	34	总铜	0.1	0.5	0.5	1.0
	35	总锌	1.0	2.0	2.0	3.0
	36	总锰	0.5	1.0	2.0	2.0
	37	彩色显影剂	0.2	1.0	1.0	2.0
	38	显影剂及其氧化物总量	0.6	2.0	3.0	3.0
	39	元素磷	不得检出	不得检出	0.1	0.1
	40	有机磷农药（以P计）	不得检出	不得检出	不得检出	0.5
	41	乐果	不得检出	不得检出	不得检出	1.0
	42	对硫磷	不得检出	不得检出	不得检出	1.0
	43	甲基对硫磷	不得检出	不得检出	不得检出	1.0
	44	马拉硫磷	不得检出	不得检出	不得检出	5.0
	45	五氯酚及五氯酚钠（以五氯酚计）	不得检出	不得检出	5.0	8.0
	46	可吸附有机卤化物（AOX）(以Cl计)	不得检出	不得检出	1.0	5.0
	47	三氯甲烷	0.1	0.2	0.3	0.6
	48	四氯化碳	0.01	0.02	0．03	0.06
	49	三氯乙烯	0.05	0.1	0.3	0.6

类别	序号	污染物或项目名称	一级限值		二级限值	三级限值
			A	B		
二类	50	四氯乙烯	0.05	0.1	0.1	0.2
	51	1,2-二氯乙烷	不得检出	不得检出	0.3	0.6
	52	苯系物总量	1.0	1.2	2.0	2.5
	53	苯	0.05	0.1	0.1	0.2
	54	甲苯	0.1	0.1	0.1	0.2
	55	乙苯	0.1	0.2	0.4	0.6
	56	间-二甲苯	0.1	0.2	0.4	0.6
	57	邻-二甲苯	0.1	0.2	0.4	0.6
	58	对-二甲苯	0.1	0.2	0.4	0.6
	59	氯苯	0.02	0.05	0.05	0.1
	60	邻-二氯苯	不得检出	不得检出	0.4	0.6
	61	对-二氯苯	不得检出	不得检出	0.4	0.6
	62	1,2,4-三氯苯	不得检出	不得检出	0.4	0.6
	63	对-硝基氯苯	不得检出	不得检出	0.5	1.0
	64	2,4-二硝基氯苯	不得检出	不得检出	0.5	1.0
	65	苯酚	0.01	0.01	0.2	0.3
	66	间-甲酚	0.01	0.01	0.1	0.2
	67	2,4-二氯酚	不得检出	不得检出	0.6	0.8
	68	2,4,6-三氯酚	不得检出	不得检出	0.6	0.8
	69	邻苯二甲酸二丁酯	不得检出	0.05	0.2	0.4
	70	邻苯二甲酸二辛酯	不得检出	0.05	0.3	0.6
	71	丙烯腈	不得检出	不得检出	2.0	3.0
	72	总硒	0.05	0.1	0.1	0.2
	73	总有机碳（TOC）	10	20	20	30
	74	可溶性固体总量	1 000	1 000	2 000	2 000

表 2　排入城镇污水处理厂的水污染物排放限值

单位：mg/L（凡注明者除外）

类别	序号	污染物或项目名称		限值
一类	1	总汞		0.05
	2	烷基汞		不得检出
	3	总镉		0.1
	4	总铬		1.5
	5	六价铬		0.5
	6	总砷		0.5
	7	总铅		1.0
	8	总镍		1.0
	9	苯并[a]芘		0.000 03
	10	总铍		0.005
	11	总银		0.5
	12	总α放射性（Bq/L）		1.0
	13	总β放射性（Bq/L）		10
二类	14	pH（无量纲）		6～9
	15	水温（℃）		35
	16	悬浮物（SS）		400
	17	五日生化需氧量（BOD_5）		300
	18	化学需氧量（COD_{Cr}）		500
	19	石油类		10
	20	动植物油		100
	21	挥发酚		2.0
	22	总氰化合物	电影洗印（铁氰化合物）	5.0
			其他排污单位	1.0
	23	硫化物		1.0
	24	氟化物		10
	25	甲醛		5.0
	26	甲醇		20
	27	苯胺类		3.0
	28	硝基苯类		5.0
	29	阴离子表面活性剂（LAS）		15

类别	序号	污染物或项目名称	限值
二类	30	总铜	1.0
	31	总锌	5.0
	32	总锰	5.0
	33	彩色显影剂	3.0
	34	显影剂及其氧化物总量	6.0
	35	元素磷	0.3
	36	有机磷农药（以 P 计）	0.5
	37	乐果	2.0
	38	对硫磷	2.0
	39	甲基对硫磷	2.0
	40	马拉硫磷	10
	41	五氯酚及五氯酚钠（以五氯酚计）	10
	42	可吸附有机卤化物（AOX）(以 Cl 计)	8.0
	43	三氯甲烷	1.0
	44	四氯化碳	0.5
	45	三氯乙烯	1.0
	46	四氯乙烯	0.5
	47	1,2-二氯乙烷	1.5
	48	苯系物总量	5.0
	49	苯	0.5
	50	甲苯	0.5
	51	乙苯	1.0
	52	间-二甲苯	1.0
	53	邻-二甲苯	1.0
	54	对-二甲苯	1.0
	55	氯苯	1.0
	56	邻-二氯苯	1.0
	57	对-二氯苯	1.0
	58	1,2,4-三氯苯	1.0
	59	对硝基氯苯	5.0
	60	2,4-二硝基氯苯	5.0
	61	苯酚	1.0

类别	序号	污染物或项目名称	限值
二类	62	间-甲酚	0.5
	63	2,4-二氯酚	1.0
	64	2,4,6-三氯酚	1.0
	65	邻苯二甲酸二丁酯	2.0
	66	邻苯二甲酸二辛酯	2.0
	67	丙烯腈	5.0
	68	总硒	0.5
	69	可溶性固体总量	2 000
	70	易沉固体（mL/L・15min）	10

4 监测

4.1 采样点

4.1.1 一类污染物不分行业、污水排放方式，其最高允许排放浓度在车间或车间处理设施排放口进行监测。

4.1.2 二类污染物最高允许排放浓度在排污单位的总排放口进行监测。

4.1.3 采样点应执行 GB 8978—1996 中 5.1 条款的规定并按照 GB 1556 中 2.1 的规定设置标志。

4.2 采样频率

执行 GB 8978—1996 中 5.2 条款的有关规定。

4.3 排水量

执行 GB 8978—1996 中 5.3 条款的有关规定。

4.4 统计

执行 GB 8978—1996 中 5.4 条款的有关规定。

4.5 分析方法

本标准采用的分析方法见表 3。

5 标准的实施与监督

本标准由本市各级环境保护行政主管部门统一监督实施。

表 3　分析方法

序号	污染物或项目名称	分析方法	方法来源
1	总汞	冷原子吸收光度法[a] 冷原子荧光法	GB/T 7468—1987 1）
2	烷基汞	气相色谱法	GB/T 14204—93
3	总镉	原子吸收分光光度法	GB/T 7475—1987
4	总铬	高锰酸钾氧化-二苯碳酰二肼分光光度法	GB/T 7466—1987
5	六价铬	二苯碳酰二肼分光光度法	GB/T 7467—1987
6	总砷	二乙基二硫代氨基甲酸银分光光度法	GB/T 7485—1987
7	总铅	原子吸收分光光度法	GB/T 7475—1987
8	总镍	原子吸收分光光度法	GB/T 11912—1989
9	苯并[a]芘	高效液相色谱法[a] 乙酰化滤纸层析-荧光分光光度法	GB/T 13198—1991 GB/T 11895—1989
10	总铍	石墨炉原子吸收法	HJ/T 59—2000
11	总银	原子吸收分光光度法	GB/T 11907—1989
12	总α放射性	物理法	2）
13	总β放射性	物理法	2）
14	pH 值	玻璃电极法	GB/T 6920—1986
15	水温（℃）	温度计法	GB/T 13195—1991
16	色度（倍）	稀释倍数法	GB/T 11903—1989
17	悬浮物	重量法	GB/T 11901—1989
18	生化需氧量（BOD_5）	稀释与接种法	GB/T 7488—1987
19	化学需氧量（COD_{Cr}）	重铬酸钾法	GB/T 11914—1989
20	石油类	红外法、非分散红外法	GB/T 16488—1996
21	动植物油	红外法、非分散红外法	GB/T 16488—1996
22	挥发酚	4-氨基安替比林分光光度法	GB/ T 7490—1987
23	总氰化物	异烟酸-吡唑啉酮分光光度法	GB/T 7486—1987
24	硫化物	亚甲基蓝分光光度法碘量法	GB/T 16489—1996 HJ/T 60—2000
25	氨氮	纳氏试剂比色法	GB/T 7478—1987
26	总氮	过硫酸钾氧化—紫外分光光度法	GB/T 11894—1989

序号	污染物或 项目名称	分析方法	方法来源
27	氟化物	离子选择电极法	GB/T 7484—1987
28	总磷	钼酸铵分光光度法	GB/T 11893—1989
29	甲醛	乙酰丙酮分光光度法	GB/T 13197—1991
30	甲醇	气相色谱法	4）
31	苯胺类	N-（1-萘基）乙二胺偶氮分光光度法	GB/T 11889—1989
32	硝基苯类	还原-偶氮分光光度法	1）
33	阴离子表面活性剂（LAS）	亚甲基蓝分光光度法	GB/T 7494—1987
34	总铜	原子吸收分光光度法	GB/T 7475—1987
35	总锌	原子吸收分光光度法	GB/T 7475—1987
36	总锰	原子吸收分光光度法	GB/T 11911—1989
37	彩色显影剂	169 成色剂法	3）
38	显影剂及氧化物总量	碘-淀粉比色法	3）
39	元素磷	磷钼蓝比色法	3）
40	有机磷农药	气相色谱法	GB/T 13192—1991
41	乐果	气相色谱法	GB/T 13192—1991
42	对硫磷	气相色谱法	GB/T 13192—1991
43	甲基对硫磷	气相色谱法	GB/T 13192—1991
44	马拉硫磷	气相色谱法	GB/T 13192—1991
45	五氯酚及五氯酚钠（以五氯酚计）	气相色谱法	GB/T 8972—1988
46	可吸附有机卤化物（AOX）(以 Cl 计)	微库仑法	GB/T15959—1995
47	三氯甲烷	顶空气相色谱法	GB/T 17130—1997
48	四氯化碳	顶空气相色谱法	GB/T 17130—1997
49	三氯乙烯	顶空气相色谱法	GB/T 17130—1997
50	四氯乙烯	顶空气相色谱法	GB/T 17130—1997
51	1,2-二氯乙烷	吹扫捕集气相色谱法	1）
52	苯系物总量	气相色谱法，包括苯、甲苯、乙苯、二甲苯、异丙苯及苯乙烯的总合	GB/T 11890—1989
53	苯	气相色谱法	GB/T 11890—1989

序号	污染物或项目名称	分析方法	方法来源
54	甲苯	气相色谱法	GB/T 11890—1989
55	乙苯	气相色谱法	GB/T 11890—1989
56	间-二甲苯	气相色谱法	GB/T 11890—1989
57	邻-二甲苯	气相色谱法	GB/T 11890—1989
58	对-二甲苯	气相色谱法	GB/T 11890—1989
59	氯苯	气相色谱法	HJ/T 74—2001
60	邻-二氯苯	气相色谱法	GB/T 17131—1997
61	对-二氯苯	气相色谱法	GB/T 17131—1997
62	1,2,4-三氯苯	气相色谱法	GB/T 17131—1997
63	对-硝基氯苯	气相色谱法	GB/T 13194—1991
64	2,4-二硝基氯苯	气相色谱法	GB/T 13194—1991
65	苯酚	液相色谱法	1)
66	间-甲酚	液相色谱法	1)
67	2,4 -二氯酚	液相色谱法	1)
68	2,4,6 -三氯酚	液相色谱法	1)
69	邻苯二甲酸二丁酯	气相、液相色谱法	HJ/T 72—2001
70	邻苯二甲酸二辛酯	气相、液相色谱法	HJ/T 72—2001
71	丙烯腈	气相色谱法	HJ/T 73—2001
72	总硒	石墨炉原子吸收法 [a] 2, 3-二氨基萘荧光法	GB/T 15505—1995 GB/T 11902—1989
73	粪大肠菌群数	多管发酵法	1)
74	总余氯	N,N-二乙基-1,4-苯二胺分光光度法 [a] N,N-二乙基-1,4-苯二胺滴定法	GB/T 11898—1989 GB/T 11897—1989
75	总有机碳（TOC）	燃烧氧化—非分散红外吸收法	HJ/T 71—2001
76	可溶性固体总量	重量法	HJ/T 51—1999
77	易沉固体	体积法	CJ 26.3—1991

注一：暂采用下列方法，待国家方法标准发布后，执行国家标准。

1）《水和废水监测分析方法》（第四版），中国环境科学出版社。

2）《环境监测技术规范》（放射性部分），国家环境保护局。

3）国家《污水综合排放标准》（GB8978-1996）附录 D。

4）《水质分析大全》，科学技术文献出版社，1989 年。

注二：a 当测定结果有异议时，该方法为仲裁测定方法。

附 录 A
(规范性附录)
北京市五大水系各河流、水库水体功能划分与水质分类

A.1 根据《地表水环境质量标准》(GB3838—2002)的有关规定,全国各河流、水库水体功能与水质分类,按照功能高低依次划分为五类:

a)I类主要适用于源头水、国家自然保护区;

b)II类主要适用于集中式生活饮用水地表水源地一级保护区、珍稀水生生物栖息地、鱼虾类产卵区、仔稚幼鱼的索饵场等;

c)III类主要适用于集中式生活饮用水地表水源地二级保护区、鱼虾类越冬场、洄游通道、水产养殖区等渔业水域及游泳区;

d)IV类主要适用于一般工业用水区及人体非直接接触的娱乐用水区;

e)V类主要适用于农业用水区及一般景观要求水域。

A.2 北京市依据 GB 3838—2002 的要求,结合北京市际情况,将辖区内五大水系划分成五类水体(其中无 I 类水体),并于一九九八年二月二十七日北京市人民政府市长办公会通过。

北京市水体功能与水质分类见表 A.1。

表 A.1

水系	水体名称	水体功能	水质分类	备注
永定河	官厅水库	集中式饮用水源一级保护区	II	
	永定河山峡段(含珠窝、落坡岭水库)	集中式饮用水源一级保护区	II	官厅坝下—三家店
	永定河平原段	地下水源补给区	III	三家店—崔指挥营
永定河	妫水河	官厅水库二级保护区	II	
	新华营河	官厅水库二级保护区	II	
	古城河(含古城水库)	饮用水水源上游	II	

水系	水体名称	水体功能	水质分类	备注
永定河	清水河（含斋堂水库）	集中式饮用水源一级保护区	II	
	清水涧	集中式饮用水源一级保护区	II	
	念坛水库	一般鱼类保护区	III	
	天堂河	农业用水区及一般景观要求水域	V	
潮白河	潮白河上段	一般鱼类保护区（地下水源补给区）	III	河槽—向阳闸
	潮白河下段	人体非直接接触的娱乐用水区	IV	向阳闸—牛牧屯
	密云水库	集中式饮用水源一级保护区	II	
	白河（含白河堡水库）	密云水库饮用水水源地上游	II	
	黑河	密云水库饮用水水源地上游	II	
	天河	密云水库饮用水水源地上游	II	
	汤河	密云水库饮用水水源地上游	II	
	渣汰沟	密云水库饮用水水源地上游	II	
	琉璃庙河	密云水库饮用水水源地上游	II	
	白马关河	密云水库饮用水水源地上游	II	
	潮河	密云水库饮用水水源地上游	II	
	忙牛河（含半城子水库）	密云水库饮用水水源地上游	II	
	安达木河（含遥桥峪水库）	密云水库饮用水水源地上游	II	
	清水河	密云水库饮用水水源地上游	II	
	红门川（沙厂水库）	一般鱼类保护区	III	
	沙河（含大峪水库）	一般鱼类保护区及游泳区	III	
	怀河	一般鱼类保护区	III	
	雁栖河（含雁栖湖）	一般鱼类保护区及游泳区	III	
潮白河	怀柔水库	集中式饮用水源一级保护区	II	
	怀沙河	怀柔水库饮用水水源地上游	II	
	怀九河	怀柔水库饮用水水源地上游	II	
	箭杆河	一般工业用水区	IV	
	城北减河	人体非直接接触的娱乐用水区	IV	
	运潮减河	人体非直接接触的娱乐用水区	IV	

水系	水体名称	水体功能	水质分类	备注
北运河	北运河	农业用水区及一般景观要求水域	V	
	温榆河上段	人体非直接接触的娱乐用水区	Ⅳ	沙河水库—沙子营
	温榆河下段	农业用水区及一般景观要求水域	V	沙子营—北关闸
	桃峪口沟（含桃峪口水库）	京密引水渠一级保护区	Ⅱ	
	十三陵水库	一般鱼类保护区及游泳区	Ⅲ	
	东沙河	人体非直接接触的娱乐用水区	Ⅳ	
	北沙河	人体非直接接触的娱乐用水区	Ⅳ	
	关沟	人体非直接接触的娱乐用水区	Ⅳ	
	南沙河	人体非直接接触的娱乐用水区	Ⅳ	
	清河上段	人体非直接接触的娱乐用水区	Ⅳ	安河闸—清河桥
	清河下段	农业用水区及一般景观要求水域	V	清河桥—沙子营
	万泉河	人体非直接接触的娱乐用水区	Ⅳ	
	小月河	人体非直接接触的娱乐用水区	Ⅳ	
	坝河上段	人体非直接接触的娱乐用水区	Ⅳ	东直门—驼房营
	坝河下段	农业用水区及一般景观要求水域	V	驼房营—温榆河
	土城沟	人体非直接接触的娱乐用水区	Ⅳ	
	北小河	农业用水区及一般景观要求水域	V	
	亮马河	人体非直接接触的娱乐用水区	Ⅳ	
	小中河	农业用水区及一般景观要求水域	V	
北运河	通惠河上段	一般工业用水区及娱乐用水区	Ⅳ	东便门—高碑店闸
	通惠河下段	一般景观要求水域	V	高碑店闸—通济桥
	南护城河	一般工业用水区及娱乐用水区	Ⅳ	
	北护城河	一般工业用水区及娱乐用水区	Ⅳ	
	长河	一般鱼类保护区	Ⅲ	

水系	水体名称	水体功能	水质分类	备注
北运河	永引上段	集中式生活饮用水水源一级保护区	Ⅱ	三家店—罗道庄
	永引下段	一般鱼类保护区及游泳区	Ⅲ	罗道庄—广安门
	京密引水渠	集中式生活饮用水水源一级保护区	Ⅱ	
	二道沟	人体非直接接触的娱乐用水区	Ⅳ	
	凉水河上段	人体非直接接触的娱乐用水区	Ⅳ	万泉寺—大红门
	凉水河中下段	农业用水区及一般景观要求水域	Ⅴ	大红门—榆林庄
	莲花河	人体非直接接触的娱乐用水区	Ⅳ	
	新开渠	人体非直接接触的娱乐用水区	Ⅳ	
	马草河	人体非直接接触的娱乐用水区	Ⅳ	
	丰草河	一般景观要求水域	Ⅴ	
	小龙河	一般景观要求水域	Ⅴ	
	玉带河	农业用水区及一般景观要求水域	Ⅴ	
	肖太后河	农业用水区及一般景观要求水域	Ⅴ	
	通惠北干渠	农业用水区及一般景观要求水域	Ⅴ	
	西排干	农业用水区及一般景观要求水域	Ⅴ	
	半壁店明沟	农业用水区及一般景观要求水域	Ⅴ	
	观音堂明沟	农业用水区及一般景观要求水域	Ⅴ	
	大柳树明沟	农业用水区及一般景观要求水域	Ⅴ	
	凤河	农业用水区及一般景观要求水域	Ⅴ	
	小龙河	农业用水区及一般景观要求水域	Ⅴ	
	大龙河	农业用水区及一般景观要求水域	Ⅴ	
	凤港减河	农业用水区及一般景观要求水域	Ⅴ	
	港沟河	农业用水区及一般景观要求水域	Ⅴ	
大清河	大清河	人体非直接接触的娱乐用水区	Ⅳ	
	小清河（含大宁水库）			
	崇青水库	一般鱼类保护区	Ⅲ	

水系	水体名称	水体功能	水质分类	备注
大清河	刺猬河	集中式生活饮用水水源二级保护区	III	
	长辛店明沟	农业用水区及一般景观要求水域	V	
	大石河上段	集中式生活饮用水水源二级保护区	III	堂上—漫水河
	大石河下段	人体非直接接触的娱乐用水区	IV	漫水河—祖村
	丁家洼河（含丁家洼水库）	人体非直接接触的娱乐用水区	IV	
	东沙河	人体非直接接触的娱乐用水区	IV	
	周口店河	人体非直接接触的娱乐用水区	IV	
	马刨泉河	地下水源补给区	IV	
	拒马河	规划集中式生活饮用水水源地	II	
	挟括河（含天开水库）	一般鱼类保护区	III	
蓟运河	蓟运河			
	泃河上段	一般工业用水区及娱乐用水区	IV	罗汉石—平谷东关
	泃河下段	农业用水区及一般景观要求水域	V	平谷东关—英城
	海子水库	一般鱼类保护区	III	
	黄松峪石河（含黄松峪水库）	一般鱼类保护区	III	
	错河（洳河）上段	一般鱼类保护区	III	银冶岭—岳各庄
	错河（洳河）下段	农业用水区及一般景观要求水域	V	岳各庄—英城
	镇罗营石河（含西峪水库）	一般鱼类保护区	III	
	金鸡河	农业用水区	V	
湖泊	昆明湖	重要游览区	III	
	团城湖	集中式生活饮用水水源地一级保护区	II	

水系	水体名称	水体功能	水质分类	备注
湖泊	福海	重要游览区	Ⅲ	
	八一湖	一般鱼类保护区及游泳区	Ⅲ	
	玉渊潭湖	一般鱼类保护区及游泳区	Ⅲ	
	紫竹院湖	一般鱼类保护区及游泳区	Ⅲ	
	西海	重要游览区	Ⅲ	
	后海	重要游览区	Ⅲ	
	前海	重要游览区	Ⅲ	
	北海	重要游览区	Ⅲ	
	中海	重要游览区	Ⅲ	
	南海	重要游览区	Ⅲ	
	筒子河	非直接接触的娱乐用水区	Ⅳ	
	陶然亭湖	非直接接触的娱乐用水区	Ⅳ	
	龙潭湖	非直接接触的娱乐用水区	Ⅳ	
	青年湖	非直接接触的娱乐用水区	Ⅳ	
	水碓湖	非直接接触的娱乐用水区	Ⅳ	
	红领巾湖	非直接接触的娱乐用水区	Ⅳ	
	莲花池	非直接接触的娱乐用水区	Ⅳ	